U0747055

安徽师范大学学术著作出版基金资助项目（2022xjxm071）

安徽师范大学法学院出版基金资助项目

当代中国
养老服务体系的变迁与转型
（1949—2016）

陈爱如◎著

安徽师范大学出版社
ANHUI NORMAL UNIVERSITY PRESS

·芜湖·

图书在版编目(CIP)数据

当代中国养老服务体系的变迁与转型:1949—2016/陈爱如著.—芜湖:安徽师范大学出版社,2024.11

ISBN 978-7-5676-6309-1

Ⅰ.①当… Ⅱ.①陈… Ⅲ.①养老−社会服务−中国−1949—2016 Ⅳ.①D669.6

中国国家版本馆CIP数据核字(2023)第135222号

当代中国养老服务体系的变迁与转型:1949—2016　　　　陈爱如◎著

DANGDAI ZHONGGUO YANGLAO FUWU TIXI DE BIANQIAN YU ZHUANXING:1949—2016

责任编辑:孙新文　　　　　　责任校对:卫和成

装帧设计:王晴晴　冯君君　　责任印制:桑国磊

出版发行:安徽师范大学出版社

　　　　　芜湖市北京中路2号安徽师范大学赭山校区　　　邮政编码:241000

网　　　址:http://www.ahnupress.com/

发 行 部:0553-3883578　　　5910327　　　5910310(传真)

印　　刷:苏州市古得堡数码印刷有限公司

版　　次:2024年11月第1版

印　　次:2024年11月第1次印刷

规　　格:700 mm×1000 mm　　1/16

印　　张:20.5

字　　数:318千字

书　　号:978-7-5676-6309-1

定　　价:75.00元

凡发现图书有质量问题,请与我社联系(联系电话:0553—5910315)

前　言

　　当代中国养老服务体系的发展历程是在当代中国社会转型的框架内进行的一个现代转型的过程，当代中国养老服务体系的现代转型是与中国社会的现代转型同步的。纵向梳理当代中国养老服务体系的发展历程是本文的研究核心，在此基础上，从人口结构、养老资源和养老需求变迁的角度探究养老服务体系转型的原因与动力，进而从社会转型的视角研究我国养老服务体系现代转型的特点、目标和路径。

　　国民经济恢复与初步发展时期："救济型"养老服务体系发展阶段（1949—1976年）。这一时期，我国整体上老龄化和城市化水平相对较低。在农村，国家非常重视鳏寡孤独困难群体的生活保障，依托合作社、生产队倡导互助养老、实施"五保"供养办法、兴办敬老院实行分散与集中供养老人，这些措施成为我国农村养老服务体系建设的开端。在城市，受计划经济体制影响，大批的退休企业职工依靠企业负担的养老退休补助金养老，国家统筹只在政策层面，实际投入不大，个人无需缴纳资金，所以，养老补助金水平较低，基本形成了企业办社会养老的局面，职工就是"单位人"；国家机关事业单位的工作人员养老完全由政府负担，退休后发放退休工资，个人也无需缴纳任何资金，形成了"铁饭碗"的局面。所以这一时期的养老服务发展被称为低水平的"救济型"养老服务发展阶段。

　　计划向市场经济体制转型时期："配套型"养老服务体系发展阶段（1977—1998年）。1977到1998年，是我国现代化发展进程中一个重大的转型时期，改革是这一时期的主旋律，养老服务体系为顺利推行改革作了重要的"配套"建设。经过20世纪70年代末的拨乱反正，全党工作重点转移到了社会主义现代化建设上来。在农村，开展了以家庭联产承包责任制为核心的农村土地改革，打破了人民公社的平均主义，五保供养制度的规范化发展和农村养老保险制度的推行成为农村经济体制改革的重要"配套"；在城市，为了建立社会主义市场经济体制而开展了企业改革与社会改革，"政企分开"，将"单位人"转变为"社会人"是改革的核心思想，养老保险"社会统筹与个人账户"相结合筹资模式的确立和社区养老服务的发展成为企业改革的重要"配套"。经济体制的改革，也促进了社会建设的快速发展，我国出台了第一部老年人权益保护专项法律。随着第三产业的快速发展，养老服务业整体水平也有了较大地提高。作为经济改革的重要配套，城市社区建设不断推进，社区养老服务逐步发展，成为这一时期养老服务体系发展最为显著的成就。

构建和谐社会时期："补缺型"养老服务体系发展阶段（1999—2010年）。1999年我国社会整体进入老龄化阶段。为了应对人口老龄化带来的压力，我国养老服务体系进入快速发展时期。这一时期基本形成了社会养老服务体系的发展理念和整体框架。实现了从"养老服务"到"养老服务体系"再到"社会养老服务体系"初级阶段的发展跨越。在这一期间，我国养老服务体系发展理念已逐渐转向社会化、市场化。养老服务方式出现了居家养老、民办机构养老、社区网络化养老等社会化的养老方式。养老服务筹资方式除了国家逐步加大投入，各地也针对高龄和失能等特困老人实行货币化养老补贴，并鼓励社会力量积极投资养老服务业。但是由于我国养老服务业的发展依然处于起步阶段，能够提供养老服务的社会组织数量仍然较少，所以这一时期的养老服务体系只是在政策层面实现了逐步"补齐"，完成了从临时性救助转向常态化制度保障。

全面建设小康社会时期："适度普惠型"社会养老服务体系发展阶段（2011—2016年）。在创新社会治理体制的背景下，我国继续坚持社会化和市场化的养老服务体系发展理念：坚持"政社分开""政事分开"和"社企分开"的原则，积极培育和鼓励社会组织参与养老服务；发挥市场机制作用，通过政府购买社会服务的方式转变政府职能；推动公立养老机构转制为企业或开展"公建民营"改革；鼓励民间资本参与养老服务业的发展；实施了一系列养老服务的创新举措，如推行医养结合、智慧养老新理念，推动养老服务人才专业化培养，开展长期护理保险制度试点，拓宽高龄、失能老人补贴范围等。在"共享"理念指引下，社会养老服务体系逐步实现了从传统"补缺型"向"适度普惠型"，从临时性、不确定性养老救助向常态化、制度化福利保障，从"二元分割"向"均等型"社会福利的转型。

　　我国养老服务体系的现代转型是随着我国社会转型而发生的。养老服务体系现代转型呈现出养老服务体系化、养老方式社会化、自我养老互助化、机构养老层次化、筹资渠道多元化、服务体系规范化等特点。为了进一步缓解养老服务的供需矛盾，实现养老服务体系的服务目标和社会目标，养老服务体系需要继续进行现代转型。实现现代转型目标的路径主要有：养老理念上，要从"适度普惠型"转为"普惠型"；养老方式上，要从传统单一的社会养老方式转为多样化的社会养老方式；养老内容上，要从生活照料为主转为身心共养；服务对象上，要从重点转为普通；资源主体上，要从政府统包转为社会力量成为主体；供给方式上，要从政府直接供给转为社会购买；代际责任上，要从全面承担转为精神慰藉为主；养老文化上，要从传统的孝文化转为文明的敬老风气。

目　录

上　编

下　编

图　录

表　录

绪　论

第一节　研究背景与研究意义

一、研究背景

1999年我国社会整体上进入老龄化阶段[①]。截止到2015年末，我国60周岁以上老年人口达到2.22亿，占总人口的16.1%[②]。根据世界银行预测，到2050年我国60岁以上的老年人口将达到4.8亿，占世界老年人口的四分之一[③]，所以解决好中国的养老问题，实际上是在解决一个世界问题。随着老龄化程度的日趋加深，养老问题已经成为当前我国民生领域中最为重要、最为严峻的问题之一[④]。当前，我国是人口老龄化速

[①]《中华人民共和国1999年国民经济和社会发展统计公报》显示，我国1999年年末全国65岁以上老年人口比重为6.9%，老年人口达到8687万人。根据《中国社会统计资料 2000》公布的1999年人口变动抽样调查数，抽样比为0.976‰显示，65岁以上人口为92507人，65岁以上老年人口比重为7.63%，60岁以上人口为136543人，60岁以上老年人口比重为11.27%。根据《中国人口统计年鉴2000》显示，我国60岁以上人口比重为11.27%。所以综合以上三个统计结果，我们按照国际上一般标准（60岁及以上的人口占总人口比重达10%，或65岁及以上人口占总人口的比重达7%）衡量，我国在1999年进入了老龄化社会阶段。

[②]《中华人民共和国2015年国民经济和社会发展统计公报》。

[③] 世界银行公开数据库(http://data.worldbank.org.cn/)显示到2050年，世界老龄人口将从6亿增加到近20亿。

[④] 2016年5月27日中共中央政治局就我国人口老龄化的形势和对策举行第三十二次集体学习，会上习近平强调：坚持党委领导、政府主导、社会参与、全民行动相结合，推动老龄事业全面协调可持续发展。

度增长最快的国家之一，并且也是老年人口数量最多的国家。家家有老人，人人都会老，老年问题不仅仅是关乎老年人自身的问题，更是关乎整个社会和谐稳定的重大问题。应对人口老龄化最为直接的办法就是满足老年人的养老需求，也就是解决我国养老服务体系的发展问题。

2015年10月中共十八届五中全会通过的"十三五"规划建议稿①中提出"健康中国"的概念，倡导积极健康的生活方式，加强心理健康服务，针对老年人应构建健康、宜居的养老服务体系。当前社会正在经历着快速的社会转型，社会发展极不平衡，传统养老体系与现代社会发展常常发生激烈的碰撞，要解决传统养老服务体系与现代养老服务体系如何衔接的问题，需要将当代中国养老服务体系纳入当代中国现代转型的框架之中，来研究当代中国养老服务体系现代转型②的原因与动力，以及下一步转型的方向与路径。

厘清当代中国养老服务体系的发展历程是养老服务体系现代转型问题的重要组成部分。在此过程中需要重点关注当代中国养老服务体系与当代中国社会转型的互动关系，关注当代中国养老服务体系形成与变化特征，关注我国养老服务体系的发展理念与框架等核心问题。从养老服务体系的历史发展脉络中寻找本土规律，在史实研究和学理性研究的基础上，从当代中国社会人口结构、养老资源与养老需求角度进一步探究当代中国养老服务体系现代转型的原因，进而从现代转型的过程角度提出当代中国养老服务体系的转型目标与实现路径。

二、研究意义

第一，开展当代中国养老服务体系发展历程的学理探讨，对于拓宽

①《中共中央关于制定国民经济和社会发展第十三个五年规划的建议》(2015年10月29日中国共产党第十八届五中会议通过中提出)"推进健康中国建设"，"建设以居家为基础、社区为依托、机构为补充的多层次养老服务体系"。

②作为社会组成部分的养老服务体系也历经了从"计划"向"市场"体制转变和从传统向现代社会结构转变的过程。从内容上看，养老服务体系的现代转型是指从传统的家庭养老向现代的社会养老转型；从时间上看，特指新中国成立以来，特别是社会主义市场经济体制建立以来养老服务体系的发展历程。

历史学的研究范围，加强边缘学科发展具有重要的意义。

关于中国社会养老的历史研究，在中国社会史研究领域已经涌现出大量优秀的研究成果，但是目前从中国当代史角度以当代中国养老服务体系的发展历史为研究对象，还没有形成专著。当代中国养老服务体系的历史研究需要立足历史学的理论与方法，利用跨学科的研究资料与研究方法，开展多学科的交叉研究。这对于进一步拓宽中国当代社会史的研究范围，加强边缘学科的研究理论与研究方法的建设无疑具有重要的理论价值。

第二，将当代中国养老服务体系的变迁过程作为研究对象，对于当代中国社会建设具有重要的现实意义。

从中国当代社会史学科方向出发需要具体关注以下几个问题：当代中国养老服务体系的历史发展脉络；当代中国养老服务体系现代转型的原因与动力；当代中国养老服务体系现代转型的特点、目标与路径。这些问题虽然不是纯粹的历史话题，但回答好这些问题必须要从历史的角度开展研究。此问题虽是一个社会领域的课题，但是它与当代社会的政治、经济、文化与生态等诸多具体方面具有密切的联系。从历史学角度研究此问题，可以为解决当代中国养老问题提供历史借鉴。因而，对于当代中国养老服务体系历史的研究，可以为开展社会建设，完成当代中国社会现代转型，全面建成小康社会提供借鉴。

第三，开展当代中国养老服务体系变迁历程的研究，对于全面厘清养老服务体系的演变轨迹，更好地把握养老服务体系的发展规律，探明当代中国养老服务体系现代转型的特点、目标和路径，也具有十分重要的意义。

养老服务体系自身研究包含理论与实践两个层面，要想构建出当代中国的养老服务体系，离不开对于养老服务体系的理论与实践研究。从历史学角度研究养老服务体系，把握养老服务体系的发展规律，是养老服务体系理论与实践研究的基础。回顾当代中国养老服务体系的历史，我们可以得出这样一个历史启示：养老服务体系的发展是以国家整体的发展为基础的，是与我国现代化转型同步的，在"共享"新发展理念的指导下，对养老体制的变革必须继续坚持均等化、市场化、社会化、层次化和城乡一体化的基本方向，从而可以更好地满足我国老年人的养老需求，实现"共享改革成果"的社会发展目标。

第二节　研究述评与创新之处

一、研究述评

（一）国内研究基本概况

1. 关于养老服务体系的内涵研究

对于"养老服务体系"，学术界存在不同提法，主要有养老方式、养老形式、养老模式、养老体系、养老制度等。学术界最早是从1999年开始关于"养老服务体系"的内涵研究的。学术界主要有三个界定角度：一是从养老服务体系的主体出发，即从提供养老资源的家庭、国家、企业、群体和组织出发，将养老服务体系分为家庭养老与社会化养老形式（张华云[①]，1999），社会化养老形式主要包含居家养老、社区养老（李芬[②]，1999）和机构养老等养老形式（杜鹏[③]，2016；董红亚[④]，2012）；二是从客体需求出发，即从养老服务提供的内容出发，养老服务体系主要包含经济支持、生活照顾和精神慰藉等养老内容（张苏等[⑤]，2013；陈功[⑥]，2003）；三是从养老要素出发，养老服务体系主要包含养老专业人才、社区医院和志愿者队伍等基本要素（张岩松等[⑦]，

---

① 张华云：《建立健全农村社会化养老服务体系》，《民政论坛》1999年第3期。

② 李芬：《关于建立以社区为依托的城市养老服务体系的思考》，《辽宁行政学院学报》1999年第3期。

③ 杜鹏：《回顾与展望：中国老人养老方式研究》，北京：团结出版社，2016年，第96页。

④ 董红亚：《我国社会养老服务体系的解析和重构》，《社会科学》2012年第3期。

⑤ 张苏、王婕：《健康老龄化与养老服务体系构建》，《教学与研究》2013年第8期。

⑥ 陈功：《我国养老方式研究》，北京：北京大学出版社，2003年，第42页。

⑦ 张岩松等：《社会养老服务体系建设研究》，沈阳：东北财经大学出版社，2016年，第67—69页。

2016；陈元刚[①]，2016）。

社会养老服务体系的概念首先是由官方确认并使用。2006年2月《国务院办公厅转发全国老龄委办公室和发展改革委等部门关于加快发展养老服务业意见的通知》中提出，"逐步建立和完善以居家养老为基础、社区服务为依托、机构养老为补充的服务体系"。这是我国官方最早提出养老服务体系的概念。2011年12月《国务院办公厅关于印发社会养老服务体系建设规划（2011—2015年）的通知》中明确了社会养老服务体系的内涵。养老服务体系是指以满足老年人养老服务需求、提升老年人生活质量为目标，面向所有老年人，提供多样化养老服务的，由养老主体构成的网络，以及配套的政策与制度[②]。

2.关于当代中国养老服务体系发展历史的研究

新中国成立前的家庭结构往往是一个联合大家庭，家庭成员共同生活在同一个屋檐之下，老人社会地位较高，加之传统孝文化的影响，使得家庭敬老、养老不仅是一种道德准则，更是一种行为准则，家庭成为老人养老资源的主要供给方（杨复兴[③]，2007；王跃生[④]，2009）。家庭养老是新中国成立前中国老人的主要养老方式，而政府施行的保障措施最多只是家庭养老保障的不稳定补充（穆光宗[⑤]，2012）。1956年建立人民公社以后，集体经济得到发展，老年人也可以参加公社组织分配的轻

---

① 陈元刚：《我国城镇社区养老服务体系构建研究》，北京：光明日报出版社，2016年，第42页。

② 在2011年《国务院办公厅关于印发社会养老服务体系建设规划（2011—2015年）的通知》中提出"社会养老服务体系建设应以居家为基础、社区为依托、机构为支撑"。2015年3月第十二届全国人民代表大会三次会议通过的《政府工作报告》中提出"鼓励社会力量兴办养老设施，发展社区和居家养老"。2015年10月中国共产党第十八届中央委员会第五次会议通过的《中共中央关于制定国民经济和社会发展第十三个五年规划的建议》中提出"建设以居家为基础、社区为依托、机构为补充的多层次养老服务体系"。

③ 杨复兴：《中国农村家庭养老保障的历史分期及前景探析》，《经济问题探索》2007年第9期。

④ 王跃生：《中国当代家庭结构变动分析 立足于社会变革时代的农村》，北京：中国社会科学出版社，2009年，第36—39页。

⑤ 穆光宗：《我国机构养老发展的困境与对策》，《华中师范大学学报（人文社会科学版）》2012年第2期。

活，领取劳动报酬（张仕平 等①，2000）。1956年第一届全国人民代表大会第三次会议通过的《高级农业生产合作社示范章程》规定了"五保"供养制度。新中国成立初期，我国民生工作整体上有了较快的发展（王先俊②，2013；姚宏志③，2011）。1978年通过的《农村人民公社工作条例》规定了"有条件的地区探索建立农村养老保险制度"，这些都促进了我国集体经济条件下社会养老服务体系的发展。1984年人民公社制度完全解体时，全国享受退休养老金制度人数超过60万（宋斌文④，2006）。

在20世纪80年代末之后，我国原有的家庭规模、家庭结构及家庭内部的血缘婚姻关系发生变迁，子女养老支持明显下降，亲属养老支持表现微弱（张奇林 等⑤，2011）；在家庭观念上，包括生育观念转变、养老观念转变以及对家庭血缘和亲缘关系的重新定位（董春晓⑥，2011）；加之伴随社会经济的发展与变迁，家庭养老主要载体——家庭和作为养老主要内容的物质供养、生活照料和精神慰藉开始出现了分离的倾向（李洪心 等⑦，2012）。这使得我国原有的以家庭养老为主、社会养老为辅的养老方式受到冲击，家庭养老的重要程度不断降低。在我国人口高龄化、失能化的趋势更加明显的情况下，机构养老更能发挥其规模效应的优势（王莉莉⑧，2014）。同时，社区也承担起了老年人服务的重要责任，在照料老年人方面，社区养老服务很大程度地弥补了国家

---

① 张仕平、刘丽华：《建国以来农村老年保障的历史沿革、特点及成因》，《人口学刊》2000年第5期。

② 王先俊：《新中国成立初期党和政府解决民生问题的思想与实践》，《当代中国史研究》2013年第3期。

③ 姚宏志：《20世纪60年代初安徽省农村救灾度荒述论》，《当代中国史研究》2011年第6期。

④ 宋斌文：《当代中国农民的社会保障问题研究》，北京：中国财政经济出版社，2006年，第75页。

⑤ 张奇林、赵青：《我国社区居家养老模式发展探析》，《东北大学学报（社会科学版）》2011年第5期。

⑥ 董春晓：《福利多元视角下的中国居家养老服务》，《中共中央党校学报》2011年第4期。

⑦ 李洪心、李巍：《人口老龄化对我国财政支出规模的影响——从社会保障角度出发》，《南京人口管理干部学院学报》2012年第4期。

⑧ 王莉莉：《中国城市地区机构养老服务业发展分析》，《人口学刊》2014年第4期。

与家庭的不足（王晓峰　等①，2012）。

3.关于当代中国养老服务体系现代转型的研究

以养老服务体系为研究对象开展现代转型学术的研究极少，多数只是以养老服务体系的某个要素为研究对象进行发展历史梳理，并提出问题与改进意见。我国现代转型有两个阶段，分别以1949年和1978年为时间界限，现代转型产生了一些新的社会问题，需要在转型中关注和解决（郭德宏②，2004）。有学者对我国1949—2008年社会生活领域做了整体上的介绍，客观呈现了我国的社会生活，包括养老服务等方面的基本状况（张静如③，2015）。以新中国农村社会保障制度变迁为主要研究对象，纵向梳理了我国农村社会保障制度经历的初步建立、进一步巩固完善、异常发展、调整与恢复、改革与创新发展的五个阶段，并提出了发展现代农村社会保障制度取得的成效和城乡一体化发展的改进意见（方青④，2002）；有学者按照时间脉络研究了新中国农村社会保障发展经历的五个阶段，提出随着农村家庭保障和土地保障功能的弱化，迫切需要采取措施逐步推进农村社会保障从传统向现代转型（刘峰⑤，2014）。还有学者纵向研究了新中国农村五保供养制度的三次模式转型，通过三次转型实现了五保制度的制度化、规范化、法制化，五保供养从村民互助自养式的供养模式转为由政府公共财政负担的财政供养模式（宋士云⑥，2007）。

4.关于养老服务体系现代转型的目标与路径研究

一方面，随着我国老龄化程度不断加深，建设社会养老服务体系成为了政府和社会关注的焦点。我国当前服务体系存在法律和政策不健全、专业化程度低以及总量投入不足等问题，因此应当进一步完善相关

---

① 王晓峰、刘帆、马云博：《城市社区养老服务需求及影响分析——以长春市的调查为例》，《人口学刊》2012年第6期。

② 郭德宏：《20世纪中国的社会转型与评价》，《史学月刊》2004年第7期。

③ 张静如：《中国当代社会史.第5卷》，长沙：湖南人民出版社，2015年，第12—14页。

④ 方青：《从"集体保障"到"社会保障"——中国农村社会保障1949—2000》，《当代中国史研究》2002年第1期。

⑤ 刘峰：《农村社会保障从传统向现代转型研究》，《湖南社会科学》2014年第6期。

⑥ 宋士云：《新中国农村五保供养制度的变迁》，《当代中国史研究》2007年第1期。

法律框架，建立多级别的养老护理服务并发展养老服务产业（许佃兵[①]，2011；姜向群 等[②]，2012）；另一方面，随着传统家庭养老功能的弱化，如何构建适应老龄化的社会养老服务体系也成为了政府和全社会关注的重大民生工程（钱亚仙[③]，2014）。

5.关于养老服务体系现代转型的原因与动力研究

当前学术界主要是从人口结构、养老资源与养老需求三个角度出发来研究养老服务体系现代转型的原因与动力。

一是从人口结构角度对我国养老服务体系现代转型原因与动力的研究。随着经济的发展，家庭及人口结构也随之发生变化，有学者重视人口结构的变迁及家庭模式对养老服务体系发展影响的研究（吴磊 等[④]，2007）。研究结果表明人口结构的变迁对老年人的精神需求产生了影响（顾林正[⑤]，2006）。家庭结构的缩小和生育率降低是影响家庭提供养老保障的重要因素（曾毅 等[⑥]，2004）。家庭的核心化是现代家庭的主体模式，对于我国养老方式的发展具有重要影响（穆光宗[⑦]，2002）。中国传统的家庭规模和结构已经发生变化，中国现代家庭的主要特征是家庭结构的简单化、规模的小型化、模式的多样化（潘金洪[⑧]，2006）。目前正在逐步形成政府、营利机构（企业）、非营利机构和家庭四足鼎立的格局，进一步促进我国养老方式的完善和发展（宋健[⑨]，2001）。我国进入2000年以来，人口老龄化形势越来越严峻。随着老龄化程度的加强，用于养老事业发展的财政支出不断增加（张天芳 等[⑩]，2006）。有学者

① 许佃兵：《当代老年人心理发展的主要矛盾及特点》，《江苏社会科学》2011第1期。
② 姜向群、季燕波、常斐：《北京市老年人异地养老意愿分析》，《北京社会科学》2012年第2期。
③ 钱亚仙：《老龄化背景下的社会养老服务体系研究》，《理论探讨》2014年第1期。
④ 吴磊、朱冠楠：《进城务工农民定居决策的影响因素分析——以南京市为例》，《华中农业大学学报(社会科学版)》2007年第6期。
⑤ 顾林正：《家庭变迁与老龄化人口的精神赡养问题》，《医学与社会》2006年第11期。
⑥ 曾毅、王正联：《中国家庭与老年人居住安排的变化》，《中国人口科学》2004年第5期。
⑦ 穆光宗：《家庭空巢化过程中的养老问题》，《南方人口》2002年第1期。
⑧ 潘金洪：《独生子女家庭空巢风险分析》，《西北人口》2006年第5期。
⑨ 宋健：《农村养老问题研究综述》，《人口研究》2001年第6期。
⑩ 张天芳、王林、吕王勇：《人口老龄化与社会保障支出的动态关系》，《统计与决策》2006年第22期。

探究了老龄化对财政支出规模的影响，发现二者呈正向关系（王加军[1]，2010）。人口流动使得农村家庭结构趋于小型化和核心化，造成子女无法对老年人开展生活照料、精神慰藉等养老服务（丁士军　等[2]，2004；杜娟　等[3]，2002；贺聪志　等[4]，2010）。

二是从养老资源角度对我国养老服务体系现代转型原因与动力的研究。养老服务体系资源简称养老资源。穆光宗最早提出了养老资源概念，主要包括经济资源、情感资源、服务资源、社会资源、文化资源和时间资源（穆光宗[5]，2000；雷洁琼[6]，1999；柴效武[7]，2005）。养老资源是指可以用来进行养老保障并能产生保障效果的东西（黄乾[8]，2005；雷洁琼[9]，1999）。有学者从制度的角度把养老资源划分为非制度性的养老资源和制度性的养老资源（李文君[10]，2011）。养老资源不仅仅包括满足老人物质生活需要的资源，也包括满足老人精神生活需要的资源（李芳[11]，2012）。养老资源主要由收入决定（周莹　等[12]，2005），可以利用代际之间资产的流动来实现养老资源效用的最大化（邢宝华　等[13]，2006）。养老资源变迁是社会养老服务体系发展的动力（陈伟东　等[14]，

---

[1] 王加军：《基于人口老龄化问题的对策探析》，《东方企业文化》2010年第14期。

[2] 丁士军、陈传波：《经济转型时期的中国农村老年人保障》，北京：中国财政经济出版社，2004年，第102页。

[3] 杜娟、杜夏：《乡城迁移对移出地家庭养老影响的探讨》，《人口研究》2002年第2期。

[4] 贺聪志、叶敬忠：《农村劳动力外出务工对留守老人生活照料的影响研究》，《农业经济问题》2010年第3期。

[5] 穆光宗：《中国传统养老方式的变革与展望》，《中国人民大学学报》2000年第5期。

[6] 雷洁琼主编：《中国社会保障体系的建构》，太原：山西人民出版社，1999年，第105—160页。

[7] 柴效武：《养老资源探析》，《人口学刊》2005年第2期。

[8] 黄乾：《农村养老资源供给变化及其政策含义》，《人口与经济》2005年第6期。

[9] 雷洁琼主编：《中国社会保障体系的建构》，太原：山西人民出版社，1999年，第48页。

[10] 李文君：《城市老年人养老服务需求及洛阳市养老机构的分析》，《中国老年学杂志》2011年第13期。

[11] 李芳：《老年人精神需求及其社会支持网的构建》，《学术交流》2012年第8期。

[12] 周莹、梁鸿：《中国农村养老资源缺失问题研究》，《南方人口》2005年第4期。

[13] 邢宝华、窦尔翔、李昕旸：《农村社会养老资源效用最大化的实现路径》，《改革与战略》2006年第12期。

[14] 陈伟东、舒晓虎：《社区空间再造：政府、市场、社会的三维推力——以武汉市J社区和D社区的空间再造过程为分析对象》，《江汉论坛》2010年第10期。

2010；万鑫[1]，2012；沈荣华 等[2]，2004；刘晓苏[3]，2008；郁建兴[4]，2011）。

三是从养老需求角度对我国养老服务体系现代转型原因与动力的研究。相关研究大部分将养老需求界定为经济支持、生活照料、精神慰藉三个方面（姜向群 等[5]，2014；穆光宗[6]，1999；杨善华 等[7]，2004）。《中华人民共和国老年人权益保障法》规定了"赡养人应当履行对老年人经济上供养、生活上照料和精神上慰藉的义务"。随着社会的发展，也有学者专门强调养老的医疗保障需求（周伟文 等[8]，2001）。也有学者将医疗保健状况（姜向群 等[9]，2014）与医疗服务需求作为养老需求的重要内容（黄佳豪[10]，2013）。目前老龄工作的核心是经济保障，但是我国现阶段的老年人经济来源较少，结构单一（姜向群 等[11]，2013）。不同阶层的老人需求差异明显（刘灿[12]，2015）。养老问题不仅仅局限在经济赡养层面，还将逐渐体现在精神慰藉层面（祝志杰 等[13]，2012）。

---

① 万鑫：《公共服务供给与行政机构职能转变》，《科技资讯》2012年第6期。

② 沈荣华、汪波：《论地方公共服务的体制创新》，《理论探讨》2004年第5期。

③ 刘晓苏：《国外公共服务供给模式及其对我国的启示》，《长白学刊》2008年第6期。

④ 郁建兴：《中国的公共服务体系：发展历程、社会政策与体制机制》，《学术月刊》2011年第3期。

⑤ 姜向群、郑研辉：《城市老年人的养老需求及其社会支持研究——基于辽宁省营口市的抽样调查》，《社会科学战线》2014年第5期。

⑥ 穆光宗：《家庭养老面临的挑战以及社会对策问题》，《中州学刊》1999年第1期。

⑦ 杨善华、贺常梅：《责任伦理与城市居民的家庭养老——以"北京市老年人需求调查"为例》，《北京大学学报(哲学社会科学版)》2004年第1期。

⑧ 周伟文、严晓萍、赵巍等：《城市老年群体生活需求和社区满足能力的现状与问题的调查分析》，《中国人口科学》2001年第4期。

⑨ 姜向群、郑研辉：《城市老年人的养老需求及其社会支持研究——基于辽宁省营口市的抽样调查》，《社会科学战线》2014年第5期。

⑩ 黄佳豪：《城区空巢老人的养老需求调查与思考——以合肥市为例》，《理论探索》2013年第3期。

⑪ 姜向群、郑研辉：《中国老年人的主要生活来源及其经济保障问题分析》，《人口学刊》2013年第2期。

⑫ 刘灿：《中国农村老年人养老与经济阶层差异——以山东省S市农村调查为例》，《西北人口》2015年第3期。

⑬ 祝志杰、刘艳茹：《老年人养老担心度对比研究——基于湖北省城乡老年人基本生活状况调查》，《调研世界》2012年第3期。

经济养老资源是农村老年人最为迫切的养老需求（李伟[1]，2012）。在生活照料需求中，涉及多方面的因素，需要从年龄、性别、子女、婚姻、健康等角度来关注（慈勤英　等[2]，2013）。失能老人这一特殊群体的生活照料需求，急需社会和社区提供照料服务和指导，以弥补家庭照料的不足（王玉环　等[3]，2010）。

关于养老需求的影响因素的研究。在年龄上，年龄越大的老年人依靠子女养老的愿望就越强烈。60—70岁年龄组老年人群被称为"年轻老人"，对于子女依赖的养老需求相对较少（苏丽惠　等[4]，2010）。老年人的经济也具有差异性，但是总体上处于经济下层的女性老人比经济下层的男性老人生活上更加困难（刘灿[5]，2015）。在健康程度上，健康状况好的老年人对他人的依赖就较低，同时影响了对于养老方式的选择（张琪　等[6]，2014）。教育程度越高的老人对于新兴的养老方式的接受程度也越高。受教育程度高的老人，经济收入相对高一些，其对子女的经济依赖相对较少。有一定养老资源的老人可以选择居家养老也可以选择社区、机构养老，这些老人的养老需求可以通过购买社会养老服务得到满足（田北海　等[7]，2014）。从代际间资源流动角度来看，父母对子女的教育投资越多，子女的教育程度越高，子女对老人的经济支持力度越大（左冬梅　等[8]，2011）。在城乡差别影响方面，城乡老人的经济收入来源

---

① 李伟：《农村社会养老服务需求现状及对策的实证研究》，《社会保障研究》2012年第2期。

② 慈勤英、宁雯雯：《多子未必多福——基于子女数量与老年人养老状况的定量分析》，《湖北大学学报(哲学社会科学版)》2013年第4期。

③ 王玉环、刘艳慧：《新疆石河子市失能老年人养老模式选择及影响因素》，《中国老年学杂志》2010年第22期。

④ 苏丽惠、董沛、李翠：《城市老年人养老方式选择及影响因素》，《广东医学》2010年第5期。

⑤ 刘灿：《中国农村老年人养老与经济阶层差异——以山东省S市农村调查为例》，《西北人口》2015年第3期。

⑥ 张琪、张栋：《北京市老年人养老方式选择及影响因素研究》，《经济与管理研究》2014年第7期。

⑦ 田北海、王彩云：《城乡老年人社会养老服务需求特征及其影响因素——基于对家庭养老替代机制的分析》，《中国农村观察》2014年第4期。

⑧ 左冬梅、李树茁、宋璐：《中国农村老年人养老院居住意愿的影响因素研究》，《人口学刊》2011年第1期。

有差异,农村老人的生活自理能力不容乐观,应当鼓励老人多与外界联系,不断满足其社会参与需求,从而提高其社会参与能力(朱水华等[①],2015)。

6.关于养老服务体系服务对象的研究

养老服务体系的服务对象为老年人[②],这是从年龄角度界定的。随着年龄的增长,老年人的躯体功能日渐下降。老年人是社会的弱势群体,不仅体现在生理上,还体现在知识上,老年人在阅读时间和消费上投入较少,文化程度、收入状况和以前职业都会影响到他们的阅读状况(肖雪 等[③],2009;杜本峰 等[④],2013)。随着年龄的增大和老年人身体条件变化等原因,高龄老年人的生活照料问题也备受关注,年龄越高的老年人生活不能自理的比重也越大(杜鹏 等[⑤],2006;高云鹏 等[⑥],2013)。

从社会生产与发展型老龄化理论视角研究老年人。老年人是社会文化的凝聚体,体现着社会文化的精粹,闪烁着社会文化的结晶(李德滨[⑦],1988)。老年期的社会角色变迁是一种衰弱型角色转换(乔梁[⑧],2002)。从老年人的社会关系上看,老年人社交范围的缩小,也意味着他同亲密群体内成员关系结合得更紧密(李德滨[⑨],1988)。老年人的家庭结构中,我国老年人家庭的空巢化趋势明显,三代同堂的扩展家庭依

---

① 朱水华、蒋华:《社会转型期农村老年人养老照护现状》,《中国老年学杂志》2015年第15期。
② 我国于1964年举办的第一届老年学与老年医学学术会议规定,男女均以60岁作为进入老年的标准。1982年举办的联合国第37届老龄会议也规定60岁以上为老年。
③ 肖雪、王子舟:《公共图书馆服务与老年人阅读现状及调查》,《图书·情报·知识》2009年第3期。
④ 杜本峰、王旋:《老年人健康不平等的演化、区域差异与影响因素分析》,《人口研究》2013年第5期。
⑤ 杜鹏、武超:《中国老年人的生活自理能力状况与变化》,《人口研究》2006年第1期。
⑥ 高云鹏、胡军生、肖健主编:《老年心理学》,北京:北京大学出版社,2013年,第31页。
⑦ 李德滨:《老年社会学》,北京:人民出版社,1988年,第42页。
⑧ 乔梁:《城市老年人社会角色变迁过程与体育》,《中国体育科技》2002年第3期。
⑨ 李德滨:《老年社会学》,北京:人民出版社,1988年,第95页。

然是老年人居住的重要方式（陈柏峰[1]，2009）。老年人社会参与作为积极老龄化的主要内容，是老年人实现自我的一种方式。有学者研究，老年"精英"们社会参与的意愿和水平还是较高的。

从心理学的研究角度中探讨老年人的心理与行为特征。随着年龄的增长，人的感觉器官的生理结构会发生退行性变化（肖健　等[2]，2009）。有学者认为，抑郁症状是衡量老年人心理健康水平的有效指标（唐丹[3]，2010）。在人际关系中，老年人表现出鲜明的个体性，更加自由和随心所欲，同时也表现出群体性和情感性，如从众心理等等。但不可否认老年人也存在着人际关系障碍（王莉莉[4]，2011）。此外关于老年群体独特性的研究，还有从老年人的经济生活来源、宗教信仰等角度来开展的。老年人在生理和心理各方面都发生着变化，甚至是明显的衰退，所以我们应当加以研究，采取积极的应对措施让老年人安享晚年（肖健　等[5]，2009）。

7.关于养老服务体系的主体：养老方式的研究

养老方式又称为养老模式，主要根据养老资源的来源、居住方式、养老需求内容和代际关系等标准划分为多种不同的类型。从传统与现代角度，养老方式可以划分为家庭养老和社会养老（朱冬梅[6]，2008）。随着社会经济机构的转变，人们的养老方式形成了家庭养老和以个人为责任主体的国家帮助的社会化的养老模式（姜向群[7]，2007；穆光宗[8]，2000）。当前我国主要的养老方式为家庭养老、社会养老和混合式养老

① 陈柏峰：《代际关系变动与老年人自杀——对湖北京山农村的实证研究》，《社会学研究》2009年第4期。

② 肖健、沈德灿等编：《老年心理学》，北京：中国社会出版社，2009年，第31页。

③ 唐丹：《城乡因素在老年人抑郁症状影响模型中的调节效应》，《人口研究》2010年第3期。

④ 王莉莉：《中国老年人社会参与的理论、实证与政策研究综述》，《人口与发展》2011年第3期。

⑤ 肖健、沈德灿等编：《老年心理学》，北京：中国社会出版社，2009年，第206—209页。

⑥ 朱冬梅：《代际支持关系在老人养老模式选择中的创新作用》，《创新》2008年第1期。

⑦ 姜向群：《养老转变论：建立以个人为责任主体的政府帮助的社会化养老方式》，《人口研究》2007年第4期。

⑧ 穆光宗：《中国传统养老方式的变革和展望》，《中国人民大学学报》2000年第5期。

（曹行船 等[①]，2008）。另外也在发展社区照顾、社区养老这种新型养老模式（张民省[②]，2008）。近些年，社会上出现了一些新型养老方式，如以房养老、异地养老和抱团养老等（姜玲[③]，2006）。

（二）国外研究基本概况

我国养老服务业的发展开始于20世纪80年代，直到近十来年才有了较快的发展。伴随着社会主义市场经济体制的形成而不断发展起来的社会养老服务体系，一方面需要发掘本土优势发展资源，另一方面需要向西方借鉴先进的发展经验。对于养老服务体系国外研究的学术梳理主要从两个方面进行，其一是国外学者对于国外养老服务体系发展的研究成果；其二是中国学者对于国外养老服务体系的研究与介绍。

1.关于养老服务体系的历史演进研究

有学者发现随着人口老龄化程度的不断加深，一些发达国家人口出现了负增长，如日本、北欧等。这些国家的养老负担愈发沉重。如果全部采取机构养老的模式虽然会一定程度减轻养老负担，但会使老人和家庭之间的联系被割裂，居家养老模式恰恰弥补了这些不足（H.Engelhardt，I.Buber，V.Skirbekk，A.Prskawetz[④]，2010）。然而，随着家庭规模的缩小，结构的简单，使得家庭的养老资源和功能不断地弱化（Dena Shenk[⑤]，1991）。有学者通过比较中日文化、社会保障制度及养老模式，提出家庭养老向社会养老转化是必然趋势（Ann Bowling，Morag Farguhar Peter Browne[⑥]，1991）。

---

① 曹行船、张婧、杨欣：《唐山市福乐园社区老年人养老方式调查》，《河北理工大学学报(社会科学版)》2008年第3期。

② 张民省：《老龄化趋势下中国养老模式的转变与创新》，《山西大学学报(哲学社会科学版)》2008年第3期。

③ 姜玲：《中国城市养老方式的选择》，《经济论坛》2006年第11期。

④ H.Engelhardt, I.Buber, V.Skirbekk, A.Prskawetz. Social involvement, behavioural risks and cognitive functioning among older people, *Ageing & Society*, No.30, 2010.

⑤ Dena Shenk. Older Rural Women as Recipients and Providers of Social Support, *Journal of Aging Studies*, No.4, 1991.

⑥ Ann Bowling, Morag Farguhar Peter Browne. Use of services in old age: Data from three surveys of elderly people, *Social Science & Medicine*, No.6, 1991.

2.关于养老服务体系的转型研究

有学者专门研究美国的"Naturally Occurring Retirement Community"，该模式的社区支持服务项目（NORC－SSP）在收集和利用数据、动用已有社会网络、建立合作伙伴关系、发挥老年人主观能动性以及变被动为主动的医疗服务递送模式等方面有非常多的成功经验（Hsiu-Fen Hsieh et al.[①]，2014）。关于养老服务体系筹资方式的研究。20世纪90年代以来，英国开始在社会服务领域建立"准市场"机制，形成了养老主体完全市场化的社会养老服务体系（Judy Zolkiewski[②]，2004）。有学者发现日本、瑞典、德国和以色列等国为了解决现代家庭养老问题，缓解老龄社会矛盾，逐渐建立起了完备的社会养老保险制度，并取得了良好的社会经济效果（Jane Jenson, Dennis Saint-Martin[③]，2003）。

3.关于养老服务的主体：传统与现代养老方式的研究

关于传统家庭养老的相关研究。有研究对中国、欧美、日本等国家和地区的不同家庭养老方式及其特点进行了分析比较，着重论述了国外家庭养老方式对中国的启示和借鉴（HA Palley, C Usui[④]，1995）；有研究修正了中外学者对于美国家庭及家庭养老的认识误区，论证了美国式家庭养老的特征和支持体系（KM Gorey, C Daly, NL Richter, DF Gleason, MA Mccallum[⑤]，2003）；有研究分析了新加坡家庭养老的传统文化与立法规制，提出中国不能忽视家庭养老的重要作用，并且要在经济援

---

① Hsiu-Fen Hsieh et al. Social welfare utilization and needs of older adults in Taiwan: Survey research, *Nursing Outlook*, No.6, 2014.

② Judy Zolkiewski. Marketization and the delivery of UK health services: Three case studies, *Journal of Business Research*, No.9, 2004.

③ Jane Jenson, Dennis Saint-Martin. New Route to Social Cohesion? Citizenship and the Social Investment State, *The Canadian Journal of Sociology*, No.1, 2003.

④ HA Palley, C Usui.Social Policies for the Elderly in the Republic of Korea and Japan: A Comparative Perspective, *Social Policy & Administration*, No.3, 1995.

⑤ KM Gorey, C Daly,NL Richter, DF Gleason, MA Mccallum. The Effectiveness of Feminist Social Work Methods: An Integrative Review, *Journal of Social Service Research*, No.1, 2003.

助、社区服务方面予以支持（Esping Andersen[1]，2002；KB Yap[2]，2010）。

关于现代社会化养老方式的主要类型：居家养老、社区养老与机构养老的相关研究。关于居家养老的研究。从产生的原因、主要特征方面系统地介绍了美国自然形成退休社区，论述了美国自然形成退休社区"老年人互相照料机制""促进社区老年人之间的跨文化沟通和理解""与专门医疗机构建立伙伴关系""将社区内的老年人从服务的被动接受者转变为服务的积极消费者"的四大亮点（McHugh et al.[3]，2000）。从居家养老的角色定位、服务内容、供给模式、筹资模式、人才供给等方面全方位介绍了美国的居家养老模式，指出居家养老对缩减政府经费开支、有效利用社会既有资源、缓解就业压力、促进社会稳定和谐等方面发挥着重要作用（Fallon，D Pamela[4]，1994）。

关于社区养老的相关研究。有研究介绍了美国社区养老的典型类型，认为美国的社区居家养老是"品质养老"的典范，其"退休之家""托老中心""互助养老"、家庭护理员制度等成功做法值得国内借鉴（NE Johnson，JJ Climo[5]，2000）；有研究梳理了美国养老社区的发展与变迁的过程，并对经济社会变迁与养老社区繁荣之间的内部联系进行了论述（P. Taylor-Gooby[6]，2005）。

关于机构养老的相关研究。有学者以德国老人安养中心为例，提出机构品质养老"需求—要求—追求"三要素理论，尝试为构建中国特色

---

① Esping Andersen. *A New European Social Model for the Twenty-first Century In The New Knowledge Economy in Europe*, Cheltenham: Edgar Elgar publishing, 2002.

② KB Yap. The Impact of Host Country Policies on the Overseas Chinese Family in Singapore, *Journal of Macromarketing*, No.4, 2010.

③ McHugh, Kevin E. The "ageless self "? Emplacement of identities in sun belt retirement communities, *Journal of Aging Studies*, No.1, 2000.

④ Fallon, D Pamela. An argument for home-based maternal records in the United States, *Family & Community Health*, No.2, 1994.

⑤ NE Johnson, JJ Climo.Aging and Eldercare in More Developed Countries: The United States, South Korea, and Puerto Rico, *Journal of Family Issues*, No.7, 2000.

⑥ P.Taylor-Gooby. *Welfare Reform and the Management of Societal Change*, Brussels: DG Research, European Commission, 2005.

的机构养老品质之路提供借鉴与指导（Brockmann，Hilke[①]，2002）；有学者论述了德、日、美、英四国专业化、多样化、市场化、人性化机构养老模式的特征，从中汲取有益的经验以解决目前我国机构养老面临的种种问题。

（三）研究评价与研究方向

1. 研究评价

关于研究角度的评价。虽然有学者开始对我国社会养老服务体系进行研究，但大多是局限于某项政策或某个要素的研究，缺乏从整体纵向角度进行系统梳理。一些横向研究仅仅局限于某一社区或少数家庭，尤其是一些田野调查研究缺乏足够的代表性和典型性；对于我国养老服务体系的研究，现有的研究学科分布过于广泛且偏重宏观概述，缺乏从历史发展的角度以史实为基础进行纵向反思性研究，缺乏将养老服务体系纳入社会福利框架中进行研究，缺乏对于我国养老服务体系发展理念的研究；学者已普遍认识到开展养老服务体系研究的重要性，但是研究明显缺乏从自身传统文化和发展历程的历史考量，大都跟随西方进行"模仿式"引介。

关于转型原因的评价。我国人口年龄结构的变迁尤其是人口老龄化趋势是影响我国养老服务体系发展的重要因素，也是我国养老服务体系现代转型的动力与原因。但学者们普遍缺乏从人口结构中的人口抚养比、家庭代际关系等指标的变迁维度对养老服务体系转型开展原因研究。在已有的人口流动对养老服务体系影响研究中，虽然涉及人口流动对家庭养老的影响，但缺乏从人口流动变迁的角度对养老服务体系变迁开展原因研究。因此，我们应充分关注人口结构变迁规律，探寻我国养老服务体系变迁的原因。我国养老服务体系社会化发展趋势凸显，养老资源筹集渠道逐渐多元化。尤其在政府购买居家养老服务方面成效显著，但已有研究多关注于理念层面研究，缺乏对于制度的微观实施策略

---

① Brockmann, Hilke. Why is less money spent on health care for the elderly than for the rest of the population? Health care rationing in German hospitals, *Social Science & Medicine*, No.4, 2002.

研究。政府、市场、社会组织三者的互动合作将成为公共物品供给领域的常态。因此，我们不能固化地看待养老资源供给，也不能僵硬地看待养老服务体系的发展，在养老服务实践过程中，应充分发挥各方主体的作用，实现各方资源与力量的有效配置与良性互动。学者们从不同的视角对老年群体的独特性、养老需求的现状及其影响因素进行研究，但是总体来说这些研究很少从纵向角度梳理我国养老需求的特点，及其对于养老服务体系的影响。

关于养老服务体系发展现状与特点的研究中，从精神健康角度研究养老服务体系的已有研究对于本研究无疑具有重要的参考价值，但其研究也普遍存在一些缺陷：一是对于老年人精神健康现有研究学科分布过于广泛且较为理论化，缺乏从社会养老服务体系角度的研究；二是精神需求和精神生活作为老年人生活的重要部分，渐渐被学者重视，但这种需求在我国的受关注情况、受到关注的视角以及满足这种需求的解决路径等，尚未被予以重视；三是部分学者开始认识到对老年精神生活研究的重要性，但就不同养老方式的特点与老年人的精神生活之间的关系研究则较少涉猎，在研究框架、研究线索及政策体系方面尚有广阔的研究空间。学术界目前缺乏从养老服务体系发展历史角度开展对其现代转型的特点、目标与路径研究。

2. 研究方向

关于当代中国养老服务体系发展历史与现代转型的研究，我们需要从以下四个方面进一步展开。

第一，需要加强养老服务体系的内涵研究。关于养老服务体系的内涵研究应重视四点变化：一是研究边界拓展到社会养老层面，这需要以全社会之力做好这项工作，即充分发挥政府、家庭、社区、志愿者、社会组织和企业等的作用；二是进一步强调养老服务体系现代转型的特点与发展趋势；三是政府把机构养老的"补充"地位改为"支撑"地位，之后又改回"补充"地位，需要对机构养老等方式的功能作进一步的定位；四是从养老服务对象角度，明确养老服务体系的基本框架。关于养老服务体系的内涵的研究，还需要明确其与传统养老方式、社会保险政策、社会福利体系、老年人权益保护法律、公共财政体系等之间的边界。需要将我国养老服务体系放入社会福利体系框架中，强调建设完备的养老服务体系是一项社会政策和社会制度安排，是推进科学发展的重要手段和内在组成部分，是增强社会凝聚力的强大力量。

第二，需要加强养老服务体系的发展历史研究。将当代中国60余年养老服务体系的发展历史放入当代中国社会转型的框架之中进行时期划分研究，从二者互动的角度，提炼我国养老服务体系发展的阶段特征。

第三，需要加强养老服务体系现代转型的原因与动力研究。需要从当代中国人口结构、养老资源、养老需求与养老服务体系的互动关系出发，探析养老服务体系现代转型的原因与动力。

第四，需要加强当代中国养老服务体系现代转型的特点、目标与路径研究。养老服务体系的现代转型是一个长期的过程，要在凝练其发展特点的基础上，进一步研究养老服务体系现代转型的目标与实现路径。

因而，基于我国社会养老服务体系的本土属性，构建我国养老服务体系发展历史与现代转型的研究框架，将我国养老服务体系的现代转型放入当代中国社会转型的过程中，纵向梳理当代中国养老服务体系的发展历史，从人口结构、养老资源、养老需求变迁角度探析我国养老服务体系现代转型的原因，进而从社会转型角度，进一步研究我国社会养老服务体系现代转型的特点、目标与路径等已成为当前研究的重点与热点领域之一。通过研究，以期回应"中国特色养老服务体系现代转型有何规律？"这样一个公开问题。

二、创新之处

（一）研究内容方面创新之处

1. 将当代中国养老服务体系发展历史分为四个阶段

将当代中国养老服务体系作为研究对象开展纵向发展历史的研究，学术界鲜有人涉及。本研究将我国养老服务体系60余年的发展历史从现代转型的理论视角进行合理的分期，基于对养老需求的满足情况，以标志性政策、事件为划分依据，将其发展历程分为四个阶段。国民经济恢复与初步发展时期："救济型"养老服务体系发展阶段[①]（1949—1976年）。计划向市场经济体制转型时期："配套型"养老服务体系发展阶段[②]（1977—1998年）。构建和谐社会时期："补缺型"养老服务体系发展阶段[③]（1999—2010年）。全面建设小康社会时期："适度普惠型"社会养老服务体系发展阶段[④]（2011—2016年）。

2.从人口结构、养老资源和养老需求变迁的角度分析养老服务体系发展原因

基于人口结构的变迁分析，我国养老服务体系发展的原因主要有以下三个方面：其一，人口老龄化程度不断加深，整个社会养老负担加重，传统养老方式已经无法承载，需要统筹整个社会的养老资源。其二，家庭结构呈现小型化、核心化的发展趋势，传统家庭养老功能不断弱化，需要发展社会养老服务体系承接不断外化的养老服务需求。其三，人口流动促使家庭代际结构简单，传统子女的"床头尽孝"已经无法实现，需要发展社会养老服务体系弥补传统家庭养老的缺失。

基于养老资源的变迁分析，我国养老服务体系发展的原因主要有以下三个方面：其一，由于我国国民经济整体水平不断提升，养老服务体系的发展有了坚实的物质基础。其二，由于我国不断重视社会建设，逐

---

① 1956年三大改造完成后，新中国开始养老服务体系的建设，代表性文件有：《中华人民共和国劳动保险条例实施细则》(1953年修正草案)、《1956年到1967年全国农业发展纲要》(1956年修正草案)、《高级农业生产合作社示范章程》(1956年)、《关于撤销高检院、内务部、内务办三个单位，公安部、高法院留下少数人的请示报告》(1968年)。

② 1978年第五届全国人民代表大会第一次会议决定设立中华人民共和国民政部，任命程子华为民政部部长。内设机构有：农村社会救济司、城市社会福利司等。1978年12月18—22日在北京举行中国共产党第十一届三中全会。全会中心议题是讨论把全党工作重点转移到社会主义现代化建设上来。中国第一个老龄工作发展纲要《中国老龄工作七年发展纲要（1994—2000年）》，提出坚持家庭养老与社会养老相结合的原则。

③ 1999年我国整体上进入老龄化社会。1999年10月成立全国老龄工作委员会，它是国务院主管全国老龄工作的议事协调机构。《中共中央、国务院关于加强老龄工作的决定》首次提出建立家庭养老为基础、社区服务为依托、社会养老为补充的养老机制。

④ 2011年连续出台养老服务的三个规划，特别出台了养老服务体系的专项规划：《国务院关于印发中国老龄事业发展"十二五"规划的通知》《国务院办公厅关于印发社会养老服务体系建设规划(2011—2015年)的通知》《国务院办公厅关于印发社区服务体系建设规划(2011—2015年)的通知》。

步将养老服务体系发展纳入社会建设的整体发展，从政策制度上不断指导我国养老服务体系的发展，养老服务体系的发展有了稳定的制度基础。其三，由于我国不断创新社会治理方式，积极培养社会力量参与社会建设，养老服务体系的发展有了多元的社会基础。

基于养老需求的类型与过程分析，我国养老服务体系发展的原因主要有以下两个方面：其一，我国养老需求总量大。主要包含养老需求的绝对数量大和增长幅度大两个特点，所以迫切需要发展社会养老服务体系来积极应对。其二，我国养老需求类型多样。主要包含需求内容种类多和需求标准的层次多两个特点。我国复杂的社会阶层、区域、贫富分化，决定了我国养老服务体系需要多类型、多层次的发展。

3. 当代中国养老服务体系现代转型呈现六个特点

养老服务体系化、养老方式社会化、自我养老互助化、机构养老层次化、筹资渠道多元化、服务体系规范化。

4. 当代中国养老服务体系现代转型的目标与路径研究

从养老服务体系现代转型的过程角度，提出现代转型的近期与远期目标，并且从八个方面给出了实现路径。

（二）研究角度方面创新之处

其一，从养老主体、养老机制与养老内容三个方面构建养老服务体系的研究框架。其二，从现代转型的角度考察我国养老服务体系的发展历程。将养老服务体系的转型过程纳入社会转型的框架之中，研究了我国养老服务体系的转型特点、目标与实现路径。其三，纵横结合，以"纵"为主研究视角。纵向梳理我国养老服务体系的发展历史：一是梳理养老服务体系政策理念发展轨迹，主要是基于养老服务体系政策的社会背景与发展脉络；二是梳理养老服务体系实践发展轨迹，从简单到多样再到本土特色的养老方式发展轨迹。横向考察养老服务体系的发展现状，进一步准确把握现代转型的特点、目标与路径。其四，综合运用社会福利理论研究我国养老服务体系形成与发展规律。本文主要结合适度普惠型社会福利理论，系统型社会福利理论，公平、普惠、可持续的社会保障理论，全民共享的发展型社会福利理论等主要福利理论思想，审视我国养老服务体系的发展脉络，构建现代社会养老服务体系。

第三节　研究思路与研究方法

一、研究思路

本文以当代中国养老服务体系的发展历史为研究对象，试图解决当代中国养老服务体系发展的基本脉络、现代转型的特点、目标与路径等问题。所以本文的研究思路主要有四个阶段：

第一，以养老政策为抓手，纵向梳理当代中国养老服务体系的发展历史，厘清发展脉络，进行合理化分期研究。我国养老服务体系的转型历程与我国社会的转型历程是一致的。本文纵向梳理当代中国社会养老服务体系的发展脉络，基于社会转型的背景与养老服务供需关系角度将养老服务体系的转型历程分为四个阶段：新中国成立初期到改革开放之前基本形成了"救济型"养老服务体系；改革开放到"南方谈话"、市场经济体制探索、深化国企改革前后初步形成了"附属型""配套型"养老服务体系；经过"十五""十一五"时期的发展我国基本形成了"补缺型"的社会养老服务体系；又经过"十二五"和"十三五"初期的建设，我国逐步形成了"适度普惠型""共享型"社会养老服务体系。

第二，探析养老服务体系变迁的原因与动力。养老服务体系的形成不是孤立的，它会受到社会变迁的影响，特别是人口结构、养老资源和养老需求等变迁的影响。所以本文从人口结构、养老资源与养老需求的变迁对于养老服务体系变迁的影响出发，探寻当代中国养老服务体系的变迁原因与动力。

第三，凝练当代中国养老服务体系现代转型的特点。将养老服务体系的发展历史放入当代中国社会现代转型的框架之中，从发展过程角度总结其发展特征。

最后，从社会转型的理论视角出发，结合横向田野调查，研究养老服务体系现代转型的目标与路径（见图1）。

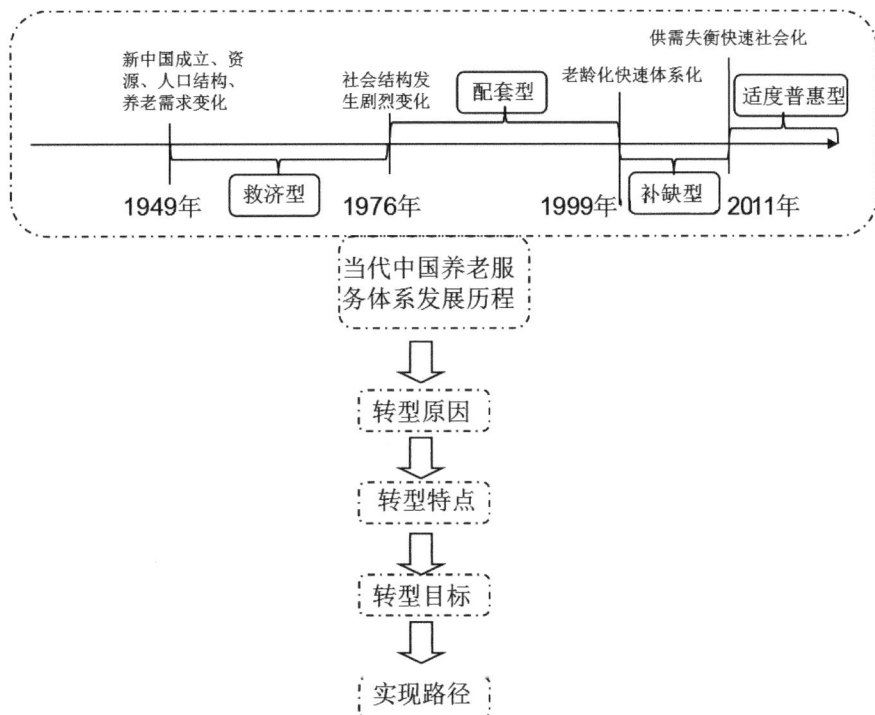

图1　研究思路

二、研究方法

（一）文献解读法

对新中国的年鉴、方志、报刊、政府公报、资料汇编和档案等历史资料进行详细的整理、考证和分类。基于养老服务体系的基本框架，以当代中国养老政策为核心，运用整体分析与典型区域分析相结合的方式，开展典型区域间养老主体、养老机制与养老内容的文献比较分析。基于不同时期养老服务体系基本框架的差异性，开展不同时期的比较分析。通过运用文献分析法，整体上呈现出当代中国养老服务体系的发展脉络及其现代转型的特征，从而准确描述和把握其发展规律，对历史作出客观的评价。

（二）统计分析法

利用三个国家级的田野调查平台①以及选取有代表性的养老服务体系发展地区开展田野调查，收集一手数据，综合运用定性与定量研究方法，辅以建立多层次统计分析模型，精确呈现不同时期我国养老服务体系的发展概貌与特征。尤其是从人口结构、养老资源与养老需求变迁的角度，选取典型指标开展历史数据比较研究，从人口结构、养老资源与养老需求对养老服务体系现代转型的影响出发，深入分析了当代中国养老服务体系发展与转型的原因与动力。

（三）个案研究法

通过选取养老服务体系发展典型区域开展田野调查，描述养老服务体系发展的现状，深入分析发展中存在的问题，并从养老服务体系历史变迁的过程出发，提出当代中国养老服务体系现代转型的目标与实现路径。

第四节　概念界定与资料来源

一、概念界定

（一）养老服务体系

养老服务体系是指与经济社会发展水平相适应，以满足老年人养老服务需求、提升老年人生活质量为目标，面向所有老年人，提供多样化养老服务的养老主体构成的网络，以及配套的政策与制度。养老服务主体是养老服务体系的基础，养老服务机制是养老服务体系的保障，养老

---

① 作者从2010年起全程参与了中国综合社会调查(Chinese General Social Survey,CGSS)、中国社会状况综合调查(Chinese Social Survey,CSS)、中国老年社会追踪调查(China Longitudinal Aging Social Survey,CLASS)。

服务内容是养老服务体系的核心。养老服务体系的概念是由学术界提出并由官方确认的。官方对于此概念的界定有以下过程。2006年2月国务院办公厅转发全国老龄委办公室和发展改革委等部门《关于加快发展养老服务业意见》提出，"逐步建立和完善以居家养老为基础、社区服务为依托、机构养老为补充的服务体系"。这是我国官方正式提出养老服务体系的概念。2011年12月《国务院办公厅关于印发社会养老服务体系建设规划（2011—2015年）的通知》明确了社会养老服务体系的内涵。

养老服务体系主要由养老服务内容、养老服务机制与养老服务主体三个方面构成。养老服务内容基于养老需求，主要包含生活照料、康复护理、精神慰藉、紧急救援和社会参与等。养老服务机制是以养老理念、养老政策、养老制度与养老文化等为基础，主要包含服务标准、运行机制和监管制度等。养老服务主体基于养老供给方，主要包含养老方式，养老模式，养老供给相关的设施、组织、人才和技术等要素。养老服务主体是养老服务体系的基础，在培育好养老服务主体的基础上不断丰富养老服务内容，不断完善养老服务机制，从而实现养老服务体系的发展。从供需角度，挖掘我国养老服务体系的内涵，也是本文的创新之处。

我国社会养老服务体系的概念主要有两个发展阶段，第一阶段为体系化阶段。即从提供"五保""职工养老保险"等简单的养老救济服务到居家、社区、机构、养老服务组织等多方主体参与和相应体制不断完善的体系化发展，即逐步发展为养老服务体系。第二阶段为社会化阶段。随着我国养老服务从国家统包逐步发展到国家、集体、个人、社会力量等多元参与的阶段，其社会性逐步增强，养老服务体系也被称为社会养老服务体系。本文在研究当代中国养老服务的历史演变过程中，主要从养老服务主体、养老服务内容、养老服务机制三个维度梳理其发展历史（见图2）。

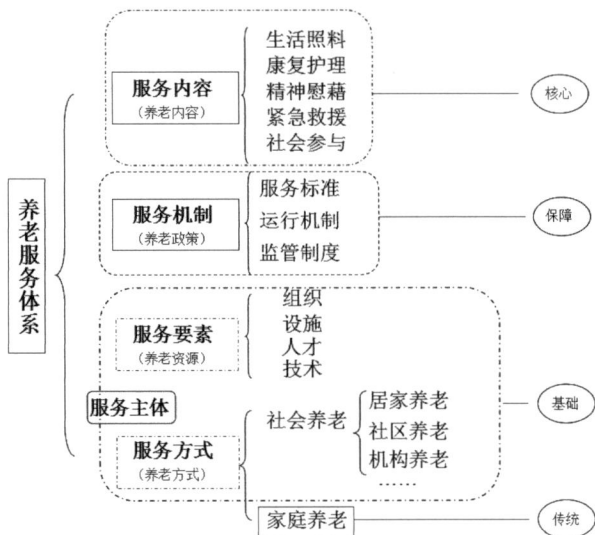

图2　我国养老服务体系概念的内涵结构图

（二）现代转型

关于现代转型的研究主要集中在转型的内容、转型的时间、转型的特点和转型的标志[①]。现代转型是现代社会转型的简称。我国关于社会转型的概念，主要是在20世纪90年代初期由陆学艺等人提出来的，认为社会转型是指中国社会从传统型社会向现代型社会、从农业社会向工业社会、从封闭半封闭性社会向开放性社会的转变、变迁和发展过程，与现代化[②]重合（陆学艺 等[③]，1991；郑杭生[④]，2009；李培林[⑤]，1992；

[①] 郭德宏：《中国现代社会转型研究评述》，《安徽史学》2003年第1期。

[②] 现代化理论萌芽于18世纪至20世纪初，形成于二战后，主要代表有圣西门、孔德、迪尔凯姆、韦伯、帕森斯、亨廷顿等。现代化是指人类社会从工业革命以来整体性的社会生活的转变过程，完成传统向现代变革的标志是某些既定的指标的达到或者出现，如技术化、市场化、农产品商品化、工业化、城市化、理性化等。

[③] 陆学艺、李培林：《中国社会发展报告》，沈阳：辽宁人民出版社，1991年，第8—10页。

[④] 郑杭生：《改革开放三十年：社会发展理论和社会转型理论》，《中国社会科学》2009年第2期。

[⑤] 李培林：《另一只看不见的手：社会结构转型》，《中国社会科学》1992年第5期。

陆学艺 等①，1994；刘祖云②，1997；李强 等③，1997；郑杭生 等④，1997）。

关于转型的时间⑤，本文认为从社会理念、社会性质和经济形态等角度出发，现代社会转型有三个标志性时间点：辛亥革命、新中国成立、党的十一届三中全会。新中国现代社会转型的典型标志是从自给半自给的产品经济社会向社会主义市场经济社会转型；从农业社会向工业社会转型；从乡村社会向城市社会转型⑥。本文梳理从新中国建立以来养老服务体系的发展历程，历经了现代转型的两个重要时间点。现代转型是一个时间的概念，更是一个社会结构转变的过程，尤其是在1978年之后呈现出"社会体制转轨"与"社会结构转型"同步进行的特点，作为社会组成部分的养老服务体系也历经了从"计划"向"市场"体制转变，以及从传统向现代社会结构转变的过程。从内容上看，养老服务体系的现代转型是指从传统的家庭养老向现代的社会养老转型；从时间上看，特指新中国成立以来，特别是社会主义市场经济体制建立以来养老服务体系的发展历程。

（三）养老方式

养老是一种社会事实、社会现象和社会行为。方式亦可以理解为模式、方法、途径、手段和形式等。养老行为的客观存在性，是社会文明发展的必然趋势。养老行为经历从个人行为发展到社会规范、社会政策

---

① 陆学艺、景天魁：《转型中的中国社会》，哈尔滨：黑龙江人民出版社，1994年，第66—67页。

② 刘祖云：《社会转型：一种特定的社会发展过程》，《华中师范大学学报（哲学社会科学版）》1997年第6期。

③ 李强、洪大用、叶菲菲：《中国社会转型中的城镇贫困层及缓解对策》，《新视野》1997年第4期。

④ 郑杭生等：《当代中国社会结构和社会关系研究》，北京：首都师范大学出版社，1997年，第32—34页。

⑤ 学术界对于转型的时间界定存在争议，从各自角度都有道理。主要有以下六种观点：其一，认为中国社会一直都在转型；第二，认为现代转型是从鸦片战争开始的；其三，认为当前中国的社会转型是从辛亥革命开始的；其四，认为现代转型是从五四运动开始的；其五，认为现代转型是从新中国成立开始的；其六，认为现代转型是从确立改革开放思想的十一届三中全会开始的。

⑥ 吴忠民：《20世纪中国社会转型的基本特征分析》，《学海》2003年第3期。

的过程，成为社会生活方式的重要组成。养老方式①在学术界有不同的说法，例如有养老模式、养老形式、养老机制、养老制度和养老服务等。

学术界对于养老方式的界定有狭义与广义之分。狭义养老方式主要有三种类型：其一，是从养老资源的来源渠道上进行区分，分为家庭养老②和社会养老③。家庭养老主要指在传统社会养老资源全部来源于家庭的养老形式。社会养老是指老年人养老资源的获取已经不局限于家庭的范围，逐步转变为社会性的现代养老服务形式。实际上社会养老方式也离不开家庭的支持，除了少数"三无""五保"等人群的养老资源纯粹来源于社会或政府；其二，按照居住方式可以将养老方式分为居家与非居家；其三，按照我国城乡社会结构差异性可以将养老方式分为农村养老方式与城市养老方式，但本研究的其中一个基本发展理念就是要从城乡一体化出发研究我国养老服务体系的现代转型④，加上我国区域发展极不平衡，应客观地从社会发展程度出发，尽可能地弱化城乡二元结构，坚持统筹发展城乡养老方式。

在实际养老活动中涉及养老方式的范畴远远超出了狭义的界定，特别是随着社会化养老的不断发展⑤，养老需求逐渐提高，因而学界常常把概念的外延扩张到养老服务体系层面。广义的养老方式主要是指随着养老社会化程度的加深，在全社会范围内出现的多样化的养老形式，包含这些形式的养老资源来源方式、制度设计理念与养老内容等。本文在

---

① 养老方式的分类较为复杂且多样，当前主要有家庭养老、自我养老、居家养老、机构养老、居家式社区养老、抱团养老、以房养老、乡村养老、集中养老、售后回租、租房入院养老、售房入院养老、家内售房养老、基地养老、大房换小房、异地养老、合居养老、遗赠托老、招租托老等。

② 家庭养老有子女养老、夫妻互助养老、自我养老等，随着我国社会结构的变迁，传统意义上完全由家庭提供所有养老需求的家庭养老几乎已经不再存在，在社会化、市场化和社区化的趋势下，从资源供给渠道上看家庭养老逐渐转变为居家养老。

③ 社会养老可以按照资源来源与组织形式分为居家养老、社区养老、机构养老等养老形式。

④ 在2016年1月国务院新闻办举行的国务院政策例行吹风会上，国家发改委副主任胡祖才表示，2015年，我国城镇化率达到56.1%，城镇常住人口达到了7.7亿，到2020年户籍人口城镇化率要达到45%，常住人口城镇化率达60%左右。

⑤ 邬沧萍：《实行家庭养老与社会养老相结合是历史的选择》，在全国家庭养老与社会化养老服务研讨会闭幕式上的讲话，1998年4月，厦门会议。

研究具体历史演变过程中是采用狭义的概念，主要是指老年人根据社会的发展水平和自身的实际情况而选择的具体养老形式。

（四）老年人

养老服务体系的需求方主要是老年人群[①]，社会上对于老年人的界定主要是从年龄角度进行的，一般认为老年人是指年龄超过60岁的人[②]。对于老年人群的分类目前学术界主要有六种：一是从年龄角度，一般以60岁为界限，超过60岁被称为老年人，超过80岁为高龄老年人，超过90岁为超高龄老年人；二是从生理机能角度，分为正常、半失能与失能等类型；三是从居住方式角度，分为空巢、留守等类型；四是从经济基础角度，分为较好、一般、困难与特困老人等类型；五是从城乡二元结构角度，分为城市老人与农村老人；六是从政府服务优先角度，分为特殊困难老人与一般老人。当然还有一些特殊老年群体，如独居、失独、"老漂族"、高龄农民工等。

二、资料来源[③]

关于当代中国养老服务体系的历史文献资料并不系统，合理筛选和利用资料是养老服务体系历史研究的重要任务[④]。在研究中，还需要借助社会学、人口学、经济学、统计学等学科资料。本研究主要是从全国整体出发，以养老政策发展为主线，以报刊、方志、年鉴和统计数据为主要论据开展研究，在涉及典型区域资料时，主要从典型性和可行性角

[①] 部分服务也面向残疾人等。

[②]《中华人民共和国老年人权益保障法》规定，"老年人是指六十周岁以上的公民"。

[③] 当代社会史研究资料通常来自统计年鉴、报刊、档案、统计数据、文件汇编等，作为史学研究常常给人一种论据不足的印象，本文通过查阅相关资料汇编、政府公报、代表性数据库、领导人讲话稿、政府网站等增加脚注以弥补论据不足的弱点。

[④] 张世飞：《试论中国当代社会史的研究对象和研究内容》，《贵州社会科学》2008年第5期。

度出发,较多地选取了上海①、北京、天津、江苏②、广东、辽宁和安徽③等不同区域具有代表性④的地方资料。在此,对文章使用的部分养老政策、统计数据和其他相关资料的基本情况做一介绍。

张静如先生主编的《中国当代社会史》(五卷本)研究了1949年到2008年我国社会生活领域的典型事件,清晰地呈现了新中国的人口家庭、社会组织、阶级阶层等社会主体的变动,当然也包含了我国养老服务的发展历史。龚书铎先生主编的《中国社会通史》(八卷本)对先秦到民国之间的人口结构、阶层结构和社会生活方式等方面作了较为详细的记载。这两部著作是研究我国养老服务发展历史重要的参考书,尤其是《中国当代社会史》对于本著的创作起到了重要的参考价值。

关于我国养老服务体系研究方面的报纸、期刊主要有:《人民日报》《中国社会报》《中国老年报》《中国劳动保障报》《当代中国史研究》《中共党史研究》《党史研究与教学》《社会学研究》《中国人口科学》《社会》《人口研究》《人口学刊》《社会保障研究》《社会福利》《中国民政》《社会工作》等。这些对于研究中国养老服务体系的发展历史具有

---

① 1979年,上海60岁及以上户籍老年人口占总人口的比例达到10.07%,标志着上海进入人口老龄化城市行列。它是我国第一个人口老龄化的城市,老年人口比例始终高于全国8%~10%。截至2014年12月31日,上海市户籍人口1438.69万人,60岁及以上老年人口413.98万人,占总人口的28.8%,户籍80岁及以上高龄人口将达到70万,上海已经进入了"深度或者重度老龄化阶段"。2020年户籍60岁以上老年人口总数达到540万。

② 江苏省是1986年进入老龄化社会,比全国早13年。2010年底,全省60岁及以上老年人口1300多万,占户籍人口总数的17.4%。

③ 安徽省是从1998年开始进入老龄化社会行列,比全国早1年。截至2014年底,全省60周岁以上老年人已达1030.9万,占总人口的17%,高出全国1.5个百分点,百岁老人数量超过3000人。截止到2015年底安徽省60岁及以上人口占比17.29%。

④ 全国老龄工作委员会办公室发布的《中国人口老龄化发展趋势预测研究报告》(2006年)显示:2004年底,中国60岁及以上老年人口达到1.43亿,占总人口的10.97%。老龄化水平超过全国平均值的有上海(18.48%)、天津(13.75%)、江苏(13.75%)、北京(13.66%)、浙江(13.18%)、重庆(12.84%)、辽宁(12.59%)、山东(12.31%)、四川(11.59%)、湖南(11.51%)和安徽(11.18%)等11个省市。选取上海作为典型地区是因为它是中国最发达而且进入老龄化社会最早的区域。选取江苏因为它进入老龄化社会较早,是我国东部地区的典型代表,经济较为发达,长三角城市群已进入城乡一体化发展阶段,但是省内南北区域发展不太平衡。选取安徽省一是因为它是中部地区的典型代表;二是它是中国农村改革的发源地;三是笔者长期研究安徽的养老服务体系,掌握了一些养老服务体系方面的资料。

重要的参考价值。

当然，对我国养老服务体系的研究，地方志、年鉴、专题报告和相关田野调查资料也是获取研究资料的重要来源。方志类：《北京志（政务卷）·民政志》《北京东城年鉴》《上海民政志》《南汇民政志》《松江民政志》《杨浦区志（1991—2003）》《宝山区志（1988—2005）》《安徽省志·民政志》《安徽省志·人口志》《安徽省志·粮食志》《阜阳县民政志（1906—1985）》《合肥新站综合开发试验区志（1992—2005）》《中国农村改革源头志》《江苏省志·民政志》《南京民政志》《苏州劳动保障志（1949—2005）》《徐州市民政志（1989—2009）》《连云港市民政志》《江宁民政志（1949—2004）》《泗洪妇女志（1949—2009）》《广州市东山区民政志（1880—2004）》《天津通志·民政志》《辽宁省志·民政志》《招远市劳动保障志》等。年鉴类：《中华人民共和国年鉴》（1983—2015，1997年《中国年鉴》改名为《中华人民共和国年鉴》）、《中国民政年鉴》（2002，2003，2004，2006，2007）、《中国老龄工作年鉴》（1982—2015）、《北京年鉴》（1996—2015）、《上海年鉴》（1996—2013）等中央和地方年鉴都很齐备。专题报告类：《中国养老机构发展研究报告》《中国老龄产业发展报告》《中国家庭发展报告》《中国社会保障发展报告》等。田野调查方面的研究数据主要来源于笔者从2010年开始连续参与的中国综合社会调查（CGSS）、中国社会状况综合调查（CSS）（安徽区域的调查），特别是参与了2014年的中国老年社会追踪调查（CLASS，安徽），获取了整体调查数据。笔者近年来开展了一系列关于安徽区域的养老服务体系的田野调查：农村医疗保险实施现状调查（2004—2006）、安徽农村敬老院发展状况调查（2004—2007）、安徽农村养老保险实施现状调查（2009—2011）、安徽农村养老方式现代转型调查（2012—2013）、安徽社会养老服务体系调查（2014—2015）、安徽养老机构发展调查（2014—2016）、芜湖养老产业发展调查（2007—2015）。笔者通过田野调查也积累了部分一手数据资料。

关于我国养老服务体系统计方面的相关资料主要是统计年鉴和专题统计报告：《社会服务发展统计公报》（2010—2015）、《全国民政统计资料汇编》（1980）、《民政统计历史资料汇编》（1949—1992）、《中国民政统计年鉴》（1990—2015）、《中国社会统计资料》（1987，1990，1993，2000）、《国民经济和社会发展统计公报》（1978—2015）、《中国城市统计年鉴》（1985—2015）、《中国农村统计年鉴》（1985—2015）、《中国金融年鉴》（1986—2015）、《中国农村住户调查年鉴》（1992—2010）、《新中国六十年统计资料汇编》《中国统计年鉴》《中国人口年鉴》《中国1982年人口普查10%抽样资料》《中国第三次人口普查资料分析》《中国第四次人口普查的主要数据》《中国1990年人口普查10%抽样资料》《中国1990年人口普查资料》《第五次全国人口普查主要数据》《中华人民共和国第三次人口普查》《中国第四次全国人口普查资料分析（上）》《中国第四次全国人口普查资料分析（下）》《中国2010年人口普查资料》《中国人口和就业统计年鉴》（1988—2015年，每年连续出版，2007年《中国人口统计年鉴》更名为《中国人口和就业统计年鉴》）等。除全国性统计资料外，地方统计资料、统计年鉴等也比较全，这些都是研究中国养老服务体系发展历史的重要内容。

关于我国养老服务体系的政策、法规方面的代表性资料主要有：1953年劳动部颁布的《中华人民共和国劳动保险条例实施细则修正草案》、1954年全国人民代表大会常务委员会通过的《中华人民共和国城市居民委员会组织条例》、1957年中共中央实施的《1956年到1967年全国农业发展纲要》、1982年民政部关于印发《城市社会福利事业单位管理工作试行办法》的通知、1997年民政部颁布的《农村敬老院管理暂行办法》、1999年民政部发布的《社会福利机构管理暂行办法》《关于印发〈"社区老年福利服务星光计划"实施方案〉的通知》《关于支持社会力量兴办社会福利机构的意见》、2006年颁布的《农村五保供养工作条例》、2008年全国老龄委办公室等10部委出台的《关于全面推进居家养老服务工作的意见》、2011年发布的《中华人民共和国国民经济和社会发展第十二个五年规划纲要》《国务院关于印发中国老龄事业发展"十二五"规划的通知》《国务院办公厅关于印发社区服务体系建设规划（2011—2015年）的通知》《国务院办公厅关于印发社会养老服务体系建设规划（2011—2015 年）的通知》、2013 年发布的《国务院关于加快发展养老服务业的若干意见》《国务院办公厅关于政府向社会力量购买服务的指导意见》、2014 年财政部出台的《关于政府购买服务有关预算管理问题的通知》、2015 年中国共产党第十八届中央委员会第五次全体会议通过的《中共中央关于制定国民经济和社会发展第十三个五年规划的建议》等。

　　研究从宏观上关注中国的养老服务体系的发展历史，但鉴于我国幅员辽阔、文化差异较大且发展极不平衡，且限于历史资料的连续性，所以在研究中力图选取最为典型的地方论据开展研究，但难免会出现研究区域不够集中、代表性不够的缺陷。

上编

第一章　国民经济恢复与初步发展时期：
"救济型"养老服务体系（1949—1976年）

1949年我国人口共有54167万人，其中城镇人口5765万人，农村人口48402万人，城市化率约为10.64%。1953年我国的总人口为58796万人，其中60岁及以上的人口为3158万人，占总人口5.37%。1964年我国的总人口为70499万人，其中61岁以上人口为3817万人，占总人口5.51%①。1978年我国人口共有96259万人，其中城镇人口17254万人，农村人口79014万人，城镇化率约为17.92%②。新中国成立以前，中国人均预期寿命仅为35岁左右，20世纪50年代人均寿命为40岁左右，到20世纪70年代末达到65岁左右③。1949年的新中国就是一个名副其实的欠发达的农业大国，生产力水平低下，国家积贫积弱。由于体制、国力和观念等因素的影响，这一时期我国老年人主要的养老方式还要依靠家庭进行养老。养老资源获取方面，农村主要是"土地养老"，城市主要是"单位"养老。养老服务体系建设几乎处于"空白"状态。

新中国成立，国家百废待兴。在农村，国家非常重视鳏寡孤独困难群体的生活保障，依托合作社、生产队倡导互助养老，实施"五保"供养办法，兴办敬老院实行分散与集中供养老人，这些措施成为我国农村养老服务体系建设的开端。在城市，受计划经济体制影响，大批的退休

---

① 国家统计局人口统计司、公安部三局：《中华人民共和国人口统计资料汇编1949—1985》，北京：中国财政经济出版社，1988年，第2—4页。

② 国家统计局：《1949—1984光辉的三十五年统计资料》，北京：中国统计出版社，1984年，第24页。

③ 根据国家统计局国民经济综合统计司编：《新中国五十年统计资料汇编》，北京：中国统计出版社，1999年整理。

企业职工依靠企业负担的养老退休补助金养老，个人无需缴纳资金，国家统筹只在政策层面，实际投入不大，所以养老补助金水平也较低，基本形成了企业办社会养老的局面，职工就是"单位人"；国家机关事业单位的工作人员完全由政府负担，退休后发放退休工资，个人也无需缴纳任何资金，形成了"铁饭碗"的局面。所以这一时期①的养老服务发展被称为低水平的"救济型"养老服务发展阶段。

第一节　"救济型"养老服务体系的发展理念

1949 年 10 月 1 日新中国成立，社会发生了激烈的新旧制度的交替。国家百废待兴，国家积贫积弱，人民生活水平极低，而且又必须发展社会主义工业化，政府无力从国家层面建立养老服务体系。在计划经济体制的背景下，从养老服务的对象上主要发展出两类养老服务体系，一是为企业员工建立国家、企业统筹统包的劳动保险条例；二是开展针对鳏寡孤独等困难老人的救济型养老服务。在城市建立福利院或者敬老院来收养孤寡"三无"②老人，在农村希望通过集体合作社或者人民公社收养，或者兴建敬老院来解决孤寡"五保"老人的养老问题（表1.1）。

一、国家统包养老服务的发展理念

（一）"救济"型养老服务体系的服务对象

在计划经济时期，国家和集体是整个社会的全部，企业的性质也都是全民和集体所有制，民间社会组织几乎没有，农民即"集体人"、企

---

① 这一时期先后经历了国民经济恢复时期（1949 年 10 月—1952 年底）、社会主义三大改造（1953—1956 年底）、"大跃进"运动（1958—1960 年）、人民公社化运动（1958—1982 年）、"文化大革命"（1966—1976 年）等。

② 城市"三无"老人指非农业户籍的无劳动能力、无生活来源且无法定赡养义务人，或者其法定赡养义务人无赡养能力的老年人。该群体长期参照农村五保供养制度获取救助。1997 年 9 月出台了《国务院关于在全国建立城市居民最低生活保障制度的通知》，该通知规定城市"三无"人员享受城市居民最低生活保障制度。2014 国务院颁布《社会救助暂行办法》，该办法明确临时救助对象范围，并设立"特困人员供养"机制，从而进一步规范了城市"三无"人员社会救助办法。

业员工即"单位人"，所以全社会的老年人养老服务都是由国家负担。

由于这一时期国民经济发展水平较低，无法针对一般老年群体开展全方位的老年服务工作，所以只能针对社会上"五保""三无"等最弱势、最困难的老人开展救济性的物质补助，另一方面为了保障工业化的顺利推行，国家为企业员工制订了养老保险制度，保障企业员工在退休后可以享受最基本的物质保障①。

（二）"等靠要"养老服务的筹资方式

由于这一时期国家实行计划经济体制，分配上实行平均主义，职工吃企业的"大锅饭"，企业吃国家的"大锅饭"，社员吃生产队的"大锅饭"，生产队吃国家的"大锅饭"，"等靠要"是当时人民的普遍思想。《高级农业生产合作社示范章程》规定，"五保"供养的资金来源为村集体的公益金。从此形成了乡村两级出资供养五保户的筹资模式②。

国家与企业统包的养老补助费制度主要有两个发展阶段：

第一阶段为国家统筹与企业统筹结合时期（1951—1968年）。1951年2月政务院通过的《中华人民共和国劳动保险条例》和1953年1月政务院通过的《中华人民共和国劳动保险条例实施细则修正草案》两个具有里程碑意义的文件，标志着我国城市企业职工养老保险制度的确立。同时也确立这一时期我国养老保险的筹资方式，"劳动保险的各项费用，全部由实行劳动保险的各企业行政方面或资方负担"，同时规定了"调剂金由省、市工会组织或产业工会全国委员会用于对所属各工会基层委员会劳动保险基金不足开支时的补助或举办集体劳动保险事业之用。"从此确立了城镇企业养老金的筹资方式为国家统筹与企业统筹相结合。

第二个阶段为企业统筹国家兜底阶段（1969—1990年）。1969年2月财政部出台的《关于国营企业财务工作中几项制度的改革意见（草案）》（简称《意见》）提出"国营企业一律停止提取劳动保险金"，

---

① 董必武：《新中国的救济福利事业》，《人民日报》1950年5月5日，第1版。

② 高冬梅：《国民经济恢复时期社会救助工作中的社会动员研究》，《党史研究与教学》2007年第4期。

"企业的退休职工、长期病号工资和其它劳保开支，改在营业外列支"。该意见是将我国养老保险的筹资方式从"国家统筹+企业筹资"转变为完全由企业统筹、负担职工的养老保险。从共济性角度来看，此项改革是一种倒退，直接导致职工与企业关系更加紧密，职工完全变为"单位人"，企业办社会的局面完全形成。

二、国家重视养老服务体系的建设

国家通过法律保障老年人的养老权利。《中华人民共和国宪法》（1954年）第九十三条规定了"中华人民共和国劳动者在年老、疾病或者丧失劳动能力的时候，有获得物质帮助的权利。"这是我国关于老年人权益保障的最早最高的规定，从此我国公民的养老权利通过宪法得以确定，之后地方性的老年人保护规定都是建立在此条规定的基础之上的[①]。

国家出台构建养老服务体系的指导性政策。1951年2月政务院第七十三次政务会议通过的《中央人民政府政务院关于公布"中华人民共和国劳动保险条例"并定期实行的决定》和1953年1月政务院通过的《中华人民共和国劳动保险条例实施细则修正草案》两个文件确立了我国劳动保险条例相关规定。1956年6月第一届全国人大通过的《高级农业生产合作社示范章程》和1957年10月经全国人民代表大会讨论通过的《1956年到1967年全国农业发展纲要（修正草案）》，两个政策明确了我国五保供养的相关规定。

此后，在这一时期党和政府出台的有关我国养老服务体系的政策有：《中华人民共和国中央人民政府组织法》《国家机关工作人员退休处理暂行办法》《国家机关工作人员退职处理暂行办法》《中华人民共和国农业税条例》《国务院关于工人、职员退休处理的暂行规定》《1956年到1967年全国农业发展纲要》《农村人民公社工作条例（修正草案）》《关于国营企业财务工作中几项制度的改革意见（草案）》《关于撤销高检

---

① 肖巧平：《从物质帮助权到社会保障制度：新中国宪法"扶贫帮困"的历史轨迹》，《中共党史研究》2010年第3期。

院、内务部、内务办三个单位,公安部、高法院留下少数人的请示报告》等。出台这些政策进行养老服务体系的建设,反映了我国对于养老服务体系建设的重视。

三、国家倡导文明养老的社会风气

根据1956年内务部农村经济司工作组的调查报告,在农业合作化阶段,很多农村对于年老体弱完全丧失劳动能力不能照管自己生活的"五保"户,各社除予以资金或实物补助外,同时发动村民邻里对他们的日常生活予以劳力协助。如:发动社员自愿帮工,如挑水、做饭、洗衣、砍柴等;由社负担"五保"费用,委托社员照顾生活;由社出工照顾"五保"户的生活。如江西省上犹县红星社组织服务小组,指定专人替这些户挑水、砍柴、种菜及日常生活照顾。对这些服务的社员,按照他们的工作质量、数量适当补给工分;由社集中包养。又如江西省鄱阳县其林乡南林社,将行动不便、不能担水和做饭的老弱孤寡残疾社员15人集中起来居住,互相帮助,由社按每人每日一角钱的标准发给口粮、油、盐、柴,衣服由社帮助做,蔬菜由他们自种[1]。

当时对于五保户的养老服务关心,相当一部分来源于乡邻之间的义务帮扶,良好的尊老、敬老的社会风气在社员中自然形成[2]。很多妇女、青年、小孩,都能主动为他们挑水、舂米、送菜、送柴[3]。但是,由于缺乏专门对于老年人养老权利的法律保障,养老事务常常处于尴尬境地。1956年江苏泰兴县刁铺区安东乡一个农业社社员孙李氏,以婆婆年老不能劳动为借口,竟剥夺了她在家中吃饭的权利。老人无法,便去请求乡长处理,不料乡长却无动于衷,置之不理。因此77岁的老年人,只好痛哭流涕,沿门讨饭[4]。

---

①《三十九个高级社"五保"工作的调查》,《人民日报》1956年11月15日,第3版。

②《正确实行"五保"制度》,《人民日报》1957年2月9日,第1版。

③ 戴启天:《福建省许多老弱孤寡残废社员享受"五保"待遇生活有保障》,《人民日报》1957年3月11日,第4版。

④ 徐毅:《制止虐待老人的行为》,《人民日报》1956年7月20日,第4版。

四、国家成立养老服务的指导机构

（一）养老服务政府机构发展概况①

新中国的五保供养和农村敬老院相关工作由内务部和政府指导，在基层具体是由人民公社、生产大队、生产小队负责具体实施。企业职员的劳动保险条例由劳动部监督，工会实施，保险基金由中国人民银行设立专户。

1949年中央人民政府设立内务部，主管民政工作，受中央人民政府政务院领导和政务院政治法律委员会的指导，1954年内务部改称"中华人民共和国内务部"，1969年遭到撤销，1978年重新设立"中华人民共和国民政部"，负责民政等社会建设，具体指导我国养老服务体系的建设与发展。1949年中央人民政府设立了中央人民政府劳动部，负责计划并领导逐步实行劳动保险制度。1954年中央人民政府劳动部改称"中华人民共和国劳动部"，1970年撤销劳动部，劳动部业务工作并入国家计划委员会劳动局，社会保险基金的征集、管理和调剂使用制度全都停止，社会保险事务处于无人管理的状态。直到1975年才恢复国家劳动总局②（见表1.1）。

（二）组织机构对养老服务体系发展的影响

劳动部负责劳动保险条例草案实施的监管。1951年2月政务院第七十三次政务会议通过《中央人民政府政务院关于公布"中华人民共和国劳动保险条例"并定期实行的决定》，该决定明确了机构的分工情况，中国人民银行负责代收与保管劳动保险金的总金库，工会基层委员会负责协调与企业的关系，劳动部负责制定劳动保险条例实施细则③。劳动

---

① 这一时期，我国养老社会组织大多是官方的，民间养老社会组织的发育还没有"社会土壤"。

② 李荣时（民政部计划财政司）：《民政统计历史资料汇编（1949—1992年）》，北京：中国统计出版社，1993年，第534—559页。

③《中央人民政府政务院关于公布〈中华人民共和国劳动保险条例〉并定期实行的决定》，《人民日报》1951年2月27日，第1版。

保险业务，草案规定由工会执行，由政府劳动行政机关监督①。

中华全国总工会负责劳动保险条例的实施②。1950年10月在劳动保险条例草案公布之后，中华全国总工会发出关于发动广大工人群众讨论中华人民共和国劳动保险条例草案的通知，要求各产业工会全国委员会、各大行政区总工会（或全国总工会办事处）并转所属各级工会组织对条例进行讨论宣传。明确了"请将讨论情况和对条例草案的意见，写成书面报告，于十一月底以前寄交中华全国总工会劳动保险部"③。劳动部会同全国总工会负责劳动保险条例的修改和公布④。

"文革"期间，劳动部、内务部受到严重冲击，后遭到撤销，负责劳动保险事务的工会组织被停止活动⑤。此后我国养老服务相关事务一直处于停滞状态。上海市各级民政机构大多被撤销或合并，干部大多被下放劳动，老干部遭受打击迫害，许多行之有效的规章制度受到批判或被废除，民政工作的实际效能受到严重损害⑥。

表1.1　养老服务体系代表性政策、理念（1949—1976年）

养老政策	时间	关于养老服务体系发展的内容	发展理念
《中华人民共和国中央人民政府组织法》	1949年	设立中央人民政府内务部,设立中央人民政府劳动部	国家统筹
《中华人民共和国劳动保险条例》	1951年	着手建立全国统一的养老保险制度	国家、企业统筹
《中华人民共和国劳动保险条例实施细则修正草案》	1953年	提出了关于养老待遇的规定	国家、企业统筹
《中华人民共和国宪法》(1954年)	1954年	劳动者在年老的时候,有获得物质帮助的权利	养老权利

---

① 李立三:《劳动部李立三部长关于中华人民共和国劳动保险条例草案的几点说明》,《人民日报》1951年2月27日,第2版。

② 劳动部下设的劳动保险局,1954年5月撤销,其工作移交给全国总工会统一管理。

③ 新华社:《中华全国总工会通知 深入发动广大工人群众讨论劳动保险条例草案》,《人民日报》1950年11月1日,第1版。

④《中央人民政府政务院 关于中华人民共和国劳动保险条例若干修正的决定》,《人民日报》1953年1月10日,第1版。

⑤ 王腾腾:《从"国家全包"到社会统筹——新中国建立以来的退休制度变迁》,《南方日报》2015年12月7日,第A11版。

⑥《上海民政志》,上海:上海社会科学院出版社,2000年,第4页。

续　表

养老政策	时间	关于养老服务体系发展的内容	发展理念
《国家机关工作人员退休处理暂行办法》和《国家机关工作人员退职处理暂行办法》	1955年	使得国家机关事业单位人员的养老保险从职工养老保险制度中分离出来	国家统筹
《1956年到1967年全国农业发展纲要(修正草案)》	1956年	提出五保供养	五保救济
《高级农业生产合作社示范章程》	1956年	明确五保供养的具体要求	五保救济
《中华人民共和国农业税条例》	1958年	农业税的征收实行比例税制，乡村提留	五保救济
《国务院关于工人、职员退休处理的暂行规定》	1958年	国务院第一次将国家机关事业单位和企业职工养老保险待遇合并、统一	国家统筹
《1956年到1967年全国农业发展纲要》	1960年	实行"五保"供养	五保救济
《农村人民公社工作条例(修正草案)》	1961年	生产大队可以从大队可分配的总收入中，扣留3%—5%的公益金	五保救济
《关于国营企业财务工作中几项制度的改革意见(草案)》	1969年	国营企业一律停止提取劳动保险金	企业统筹
《关于撤销高检院、内务部、内务办三个单位，公安部、高法院留下少数人的请示报告》	1969年	内务部撤销(1978年重新设立中华人民共和国民政部)	停滞与破坏
—	1970年	工会组织被停止活动，养老保险经办机构停摆	停滞与破坏
—	1970年	撤销劳动部(1975年恢复国家劳动总局)	停滞与破坏

第二节　农村敬老院的曲折发展

这一时期，国家从创办各类养老机构入手来构建我国养老服务体系，主要有农村敬老院、城市福利院、工人疗养院①、休养院、干休所等。这些机构大多覆盖的范围较窄，对于当时救济型养老来说，农村敬

---

① 在大城市，企业较为集中的地方，国家和行业协会为了优待工人，各地兴办了一些工人疗养院，这些疗养院也具有一部分养老服务功能。自1950年起，华北各省、市和工矿企业的工会组织就开始兴建各种疗养院和休养所，包括完全脱离生产的、半天的和业余的。如北京市201个实行劳动保险的工矿企业，即兴建了110个肺病疗养所。华北区工矿企业的集体劳动保险事业有很大发展。目前，全区工人疗养院和休养所已有200多个，共有6000张床位。1953年共有17000多名职工先后在此疗养和休养。

老院最具有典型意义。随着农村敬老院的兴办，五保供养此后分为集中供养与分散供养两种形式。

一、初创阶段：尝试五保老人集中供养

新中国的成立，让人民成为国家的主人，农民成为土地的主人。1949—1952年在农村，推翻地主剥削制度，把土地分给人民是这一时期党和国家的工作重点。1950年中央人民政府颁布了《中华人民共和国土地改革法》，该文件提出"废除地主阶级封建剥削的土地所有制，实行农民的土地所有制"，有步骤、有分别地消灭封建剥削制度，发展农业生产。按照该文件精神，我国从1950年到1952年底开始了轰轰烈烈的土地改革，到1953年，全国3亿农民都分到了土地，再也不用向地主缴纳地租了，这激发了农民的生产和生活热情。

新中国成立初期，党和政府高度重视五保老人的养老问题，各地生产合作社都积极吸纳五保老人，为了便于照顾，各地也都尝试性的兴办了很多村级养老院。"五保"是按照《1957年到1967年全国农业发展纲要（修正草案）》第三十条的规定，由农业合作社举办的一种社会福利事业。截止到1957年底，全国有313万多户、519万多鳏寡孤独的社员享受着农业社的"五保"待遇[1]。

二、兴办阶段：为五保老人兴办敬老院

1958年12月八届六中全会通过的《关于人民公社若干问题的决议》提出"要办好敬老院，为那些无子女依靠的老年人（五保户）提供一个良好的生活场所"。该文件的出台，标志着我国农村敬老院的发展进入了"快车道"。此后，农村敬老院在各地发展迅速[2]。1958年河北怀柔县前桥梓乡搞生产大跃进，12个农业社为照顾"五保"户联合办了老人幸福院。农业社每年供给他们每人钱、粮共合65元。其余部分由老人自

---

[1] 王濯非：《社会主义的一朵红花——介绍农村"五保"户的养老院》，《人民日报》1958年6月10日，第4版。

[2] 截止到1958年底，全国办起敬老院近15万所，收养300余万老人。

已组织生产补贴①。

在人民公社化时期，五保供养由人民公社三级管理中的生产大队或者生产小队负责组织实施。一方面，部分享受五保供养的老年人需要专门人员进行照顾；另一方面，1958年农业生产"大跃进"以来，农业社为了更好地照顾"五保"户和适应生产大发展的需要（指可以多抽一些分散照顾"五保"户的人参加生产），一些人民公社开始兴办农村敬老院对部分五保供养对象进行集中供养。于是五保供养方式从此分为分散供养和集中供养两种形式②。

这一时期，各地没有从生产力发展实际水平出发，"盲目"兴建敬老院。据内务部门统计，截止到1959年底，全国敬老院就有10万多所，入院的老年人约有200万。这些敬老院为无子女依靠的老年人提供了一个较好的生活场所。各地人民公社为了使老人生活得幸福愉快，都在现有条件下，尽可能对老人们的衣、食、住等方面给以适当的照顾，并派有专人照料老人的生活③。

由于受"左"的指导思想影响，1958—1960年的"大跃进"时期五保制度也遭受了严重的挫折，表现为很多地方超越经济负担程度，所有五保户一律实行"大锅饭"和粮食供给制，生活水平和普通社员保持一致。1958年人民公社化时，南汇县一哄而起办了76个敬老院，不久即散。其中惠南镇办的幸福院维持到1964年3月，把13个养老人员并给县社会福利院收养④。截止到1959年底，有90%的农户参加"大锅饭"⑤。据统计截止到1958年底，安徽省敬老院达到9756所，入院174896人，占五保总人数361017人的48.4%⑥。据1962年的统计，安徽

---

① 邓子常：《老人幸福院》，《人民日报》1958年8月9日，第5版。

② 方青：《从"集体保障"到"社会保障"——中国农村社会保障1949—2000》，《当代中国史研究》2002年第1期。

③ 盛果：《敬老院里笑颜开 二百万老人欢度幸福晚年》，《人民日报》1959年1月16日，第6版。

④ 《南汇民政志》编纂委员会编：《南汇民政志》，北京：方志出版社，2010年，第261页。

⑤ 《我省各地公共食堂越办越好》，《安徽日报》1959年12月22日，第3版。

⑥ 安徽省统计局编：《安徽四十年》，北京：中国统计出版社，1989年，第87页。

省只剩敬老院2684所，入院人数占五保总人数的12.8%[1]。1959—1961年，由于自然灾害和工作失误，"三年困难时期"农村困难户增多。据1959年统计，江宁区域内接近断炊的有88个大队、41180户，占总农户的35.5%[2]。三年困难时期，许多敬老院难以维系，陆续停办[3]。全国农村敬老院从1958年的146653个，入院人数3037017人，缩减到1962年的35215个，入院人数563254人，4年间减少了2473763人，缩减了81.45%[4]。

三、挫折阶段：农村敬老院的发展停滞

为了保障和保护农村福利事业的发展及发展成果，稳定敬老院的资金来源渠道，1961年6月出台的《农村人民公社工作条例（修正草案）》，明确了供养"五保户"的资金来源，"生产大队可以从大队可分配的总收入中，扣留百分之三到五的公益金，作为社会保险和集体福利事业的费用"。从而帮助敬老院渡过难关。该条例明确了敬老院等五保供养福利单位的筹资方式，之后五保供养的资金来源主要是"公益金"。

"文革"使得农村敬老院的发展再受打击。"文化大革命"期间（1966—1976年），很多地方对五保户的生活疾苦漠不关心、熟视无睹。1958年上海市崇明、嘉定等10个郊县共办敬老院150所，有4045位"五保"老人入院。60年代初，大批敬老院停办。1979年，崇明、松江等5县仅存42所敬老院，留院老人630人[5]。在"文革"期间，全国敬老院的发展受到重创，敬老院数量大大减少，据统计到1978年底全国

---

① 安徽省地方志编纂委员会编：《安徽省志·民政志》，合肥：安徽人民出版社，1993年，第238页。

② 周久耕等编：《江宁民政志》，南京：江苏人民出版社，2004年，第71页。

③ 国家统计局国民经济综合统计司编：《新中国五十年统计资料汇编》，北京：中国统计出版社，1999年。

④ 民政部计划财务司：《民政统计历史资料汇编1949—1992》，北京：中国统计出版社，1993年，第262页。

⑤ 《上海民政志》，上海：上海社会科学院出版社，2000年，第172页。

敬老院较 1958 年缩水 95.22%，仅存 7175 所，在院老人仅有 10 余万人[1]，少数敬老院办成了集体的"储藏室""养猪场""饲料房"，严重损害了老人的身体健康。这些问题，在社会上产生了很坏的影响，对于我国农村养老服务以及五保制度的发展造成了极大的损失[2]。

在这一时期，农村敬老院在曲折中经历了初创、发展和受挫等几个阶段，发展道路是非常曲折的，甚至在"文革"期间一直走下坡路。但是对于占全国人口约90%的农村而言，为困难老人筑起了生活的"避风港"，成为社会主义制度优越性的重要体现。在新中国成立初期国力薄弱的情况下，全国办起了 15 万所敬老院，收养了 300 余万的"五保"老人，这样的成就在历史上从未出现[3]。新中国刚刚建立，党和政府就关注社会上最困难、最弱势的群体，这对于稳定社会秩序，开展社会建设具有重要的意义。20 余年的农村敬老院工作的发展为我国开展农村社会保障、养老服务体系建设都积累了宝贵的经验[4]。

第三节　依托社队的"五保"供养的发展

一、解放初期互助组织供养五保对象（1949—1955年）

新中国成立后，社会百废待兴。农村孤寡老年人自食其力通过互助养老解决养老问题，并随着农业合作化的推进，将养老合作社纳入合作社统一负担和服务。实质上是生产互助组织与村集体负责养老事业的结合，也为"五保"供养制度的形成提供了经验。

1953 年毛泽东同志倡导在农村开展合作化运动，并提到农村"一二

---

① 民政部计划财务司：《民政统计历史资料汇编 1949—1992》，北京：中国统计出版社，1993 年，第263页。

② 安徽省地方志编纂委员会编：《安徽省志·人口志》，合肥：安徽人民出版社，1995 年，第127页。

③ 姚宏志：《20世纪60年代初安徽省农村救灾度荒述论》，《当代中国史研究》2011年第11期。

④ 崔乃夫：《当代中国的民政》（下册），北京：当代中国出版社，1994年，第106—107页。

百户的大合作社带几户鳏寡孤独,问题就解决了"①。互助养老打破了单纯依靠公家照顾和别人养活的心理。在同会村进行耕者有其田运动期间,当地干部为45个无依无靠的老汉老太婆成立养老合作社,合作社是由村上负责代为经营,合作社用红利养活他们。并承诺"活时吃喝穿戴,死后衣服棺材,就是合作社赔钱,也要照常供给"②。此种形式实质上是生产互助组织与村集体负责养老事业的结合,也为"五保"供养制度的形成提供了经验。1947年磁县彭城镇联合村成立养老合作社,把7个无依无靠的军属应分的40万元③作为养老合作社资金,由村内抽出愿意为群众服务的比较进步的商人,负责经营,把赚到的利润,供给这些军属白头到老。合作社给每人每天发粮食、菜金。合作社还规定:如军属死亡,而发现再有无依无靠的残疾军属或群众,经群众讨论批准后,可以补充死亡之社员名额④。1956年颁布的《高级农业生产合作社示范章程》规定"农业生产合作社对于五保户实行五保供养"。1956年黑龙江省海林县海林区新海村第一农业生产合作社的71岁老社员周美祥,拿出了他已经保存10年的一块手表作为对社里的投资。因为他听到了社里对全国农业发展纲要(草案)的宣传,知道农业社对鳏寡孤独老弱残疾的人,要做到保吃、保穿、保烧、保教、保葬,心里终于踏实了。他说:"合作社就是我的家,我不再是没家没业的孤老头子了。"⑤安徽省寿县爱国农业社的"五保"户老人参加养猪、养兔、养鹅、种菜等生产,这个养老队一共36家"五保"户、43人,1957年收入6600多元,生活大大改善,还有了积余⑥。

---

① 中共中央文献研究室编:《毛泽东文集　第6卷》,北京:人民出版社,1999年,第299页。

② 史洪:《"可比养个好儿子强哩!"——介绍同会养老合作社》,《人民日报》1946年10月19日,第2版。

③ "万元"为旧币。

④ 简峰:《老弱残废生活有保障　联合村办养老合作社》,《人民日报》1947年5月08日,第2版。

⑤ 鲁逢山:《孤寡老人过上了幸福的晚年　不必再指望手表养老了》,《人民日报》1956年3月18日,第6版。

⑥ 王濯非:《社会主义的一朵红花——介绍农村"五保"户的养老院》,《人民日报》1958年6月10日,第4版。

二、村集体"公益金"供养五保对象（1956—1961年）

1953—1956年经过"社会主义三大改造"，社会主义基本制度初步建立。土地改革以后，为了克服农村技术落后、生产资料匮乏、家庭分散经营等小农经济的弊端，1951年9月中央颁布了《中共中央关于农业生产互助合作的决议（草案）》，该文件肯定了互助组的经验和做法，并鼓励在互助组内试办初级社。1953年12月，中央制定了《中共中央关于发展农业生产合作社的决议》，该文件明确了农业社会主要改造的道路和目标，即"实行完全的社会主义的集体农民公有制的更高级农业生产合作社（也就是集体农庄）"。1955年10月中央通过了《关于农业合作化问题的决议》，对实现农业社会主义改造进一步做了要求，使得合作化的发展进程加快，到1956年参加高级合作社的农户从3%激增到87.7%，到1956年底有5亿农民已经走上了社会主义道路。农业社会主义改造极大地提高了农业生产水平，1956年粮食产量达到3855亿斤，比合作前的1952年增加了577亿斤，社员收入普遍提高[①]。以村队为基础的农村五保供养服务制度初步建立。

中共中央1956年1月提出，1957年10月经全国人民代表大会讨论通过的《1956年到1967年全国农业发展纲要（修正草案）》规定"实行'五保'……和尊敬父母"。1956年6月一届全国人大三次会议通过的《高级农业生产合作社示范章程》规定，"五保"供养的资金来源即村集体的公益金。这两个文件是新中国最早的对农村老、弱、孤、寡、残的农民给予保吃、保穿、保烧（燃料）、保教（儿童和少年）、保葬的"五保"供养作出明确规定的。而享受"五保"待遇的被称为"五保户"，在五保户中大概有八成是老人，所以有人说"农村五保供养政策"是我国农村最基本、最重要的养老保障政策。

五保制度初建时期运行良好，得到群众的拥护，受到群众的普遍欢迎。主要表现为五个方面：第一，各地积极拥护五保供养政策。受到了

[①] 民政部计划财政司编：《民政统计历史资料汇编（1949—1992）》，北京：中国统计出版社，1993年，第349页。

"五保"待遇的社员都感动地说:"爹亲,娘亲,不如社亲。"[1]饶阳县五公乡农业生产合作社,是在1955年冬季转入高级社的。该社共有426户,1711人。在转入高级社之后,有363户增加收入,情绪高涨。但是,也有56户96人因无劳力或缺乏劳力,对加入高级社有顾虑。经过社员讨论,高级社对无劳力或缺劳力的老弱孤寡户进行互助。福建省平和县坂仔乡团结农业社社员蔡爱,1956年被当地农业社吸收入社,1957年这位"百岁老人"开始享受了"五保"待遇,社里每月给她大米30斤、菜钱2元5角,衣服一年2套,柴炭要多少有多少;还指定了生产小队长赖振宗替她送米、买菜、油、盐,她的侄孙女林乌枣替她挑水[2]。

第二,分类确定补助标准与方式[3]。饶阳县五公乡农业生产合作社采取分类补助的办法[4]。通过此办法解决了无劳力和缺劳力农户的困难,全乡的人民对于五保供养办法都很满意,特别是老年人更满意。

第三,五保保障水平适宜。享受"五保"的人已经改变了过去缺衣、少食的贫困状况。山西省高级农业社中享受"五保"的农户共有17万多人,1956年每人平均得到农业社补助22元3角,连同国家救济和他们自己的劳动收入,生活已经赶上或接近一般农民的生活水平。平顺县城关乡曙光农业社的"五保"户1956年每人平均收入51元5角,比1955年增加1倍以上。广东省许多农业社按稍低于一般社员生活水平的原则确定了"五保"户的生活标准。有的"五保"户现在的收入比过去

---

① 《正确实行"五保"制度》,《人民日报》1957年2月9日,第1版。

② 孙德耜:《百岁老人的幸福晚年》,《人民日报》1957年2月10日,第3版。

③ 首先,合作社对于无劳力和缺乏劳力的户和人进行了排队,共划分了三个类型。其次,对每个类型的户和人,制定了相应的解决困难的办法:一是无依无靠完全丧失劳动力或年岁小不能劳动的有5户9人。对于他们的生活问题,由社包吃、保穿、保烧、保教、保葬完全包起来,每人每年平均补助粮食700斤,9人共补助6300斤。二是无依无靠有轻微劳动力的有29户59人。对他们是按照他们的具体情况,定工生产,定额补助;多劳多得,不减少补助。除去9户10人能够解决自行自己的生活外,有20户49人需要补助,全年补助他们15500斤粮食。三是有儿有孙,但分居多年现在已经不能劳动或是只能参加轻微的劳动,这样的有22户28人。对他们首先是动员他的儿孙供养。如果他们的儿孙劳力差或生活困难只能供养一部分或无力供养老人,则由社补助他的不足部分,或按第一类困难户解决。除去儿孙供养的户数外,有8户10人需要补助,当年补助他们粮食2000斤。

④ 民政部计划财政司编:《民政统计历史资料汇编(1949—1992年)》,北京:中国统计出版社,1993年,第349页。

依靠地租时增加了4倍。有些农业社除了实行"五保"外，还实行"保医"（保治病）和"保住"（修房）。南靖县宝丰社65岁老寡妇林心，1956年一年参加轻劳动赚得的工分，就折款100多元，平和坂仔乡农业社108岁的老人曾晚，每天都为社积肥，被评为社的劳动模范①。

第四，鼓励"五保"户参与生产。许多社由于明确了"五保"的对象和标准②，并且帮助还有一定劳动能力的"五保"户参加轻微劳动和家庭副业生产，因而农业社的"五保"负担并不重③。北京市第一养老院规定老人们进行手工生产的收入，60%是归个人，40%是办集体福利。农业生产70%都归个人所有④。

第五，农业合作社供养负担较轻。从饶阳县五公乡农业生产合作社的"五保"情况来看，对这三类人的补助共计23800斤粮食，占合作社1956年公益金总数175200斤的13.6%。因此，根据社章的规定，有基础的社和收入多的社，对老弱孤寡户完全包起来是可能的。这样可以不用或少用政府的社会救济款，给国家节省开支，以支持国家的建设⑤。1957年底中央对于五保供养制度做了总结并强调要重点做好两项工作：其一是确定供养对象；其二是确定供养水平。经过调研发现高级社有力量实行"五保"，负担并不太重⑥。中央指示"五保"是农业社一项福利工作，它应该成为农业社的一项经常制度⑦。1958年统计表明，全国有

---

① 戴启天：《福建省许多老弱孤寡残废社员 享受"五保"待遇生活有保障》，《人民日报》1957年3月11日，第4版。

② 据辽宁省统计，"五保"费用一般只占农业社公益金总数的30%到50%；广东省茂名县只占20%。对于一些经济条件较差的农业社，政府也都及时地发放了救济款，没有因推行"五保"而影响社员收入。

③ 新华社：《山西等六省农业社实行"五保"制度 七十四万老弱孤寡社员免除贫困》，《人民日报》1957年3月18日，第6版。

④ 葛娴：《幸福的晚年——北京市第一养老院访问记》，《人民日报》1956年5月24日，第3版。

⑤ 耿长锁：《五公乡农业生产合作社的"五保"工作》，《人民日报》1956年6月30日，第3版。

⑥ 据广东省茂名县的农业社统计，实行"五保"的开支约占公益金的20%。湖南省永兴县八个农业社"五保"的开支占公益金的30%。

⑦ 新华社：《广东省党政领导机关联合发出指示 解决"五保"户的生活困难》，《人民日报》1956年8月31日，第3版。

313万多户、519万多鳏寡孤独的社员享受着农业社的"五保"待遇①。

三、"大跃进"与人民公社化时期五保资金萎缩（1962—1965年）

（一）"大跃进"初期五保供养资金较为充裕

这一时期，以人民公社、生产大队和生产小队三级管理为基础，五保供养制度广泛推行。我国从1957年开始进入"大跃进"时代，在农村开展了"一大二公"为特点的人民公社化运动。1958年中央制订了《中共中央关于在农村建立人民公社问题的决议》，该文件明确了在我国农村要普遍建立政社合一的人民公社，社员不再拥有自留地。1959年中央作出了《关于人民公社管理体制的若干规定（草案）》，确定了农村土地以生产队为基本所有单位的制度。"大跃进"开始阶段，养老院中的五保老人生活水平与生活照料都得到了人民公社的高度重视。

（二）社队负责的五保供养资金来源严重萎缩

由于受"左"的指导思想影响，1958—1960年的"大跃进"时期五保制度也遭受了严重的挫折。许多敬老院在三年困难时期难以维系，很多老人回到生产队。在这种资金来源不能保证的情况下，1961年6月北京中央工作会议通过的《农村人民公社工作条例（修正草案）》，明确了供养"五保户"的资金来源，即"生产大队可以从大队可分配的总收入中，扣留百分之三到五的公益金"。该条例明确了敬老院等五保供养福利单位的筹资方式，标志着敬老院等五保供养进入"公益金时代"。由于农村整体经济发展的薄弱，使得该项制度对于五保老人供养资金的筹集并未起到实质性的作用。正所谓"大河无水，小河哪还有水"。

人民公社化运动过高地估计了我国农村生产力发展水平，表现为经营上政社合一；管理上实行三级管理；分配上公社统一分配。这种高度

---

① 王濯非：《社会主义的一朵红花——介绍农村"五保"户的养老院》，《人民日报》1958年6月10日，第4版。

集中，造成分配不合理，极大地挫伤了农民生产的积极性，严重影响了农业生产水平。1958—1978年我国农民的纯收入由87.6元增加到133.6元，年平均增长不到3元。20世纪70年代全国有25%左右的生产队年人均分配额在40元以下，有约2.5亿人吃不饱饭。当时农业是国民经济中最薄弱的环节（见表1.2）。

表1.2　安徽省太湖县弥陀区农民人均年收入情况统计表（1971—1992年）

（单位：元）

年份	人均年收入	年份	人均年收入
1971	66.5	1982	103.9
1972	65.1	1983	181.9
1973	66	1984	230
1974	71.25	1985	246.1
1975	64.2	1986	258
1976	68.1	1987	290
1977	70.1	1988	316
1978	72.64	1989	451
1979	89.27	1990	468
1980	68.5	1991	534
1981	71.05	1992	469

资料来源：太湖县地方志办公室：《弥陀镇志》，太湖县：太湖县弥陀镇人民政府，2004年，第60页。

四、"文革"时期五保供养资金中断（1966—1976年）

1966—1976年"文化大革命"期间，五保制度陷入瘫痪状态。集中在敬老院供养的老人数量严重萎缩，且生活水平很低，部分敬老院办成了老人生产院、集体的"储藏室""养猪场""饲料房"，绝大部分五保户，住房破漏，缺衣少食[1]，严重损害了老人的身心健康。1960年以后，阜阳县在院院民生活处境困难，有些院民纷纷回家，敬老院名存实亡。在这一时期我国五保老人的生活保障几乎处于"无人问津"的状态，这对于我国养老服务体系中的五保供养事业的发展造成了严重的损害。

---

[1]《阜阳县民政志（1906—1985）》，阜阳：阜阳县民政局编印，1985年，第175页。

第四节　依托企业出资的劳动保险制度的实施

一、企业出资、国家统筹的养老补助费制度[1]实施

为了推动社会主义工业化的发展，保障职工的基本权益，体现社会主义制度的优越性，政务院从1951年开始着手制定了国家、企业全部承担，以企业为单位支付的社会保险条例。

1951年2月政务院通过的《中华人民共和国劳动保险条例》明确了养老待遇、补助对象[2]、筹资方式[3]和劳动保险基金的分配方式[4]。该条例还规定了劳动保险的负责执行部门（中华全国总工会），以及调剂金的使用方式[5]。1951年3月1日生效的《中华人民共和国劳动保险条例》是人民民主专政的新中国在劳动政策上继工会法之后的又一个新的重要法案[6]。该条例解决了疾病、负伤与残废问题；解决了死亡及善后问题；解决了妇女工作者的生育问题；解决了集体保险和优异享受的问题；特别是解决了养老问题[7]。1953年1月政务院通过的《中央人民政府政务院关于中华人民共和国劳动保险条例若干修正的决定》有了三个方面的

---

① 这一时期实行的养老保险实际上是劳动保险条例中的一个部分,由于待遇水平低和完全由企业出资,所以被称为养老补助费制度。

② 男工人与男职员年满60岁,一般工龄已满25年,本企业工龄已满10年者,女工人与女职员年满50岁,一般工龄满20年,本企业工龄已满10年者,由劳动保险基金项下按其本企业工龄的长短,付给养老补助费,其数额为本人工资35%—60%,至死亡时止。

③ 各企业行政方面或资方,须按月缴纳相当于各该企业全部工人与职员工资总额的百分之三,作为劳动保险金。

④ 劳动保险基金由工会基层委员会用以支付各项抚恤费、补助费与救济费,每月结算一次,其余额全部转入省、市工会组织或产业工会全国委员会户内,作为劳动保险调剂金。

⑤ 社会统筹与企业积累相结合,调剂金由省、市工会组织或产业工会全国委员会用于对所属各工会基层委员会劳动保险基金不足开支时的补助或举办集体劳动保险事业之用。

⑥ 孟昭华:《劳动保险条例解决了那些问题?》,《人民日报》1951年3月13日,第2版。

⑦ 劳动保险条例规定男子满60岁、工龄满25年,女子满50岁,工龄满20年,其本企业年龄又均满10年的可以退休。每月并可享受本人工资35%—60%的养老补助费直至死亡为止。如因工作需要而本人又同意留在岗位工作时,则除应得工资外,另得10%—20%的在职养老补助费。

调整：其一，扩大了条例的实施范围①；其二，提高了保险的待遇②；其三，明确了一些特殊工种可以提前退休的条件。

《中华人民共和国劳动保险条例》的修正与实施受到全国企业职工的欢迎，推行较为顺利。中南区自1951年2月中央人民政府政务院公布劳动保险条例后，各地工矿企业单位纷纷向当地劳动行政机关申请登记实行劳动保险。根据中南军政委员会劳动部的不完全统计，全区至4月底批准实行的企业单位共计有231个，职工人数为114945人（铁路、邮电、兵工三产业系统的工人由中央人民政府铁道部、邮电部、重工业部会同各产业工会全国委员会向中央人民政府劳动部登记，故不包括在内），其余还在陆续申请和审核中。经批准实行的企业单位，自1951年5月1日起已正式执行。经审核合格的企业单位，向各地省、市总工会备案，并向省、市人民银行缴纳劳动保险基金。但仍有些企业单位不重视执行，如汉口顺记轮船公司连3月份的劳动保险基金都没缴。另外，也有些人民银行与工会尚未建立缴款制度，如梧州市人民银行，还没有开"中华全国总工会户"的户头，以致影响劳动保险金的缴纳③。

随着国民经济的快速发展，劳动保险条例的实施范围逐步扩大到13个行业部门，大约有1600万名职工参加。随着《中华人民共和国劳动保险条例》在全国的实施，到1957年我国建立了基本的职工养老保险制度。这对于新中国工业化的快速发展和社会主义制度优越性的体现发挥了重要的作用。当然该项养老制度存在管理部门多头、保障水平较低、覆盖面扩大过快、超越国民经济发展水平、激励功能弱等缺点，但是为我国养老保险制度的建立奠定了很好的发展基础。

为了解决国家机关工作人员的退休养老待遇问题，并替代战争年代的配给制，1955年12月国务院出台了《国家机关工作人员退休处理暂行办法》和《国家机关工作人员退职处理暂行办法》，两项办法实现了

---

① 包括工矿、交通事业的基本建设单位和国营建筑公司。

② 明确了关于养老待遇的规定。工人职员退职养老时,应由劳动保险基金项下按月付给退职养老补助费,并规定了工龄满5年未满10年,可享受保险补助费是原工资50%的比例,满10年未满15年享受原工资60%的比例,满15年及以上者可享受原工资70%的比例。

③《中南区二百多个工厂企业施行劳动保险条例》,《人民日报》1951年5月31日,第2版。

使国家机关事业单位人员的养老保险从职工养老保险条例中分离出来的目的。这标志着我国机关事业单位工作人员养老退休待遇制度的建立，也成为养老待遇"双轨制"问题的开端。1958 年 2 月国务院全体会议修改通过的《国务院关于工人、职员退休处理的暂行规定》提出"将国家机关事业单位和企业职工养老保险待遇合并、统一。"这是国家第一次将两类人员的养老保险进行合并。

二、"文革"时期完全由企业统筹的养老补助制度

1969 年 2 月财政部出台的《关于国营企业财务工作中几项制度的改革意见（草案）》提出，"国营企业一律停止提取劳动保险金"。此项改革主要是将我国养老保险的筹资方式从"国家统筹+企业筹资"相结合转变为完全由企业统筹、负担职工的养老保险，职工完全变为"单位人"，但该方式缺乏救济性，缺少国家和社会的统筹，使得养老负担不同的企业差异很大，直接导致很多退休职工数量较多的企业难以负担，企业正常的生产受到影响，国家社会压力增大。

三、"文革"后期企业养老补助制度的停滞与破坏

"文革"期间，国家劳动部、内务部受到严重冲击直至撤销。1949年成立的"中央人民政府内务部"，1969 年遭到撤销，直到 1978 年才重新设立"中华人民共和国民政部"。1969—1979 年的近 10 年时间，国家养老服务事业乃至老龄事业都处于停滞状态，甚至遭到严重破坏。1949年设立的中华人民共和国劳动部，1970 年遭到撤销。1970—1975 年劳动部负责的社会保险基金的征集、管理和调剂使用制度全都停止，社会保险事务处于无人管理的状态。直到 1975 年才恢复国家劳动总局。

在这一时期工会组织遭到冲击，由工会负责的企业劳动保险具体事务处于停滞状态。此后我国企业劳动保险制度的发展一直处于停滞状态，导致出现一大批应退未退的工人和干部，依靠退休金生活的老年人的养老资源供应几乎停滞，很多老年人的养老生活水平极低。据统计，截止到 1978 年有 200 多万企业职工应退未退，有 60 多万国家机关工作人

员应退未退。

第五节　保证基本生存的养老服务内容的发展

建国初期，我国整体国民经济水平较低，1949年人均GDP为33.25美元①，1978年人均GDP为381.2元（226美元）②。基于国情，当时国家、社会和家庭对于老年人的养老需求满足基本上是"救济型""温饱型"③。受计划经济体制和人口结构影响，这一时期家庭养老仍是最主要的养老方式，家庭成为老年人养老服务需求满足的全部来源。基于当时整个社会生活水平普遍偏低的情况，老年人的生活水平普遍不高④。

这一时期，五保供养服务水平整体较低，服务内容主要是保吃与保穿⑤。建国初期我国建立的五保供养制度规定了，供养内容主要包括粮油、燃料、服装、被褥、零用钱、住房、医疗、照料、丧葬等⑥。连云港1959年开始兴办敬老院，但是多数敬老院生活供应不及时，有些大队不愿负担进院老人的生活费用。1962年后，群众生活极为困难，连云港市郊区敬老院被迫全部停办⑦。1957年农村实行五保初期，由于经济薄弱，生活水平较低，大部分以保吃、保烧、保住的形式供给⑧。福建省农村中许多老弱、孤寡、残疾社员受到农业社的"五保"待遇，过着幸福的生活。据晋江、龙溪、南靖、福安等21个县1100多个社调查，

---

① 1949年新中国成立时，中国人口是5.4亿，人均粮食产量只有209公斤，离温饱线很远。

② 中华人民共和国国家统计局：《中国统计年鉴》，北京：中国统计出版社，1981年，第5页。

③ 王先俊：《新中国成立初期党和政府解决民生问题的思想与实践》，《当代中国史研究》2013年第5期。

④ 民政部计划财政司编：《民政统计历史资料汇编(1949—1992)》，北京：中国统计出版社，1993年，第397页。

⑤ 据山西、湖北、广东、江苏、辽宁、福建等六省的不完全统计，1957年在农村中已有74万名缺乏劳动力或者完全丧失劳动力、生活没有依靠的老、弱、孤、寡、残疾的农业社社员，享受到高级农业生产合作社给予的保吃、保穿、保烧、保教、保葬的"五保"待遇。

⑥ 新华社：《山西等六省农业社实行"五保"制度　七十四万老弱孤寡社员免除贫困》《人民日报》1957年3月18日，第6版。

⑦ 刘风光主编：《连云港市民政志》，南京：南京大学出版社，1991年，第221页。

⑧ 常熟市民政志编纂委员会编：《常熟市民政志》，苏州：古吴轩出版社，1994年，第158页。

享受"五保"待遇的有18000多人①。对于享受五保老人来说，养老内容基本上处于保证基本的生存，在此基础上有一些医疗、娱乐方面的服务②。虽然1957年全国人大讨论通过的《1956年到1967年全国农业发展纲要（修正草案）》中规定了青壮年男女应当供养和尊敬自己的父母，在生活上给予合理的照顾，在精神上给予充分的安慰。但实际上，精神安慰只是处于生活原始样态，没有有意识地提高精神慰藉服务。

小　结

自新中国成立至改革开放前的20多年，一方面，我国整体上老龄化和城市化水平都较低。另一方面，我国整体国民经济水平较低，1949年人均GDP不足100美元。基于国情，当时国家对于老年人养老需求的满足水平基本上是"救济型"，"救济型"养老服务体系的发展主要呈现出三个特点：其一，国家统筹承包养老服务体系建设。计划经济机制下，国家实行政社合一的运行方式，农民和企业职工都是社会主义的成员，国家负责一切需求的满足，当然包括养老服务。其二，养老服务最先关注的对象是农村"五保"老人。由于当时的国民经济发展水平较低，无法针对一般老年群体开展全方位的养老服务，所以只能针对最弱势、最困难的农村"五保"③老人，依托人民公社、生产大队和生产小队三级开展救济性的物质补助和生活照料等养老服务。此项制度成为我国农村养老服务体系发展的开端。其三，企业职工养老补助金制度开始实行。为了保障国家推行工业化，依托企业劳动保险条例为企业员工实行了养老补助金制度，保障企业员工在退休后可以享受最基本的物质保障。此项制度成为我国社会基本养老保险制度的开端。

---

① 戴启天：《福建省许多老弱孤寡残废社员 享受"五保"待遇生活有保障》，《人民日报》1957年3月11日，第4版。

② 每个"五保"户，农业社一年起码照顾粮食360斤。长泰县赤岭乡农业社规定每月供给"五保"户伙食费4元5角，柴400斤，一年衣服两套。福鼎县峡门农业社"五保"户洪阿鉴1956年死亡，社干部替他筑坟、制寿衣、买棺木和参加送葬。

③ 城市随后也仿照"五保"供养制度的做法，依托街道、居委会对"三无"群体提供养老服务。

第二章　计划向市场经济体制转型时期：
"配套型"养老服务体系（1977—1998年）

　　1977年到1998年的22年，在我国现代化发展进程中是一个重大的转型时期，改革是这一时期的主旋律，养老服务体系为顺利推行改革作了重要的"配套"。经过20世纪70年代末拨乱反正，全党工作重点转移到了社会主义现代化建设上来。在农村，开展了以家庭联产承包责任制为核心的农村土地改革，打破了人民公社的平均主义。五保供养制度的规范化发展和农村养老保险制度的推行成为农村经济体制改革的重要"配套"。在城市，为了建立社会主义市场经济体制而开展了企业改革与社会改革，"政企分开"、"单位人"转变为"社会人"成为改革的核心思想。养老保险"社会统筹与个人账户"相结合筹资模式的确立和社区养老服务的发展成为企业改革的重要"配套"[1]。经济体制的改革，也促进了社会建设的快速发展，我国出台了第一部老年人权益保护专项法律。随着第三产业的快速发展，养老服务业整体水平也有了较大地提高。作为经济改革的重要"配套"，城市社区建设不断推进，社区养老服务逐步发展，成为这一时期养老服务体系发展最为显著的成就。

第一节　"配套型"养老服务体系的发展理念

　　"社会转型"是这一时期最显著的社会发展特征，即从计划经济体制转向社会主义市场经济体制，"政企"分开推动了社会建设，养老服

---

　　[1] 1992年之后我国社会保障制度被确认为市场机制正常运行的维系机制，从而也被称为市场经济体制的重要"配套"。

务从以"家庭养老""单位养老"向"社会养老"转变,以《中国老龄工作七年发展纲要(1994—2000年)》为标志,我国养老服务体系的建设进入了国家整体发展规划阶段(见表2.1)。

表2.1 养老服务体系代表性政策、理念(1977—1998年)

养老政策	时间	关于养老服务体系发展的内容	发展理念
中国共产党十一届三中全会	1978年	把全党工作重点转移到社会主义现代化建设上来	社会转型
第五届全国人民代表大会第一次会议	1978年	设立中华人民共和国民政部	专门机构
《中共中央关于加快农业发展若干问题的决定》	1979年	要逐步办好集体福利事业	社会转型
《全国农村工作会议纪要》(1982年中央一号文件)	1982年	明确了有一定的公共提留("三提五统"是2006年随着农业税一起取消)	社会转型
《光荣院管理工作暂行办法(草案)》	1982年	光荣院必须牢固树立全心全意为老人服务的指导思想	规范化
中国老龄问题全国委员会成立	1982年	联合组成的社会团体	专门机构
《中共中央关于经济体制改革的决定》	1984年	阐明了加快以城市为重点的整个经济体制改革的必要性、紧迫性	社会转型
"七五"计划(1986—1990)	1985年	抓紧研究建立农村社会保险制度	配套
《关于探索建立农村基层社会保障制度的报告》	1987年	1986年初即组织力量调查研究和试点	配套
《国务院机构改革方案》	1988年	1988年劳动人事部改名为劳动部	专门机构
《国务院关于企业职工养老保险制度改革的决定》	1991年	由目前的市、县统筹逐步过渡到省级统筹	社会转型
邓小平南方谈话	1992年	"计划和市场都是经济手段"	社会转型
《县级农村社会养老保险基本方案(试行)》	1992年	资金筹集坚持以个人交纳为主的原则	配套
《加快改革开放和现代化建设步伐,夺取有中国特色社会主义事业的更大胜利》	1992年	明确建立社会主义市场经济体制的改革目标	社会转型
《中共中央、国务院关于加快发展第三产业的决定》	1992年	加快发展第三产业	配套(社会性开端)
《关于加快发展社区服务业的意见》	1993年	强调要以社区服务中心为依托	配套(社会性开端)
《中共中央关于建立社会主义市场经济体制若干问题的决定》	1993年	提出转换国有企业经营机制	社会转型

养老政策	时间	关于养老服务体系发展的内容	发展理念
《关于转换国有企业经营机制建立现代企业制度的若干意见》	1994年	减轻企业不合理负担	社会转型
《农村五保供养工作条例》	1994年	规定了五保供养的对象、内容、形式、监督管理,提出兴办敬老院,供养五保对象	规范化
《中国老龄工作七年发展纲要（1994—2000年）》	1994年	第一个老龄工作发展纲要,提出坚持家庭养老与社会养老相结合的原则	国家规划
《民政部关于进一步做好农村社会养老保险工作的意见的通知》	1995年	规定了开展农村社会养老保险的基本条件	配套
《国务院关于深化企业职工养老保险制度改革的通知》	1995年	基本养老保险实行社会统筹与个人账户相结合	社会转型
《中华人民共和国老年人权益保障法》	1996年	首次为老年人专门立法	法制化
《农村敬老院管理暂行办法》	1997年	敬老院以供养五保对象为主	规范化
《关于在全国建立城市居民最低生活保障制度的通知》	1997年	保障对象是家庭人均收入低于当地最低生活保障标准的持有非农业户口的城市居民	配套
《国务院关于建立统一的企业职工基本养老保险制度的决定》	1997年	社会统筹与个人账户相结合	配套
国务院机构改革方案	1998年	劳动部组建为劳动和社会保障部	配套

一、国家设立养老服务体系发展指导机构

（一）中国老龄协会的设立

为了参加在维也纳召开的世界老龄问题大会，经国务院批准，1982年3月成立了老龄问题世界大会中国委员会。这是新中国官方第一个老龄工作专门组织。据1982年第三次人口普查资料，65岁以上人口占总人口比重的4.9%，60岁以上人口比重为7.7%[1]。1982年10月20日，经国务院同意将"老龄问题世界大会中国委员会"名称更改为"中国老龄

---

[1] 江绍高：《我国人口年龄结构趋向"老年型"养老保险问题应高度重视及早解决》，《人民日报》1986年9月18日，第1版。

问题全国委员会"[①]。1983年国务院正式批准中国老龄问题全国委员会为常设机构，这标志着我国有了专门指导老龄工作的正式组织机构。1995年2月19日经国务院批准，"中国老龄问题全国委员会"改名为"中国老龄协会"，为国务院副部级事业单位，由民政部代管。从此我国养老服务体系的发展被纳入国家统一规划的系统，这是我国将养老服务体系的发展放在国家重要发展地位的表现。

这一时期各个地方老龄工作机构普遍建立。1987年的上海市有60岁以上老人165万，占全市人口的13.5%。如何办好老年事业，已引起上海社会各界的高度重视。全市上下普遍建立了老龄工作机构，统一抓好老年事业的各项工作，让老人们老有所养、老有所医、老有所乐、老有所学、老有所为。为丰富老年人的文化生活，全市已办起老年学校45所，开设了医疗保健、绘画、书法、花卉、会计、家庭教育等课程，数以万计的老人，在这些学校重新开始了学习[②]。至1988年底，江宁区24个乡镇的老龄委全部成立，345个行政村中有311个行政村建立了老龄工作小组，商业局、邮电局、供销社、工业局等21个机关部门先后建立老龄委或老龄工作领导小组[③]。"各级政府普遍设立了专门负责老年工作的机构，配备了相应的工作人员。很多同志在这个岗位上兢兢业业，任劳任怨，不计名利报酬，热心为老年人服务。浙江东阳市老干部局局长董祖英，做老龄工作已有13年，是全国老干部工作先进个人。他关心老同志的医、食、住、行，热心帮助他们解决生活中的困难，被老人们称为自己的'贴心人'。""各地已普遍成立的老年群众组织——老年协会（在农村建立到村，在城市建立到街道办事处），具有老年人自我教育、自我管理、自我保护的功能。会长由老人们投票推举，多为热心

[①] 中国老龄问题全国委员会负责对中国老龄问题进行调查研究,综合规划,组织协调,督促检查,并参加有关老龄问题的国际性和地区性专题会议,开展多边或双边技术援助、技术合作。此外,还要开展老年医学、老年心理学、老年社会学的研究,研究如何继续发挥老年人的知识、技能,搞好老年人医疗保健事业,并在社会上广泛开展尊老敬老活动。

[②] 吕网大:《福利院中乐黄昏 校园重入学少年 沪百万老人老有所养老有所为》,《人民日报》1987年4月4日,第4版。

[③] 周久耕等编:《江宁民政志》,南京:江苏人民出版社,2004年,第347页。

公益事业、有奉献精神、有较高威信的老同志担任。实践证明，哪里老年协会办得好，哪里的敬老风气就好，老年人的权益就能得到有效保护。"①

（二）养老服务体系相关部门的恢复与调整

这一时期，养老服务体系相关国家机构逐步得到恢复与完善。1975年国务院决定成立国家劳动总局，1982年国家劳动总局、国家人事局、国务院科技干部局、国家编制委员会合并成立劳动人事部，1988年，因另立中华人民共和国人事部，劳动人事部改名为中华人民共和国劳动部，1998年组建中华人民共和国劳动和社会保障部，专门管理国家社会保障事业②。1978年国家重新设立"中华人民共和国民政部"，负责民政等社会建设，具体指导我国养老服务体系的建设与发展。这一时期民政部门开创性地开展了社区养老服务、农村养老保险制度实行和老龄工作发展纲要的制定等工作。

二、国家出台政策指导养老服务体系发展

1977—1998年这一期间，养老事业已经成为我国社会主义事业的重要组成部分，党和政府出台了多项政策指导与促进我国养老服务体系的发展。

1987年党的十三大明确提出"要注意人口迅速老龄化的趋向，及时采取正确的对策"。1992年党的十四大报告《加快改革开放和现代化建设步伐，夺取有中国特色社会主义事业的更大胜利》明确了建立社会主义市场经济体制的改革目标。此次会议也是我国计划经济体制向社会主义市场经济体制转型的重要标志。报告还提出要"重视研究人口老龄化问题，认真做好这方面的工作"。此后，我国养老服务体系建设也从国

---

① 周朗：《让老年人生活更愉快（调查汇报）——老龄问题调查之一》，《人民日报》1997年10月15日，第9版。

② 2008年人事部与劳动和社会保障部合并，组建人力资源和社会保障部，原有的人事部、劳动和社会保障部撤销。

家"一元""统包"的理念逐步转型为社会化、多元化的发展理念。

1988年的第七届全国人大和1993年的第八届全国人大都提出要关心老年工作，把老年人的事情办好。1994年12月民政部等八个部委联合出台了《中国老龄工作七年发展纲要（1994—2000年）》（简称《纲要》）。这是我国第一个老龄工作发展纲要，被称为我国养老发展"30条"。1995年9月中共第十四届中央委员会第五次全体会议通过的《中共中央关于制定国民经济和社会发展"九五"计划和二〇一〇年远景目标的建议》提出了"要加快养老、失业和医疗保险制度改革"。

三、养老服务"社会化"理念的提出

在社会主义市场经济体制改革的背景下，养老服务体系发展的社会化和市场化理念逐步清晰与明确。1983年全国第八次民政工作会议上五个"可以"[1]的提出，1984年民政部的漳州会议四个"转变"[2]的提出，到1986年民政部正式提出了"社会福利社会办"的概念，再到1990年"社会福利社会化"[3]的概念被民政部明确提出[4]。

随着社会经济体制改革的深入，我国第三产业的发展越来越不适应国民经济发展的需求，产业结构的矛盾突出，人民日益增长的养老等需求得不到很好地满足。1992年6月出台的《中共中央、国务院关于加快发展第三产业的决定》提出加快发展第三产业，可以促进市场充分发育，提高服务的社会化、专业化水平，增强社会保障能力。1993年8月民政部等14部委联合出台了《关于加快发展社区服务业的意见》，意见

---

① 1983年全国第八次民政工作会议提出，"社会福利事业国家可以办，社会、团体可以办，工厂、机关可以办，街道可以办，家庭也可以办"。

② 福利机构要进一步由国家包办向国家、集体、个人一起办转变，进一步由救济型向福利型转变，由供养型向供养康复型转变，由封闭型向开放型转变。

③ 1990年10月31日民政部副部长张德江参加了"中国内地及香港迈进90年代社会福利发展研讨会"。会上他提出90年代中国社会福利的发展方向是社会化，即社会福利社会办，社会福利社会化。社会福利社会化的基本内容主要包括"五个社会化"，即服务对象、服务设施、服务队伍、资金来源和管理的社会化。

④ 李德金、贾昭全：《内地与香港社会学者共研社会福利发展方向　中国社会福利逐步社会化》，《人民日报》1990年11月1日，第4版。

提出加快建立健全社会保障体系和社会化服务体系，这是最早提出发展我国养老服务体系社会化方向的正式文件。1994年12月民政部等八个部委联合出台了《中国老龄工作七年发展纲要（1994—2000年）》。这是我国第一个老龄工作发展纲要，此纲要被称为我国养老服务发展"30条"。该纲要提出坚持家庭养老与社会养老相结合的原则，建立起适合我国国情的社会养老保障体系，大力发展社区服务业，帮助解决老年人特别是高龄老人和残疾老年人生活照料问题。1997年7月国务院出台《国务院关于建立统一的企业职工基本养老保险制度的决定》，该决定提出要建立管理服务社会化的养老保险体系。

四、老年人权益保护的法律逐步完善

（一）地方性老年人权益保护条例形成阶段

《中华人民共和国宪法》（1954年、1982年）①是我国对于老年人权益保护最高的法律规定，但是在具体实践中缺乏可操作性。随着我国老龄化程度的加深，关于老年人的法律事件越来越多。在这种情况下，一些率先进入老龄化阶段的地方开始制定老年人群体保护的专项法律。

1979年上海市率先进入老龄化社会，也是第一批制定地方性老年人保护条例的省（自治区、直辖市）。1988年7月21日，上海市九届人大常委会第二次会议审议通过了《上海市老年人保护条例》。该《条例》共有18条，从法律上明确了老年人合法权益的范畴，《条例》主要围绕老年人的人格尊严和人身自由权、受赡养扶助权、房屋租赁和使用权、财产权、婚姻自由权、从国家和社会获得物质帮助权以及宪法和法律规定的其他权益等七个方面做了规定。根据这个条例，每年农历九月初九重阳节为上海市的敬老日，届时全市各系统都要采取多种形式开展尊老

---

①《中华人民共和国宪法》先后通过四个，分别是1954年9月20日、1975年1月17日、1978年3月5日和1982年12月4日，现行宪法为1982年宪法，并历经1988年、1993年、1999年、2004年、2018年等五次修订。

敬老活动①。在同一年吉林省也出台了《吉林省保护老年人合法权益若干规定（试行）》，该项规定共有20条，特别强调了要保护老年人的人身权利、婚姻自由的权利、合法财产权利、居住权利、受赡养扶助的权利五项权利，对于违反这五项权利的案件视情节严重给予不同程度的惩处。

随后，1990年河南省出台了《河南省老年人保护条例》，1991年安徽省出台了《安徽省保护老年人合法权益的规定》、云南省出台了《云南省老年人保护条例》，在这一时期条例主要包含六章内容：总则、家庭保护、社会保护、管理和监督、奖励和处罚、附则。其中第一、二两章基本相同，第三章安徽省的规定界定为社会性保障，这强调了养老的社会责任，具有一定的前瞻性。第四章主要表述为行政管理、组织与管理等。这一时期的地方老年人保护条例主要强调家庭养老责任与对老年人的管理，还缺乏从老年人自身出发保护和调动老年人参与社会的理念，缺乏养老服务社会化的发展理念。

（二）加快立法与加强法律宣传相结合

由于社会上敬养老人的意识淡化加上执法不严，一些老年人权益受到严重侵害。社会出现一些虐待、遗弃老人的案例，甚至发生了不少令人触目惊心的侵害老年人权益的案件。出现这些问题，主要有以下三个方面的原因：

其一，一些中青年人敬养老人的意识淡化。"有些人不知道赡养老人是法定的义务，虐待、遗弃老人是一种违法犯罪行为，因而不能以法律规范来约束自己。也有些人崇尚金钱，忘了养育之恩、骨肉之情，把老人当成'包袱'往外甩。浙江仙居县化工厂工人杨小金和妻子把81岁的母亲撵出家门，经法庭调解，决定每月从杨的工资中扣除45元给他母亲作生活费。可是每当老母拿到生活费后，杨小金夫妇就登门索要，他们的母亲如果不给，杨小金夫妇不是恶语咒骂，就是拳打

---

① 罗康雄：《上海市决定重阳节为敬老日颁布〈老年人保护条例〉》，《人民日报》1988年7月23日，第4版。

脚踢。"①

其二，在保护老年人权益方面存在执法不严的问题。有些单位领导人以及司法机构把虐待、遗弃老人的严重事件看成是一般家庭纠纷，或视而不见，或推三阻四。上海一位退休工程师，长期遭儿子的虐待、欺凌，他多次向有关部门和司法机关反映，这些部门不是敷衍塞责，就是置之不理。他一气之下，将儿子打成重伤，然后到公安机关投案自首。

其三，现有法律缺乏可操作性或是地方法律权威性不够，导致查处侵害老年人合法权益的案件困难重重。尽管我国宪法和有关法律规定了一些保护老年人合法权益的条文，但是在实际执行中，对那些明显触犯刑律的侵权案件处理起来较为容易，而大量没有触犯刑律，但又直接妨碍老年人生活和身心健康的行为，处理起来缺少具体规定。

截止到1990年底，我国60岁以上的人口达到1亿②。随着我国老年人口的迅速增加，切实采取措施，加快专项立法进程，保护老年人权益迫在眉睫。截止到1991年，虽然全国已有22个省、自治区、直辖市制定了保护老年人的地方性法规，这些法规在各地具体执行的过程中产生了积极的作用，但是只有通过国家立法才能进一步显示法律的权威性、统一性。另一方面，要在全社会引起对敬养老人、保护老年人的合法权益的关注，需要加强法律宣传，营造良好的社会风尚。"成都市彭县、大邑县一些乡还组织了宣传队，开展宣传活动。四川丹棱、乐山等市县运用宣传橱窗、广播讲座、幻灯等形式开展宣传，收到了很好的效果。"③陕西省蒲城县在1986年7月20日至10月30日的一百多天时间里，开展了"尊老养老百日宣传教育活动"。对"不孝子女"进行道德品质教育和法律知识方面的教育，请当地孝敬父母的好儿子、好媳妇现身说法；确定每年农历九月初九重阳节为蒲城县的"敬老节"④，"敬老

---

① 王永明：《倡导敬养老人的社会风尚》，《人民日报》1991年1月5日，第5版。
② 国务院人口普查办公室编：《中国第四次人口普查的主要数据》，北京：中国统计出版社，1991年。
③ 王永明：《倡导敬养老人的社会风尚》，《人民日报》1991年1月5日，第5版。
④ 1988年农历九月初九被我国政府定为敬老节(老人节)，倡导全社会树立尊老、敬老、爱老、助老的风气。2006年5月20日，重阳节被国务院列入首批国家级非物质文化遗产名录。

节"前后，全县各行各业纷纷为老人们做好事、办实事；为了解决一些确实无人照顾的孤寡老人的生活问题，全县31个乡镇办起了30个敬老院，共安置孤寡老人300余人①。

（三）《中华人民共和国老年人权益保障法》出台

在总结地方性《老年人保护条例》的基础上，1996年8月29日第八届全国人大常务委员会第二十一次会议通过了我国第一部专门保障老人的法律《中华人民共和国老年人权益保障法》。该项保障法共有六章50条②，该项法律的颁布标志着我国从法律层面重视老年人权益的保障，我国养老服务体系的法制化色彩更加明显。

为了贯彻实施《中华人民共和国老年人权益保障法》，各省、直辖市、自治区都制定了具体的实施办法。如1998年上海市出台了《上海市老年人权益保障条例》，吉林省出台了《吉林省实施〈中华人民共和国老年人权益保障法〉若干规定》，1999年云南省出台了《云南省老年人权益保障条例》，2001年安徽省出台了《安徽省实施〈中华人民共和国老年人权益保障法〉办法》。这一时期我国养老服务体系的法制化框架基本形成（见表2.2）。老年人保护工作，开始由单纯地维护老年人权益向积极开展保护老年人权益转变。根据上海人口老龄化趋势，上海市在1996年加强了对《上海市老年人保护条例》和《中华人民共和国老年人权益保障法》的宣传力度，分别列入全市普法教育规划，制定了发展规划，健全市、区（县）、街道（乡镇）和居（村）委会四级老年人权益保障网络，推动社会各界广泛开展敬老助老活动。1994—1997年，全市共接待受理各类涉老纠纷案件4万多起，调处结案率达到93.4%③。

---

① 苏宁、王明英：《老有所养 老有所为 老有所医 老有所乐——蒲城县做好尊老养老工作》，《人民日报》1986年11月14日，第4版。

② 主要包括第一章总则、第二章家庭赡养与扶养、第三章社会保障、第四章参与社会发展、第五章法律责任、第六章附则。

③ 范静思主编：《上海民政志》，上海：上海社会科学院出版社，2000年，第367页。

表2.2　老年人权益保障的代表性专项法律规定（1988—1998年）

法律规定	时间	相关内容
《上海市老年人保护条例》	1988年	共18条
《吉林省保护老年人合法权益若干规定（试行）》	1988年	共20条
《河南省老年人保护条例》	1990年	第一章 总则 第二章 家庭保护 第三章 社会保护 第四章 管理和监督 第五章 奖励和处罚 第六章 附则
《云南省老年人保护条例》	1991年	第一章 总则 第二章 家庭保护 第三章 社会保护 第四章 行政管理 第五章 法律责任 第六章 附则
《安徽省保护老年人合法权益的规定》	1991年	第一章 总则 第二章 家庭保护 第三章 社会保障 第四章 组织与管理 第五章 奖励与处罚 第六章 附则
《中华人民共和国老年人权益保障法》	1996年	共六章,50条。首次为老年人专门立法
《上海市老年人权益保障条例》	1998年	共40条
《吉林省实施〈中华人民共和国老年人权益保障法〉若干规定》	1998年	共26条

第二节　社区养老的发展

随着社会经济体制改革的深入，我国开始大范围的人口流动，家庭结构发生转变，城市企业的"单位人"大量地转变为社会的"社区人"，社区建设亟待快速发展，来承接企业转移出来的而家庭无法承载的养老服务需求。社区是人们社会生活的区域性共同体，是家庭生活的拓展，在家庭与单位之间构筑了新的空间——社区生活空间。社区的本质功能是在共济的背景下，在全社会范围内配置社区成员的服务资源，从而满足社区的需要。1987年民政部在武汉召开了全国城市社区服务工作座谈会，标志着我国开始发展社区服务。在此基础上强调要以社区服务中心等的实施为依托，建立社区居民养老服务。

一、社区养老与社区服务的试点阶段（1987—1992年）

（一）国家提出开展社区建设，发展社区养老服务的指导意见

随着我国把改革的重心由农村转移到了城市以后，城市首先开始了社区建设，希望不断提高社区服务的能力。社区服务能力的提升，有力地保障了企业改革的推进，客观上对于我国养老服务的发展起到了极大的促进作用。

1987年民政部在武汉召开了全国城市社区服务工作座谈会。会上，民政部部长崔乃夫要求各地开展社区服务建设。此次座谈会标志着我国社区建设与社区服务的开始。此次会议还提出，今后要大力发展以街道、居委会为基层单位的社区服务①。1989年10月，民政部在杭州召开了全国城市社区服务工作经验交流会，12月民政部将会议纪要作为文件下发，即《民政部办公厅关于印发〈全国城市社区服务工作经验交流会议纪要〉的通知》，该文件提出"争取在三、五年内……有50%以上的街道实现以老年人、残疾人、烈军属等为主要对象的系列化服务"。此后各地都积极按照民政部的要求，加快推进城市社区建设。

（二）各地积极试点，社区服务发展迅速

城市经济体制改革，给武汉市城区社会保障工作带来了新气象，武汉市城区已经形成了网络型社区服务工作。截止到1987年，武汉市城区已建立老人活动中心487个，残疾人活动中心55个，民俗、红白喜事协会224个，军烈属服务组342个，中老年、残疾人婚姻介绍所70个。

---

① 白云：《全国城市社区服务工作座谈会要求　以居委会为基层单位开展社区服务》，《人民日报》1987年9月22日,第4版。

全市有 26 条街道都成立了社会保障工作委员会，都建立了福利院和福利工厂[1]。

社区养老设施建设逐步完善，社区服务迅速发展。1986 年前后上海市部分地区街道还建起各类老年活动室近 3000 个，社会各界为老人提供理发、修理、缝纫等服务项目。大批退休职工以服务、劳务为重点，发展地区第三产业，开办近 10 万个服务网点。地处十六铺码头附近的退休职工组织起一支支"小扁担"队伍，为上下船旅客服务，协助维持码头秩序，受到旅客们的赞扬与尊敬[2]。对孤寡老人的"包护"活动，是武汉市社区服务工作的一大特点。据了解，截止到 1987 年，武汉市城区现有散居孤寡老人 3576 人，其中无依无靠无生活来源的 1332 人，由 1100 个包护组，12000 人实行包护。有的是街坊邻里相帮，有的是辖区机关、单位派优秀青年相助。驻武昌某武警部队，换防 4 次，12 年来，从未中断对孤老谢瑞甫夫妇的包护工作。武昌区福利院因地制宜，办起了"老人日托所"。这些老人们白天来，打牌、看报、看书、听戏、逗乐，吃三餐，晚上 9 点回家时，还能提两瓶开水回家洗洗[3]。

1989 年 10 月民政部副部长张德江在全国城市中社区服务工作经验交流会上宣布："各类社会服务设施，目前已有近 7 万个[4]，比 1986 年增加了近 9 倍。"[5]1991 年 5 月 14 日，据北京市民政局新闻发布会上公布的信息，北京市目前已初步形成了以国家社会福利设施为骨干、街道社区服务中心为主体、居委会便民服务网为基础的服务网络。据悉，北京全

---

① 王楚、东升：《探索社会保障工作新路子 武汉城区形成社区服务网络》，《人民日报》1987 年 9 月 17 日，第 2 版。

② 吕网大：《沪百万老人老有所养老有所为》，《人民日报》1987 年 4 月 4 日，第 4 版。

③ 王楚、东升：《探索社会保障工作新路子 武汉城区形成社区服务网络》，《人民日报》1987 年 9 月 17 日，第 2 版。

④ 截止到 1989 年，全国城镇街道已兴建福利院、敬老院、老人公寓、托老所等 4100 余个，收养、照顾老人 4 万余人；老年活动中心 11700 余个，老年人综合服务站 4800 余个；残疾人活动中心 1200 余个，残疾儿童寄托所 650 个，康复中心 2300 余个。除社会服务设施大量增加外，近两年多来，城市街道和居委会组织的孤寡老人包护组，也由 3.6 万个发展到 5.4 万个，包护的老人由 6.6 万人增加到 8.8 万人；分散精神病人看护组由 5000 多个发展到 2.9 万个，受看护的精神病人由 7000 多增至 5 万多名。

⑤ 孟凡夏、黄浩：《城市社区服务设施 全国三年增近九倍》，《人民日报》1989 年 10 月 16 日，第 2 版。

市性的社区服务是从1986年开始的，其指导思想是为老年人、残疾人和优抚对象服务，因而得到了全社会的支持。几年之内，社会集资达1397万元，在全市街道（镇）建起一级社区服务设施2055个，居委会便民服务网12000多个，实现了每个街道有福利厂、敬老院、残疾儿童寄托所，以及老年人活动站、精神病人工疗站、烈军属服务站等①。这一时期，各地纷纷成立社区服务中心，开展社区服务。山东省枣庄市市中区社区服务中心本着"立足民政，面向社会"的原则，积极为民服务，有力促进了全区社区服务的开展，受到群众称赞。该区近几年，不少街道、居民小区都成立了便民服务站、居民互助会、咨询站等，依靠群众进行自我教育、互相帮助，解决群众日常生活中的难题。1992年8月枣庄市市中区又投资500万元，建立了社区服务中心。服务中心成立后，在五个方面积极开展服务："一是拥军优属服务，设立了革命传统教育室、荣誉公寓；二是为老年人服务，建立特殊对象供养区，配备专职服务员照料这些老人的饮食起居；设立老年公寓，为老人提供居住、饮食、娱乐、医疗等服务；三是为残疾人服务，建立残疾人康复室，开展残疾人法律咨询，成立弱智儿童启智班和聋儿语训班；四是婚姻服务，设立婚姻介绍所、婚前教育学校、新婚公寓等；五是便民利民服务，建有浴池、医疗室等。"②

二、社区养老与社区服务的发展阶段（1993—1998年）

（一）国家制定发展社区服务业的指导意见

随着国家建立社会主义市场经济体制目标的确立，以及对在全社会积极发挥市场在资源配置中功能的倡导，社区服务业的发展开始了市场化和社会化的转向。1992年6月出台的《中共中央、国务院关于加快发

---

① 赵兴林：《居民安居乐业 社会秩序稳定 北京市社区服务实现网络化》，《人民日报》1991年5月15日，第4版。

② 张必忠：《面向社会 方便群众 枣庄市市中区社区服务中心受欢迎》，《人民日报》1993年7月12日，第4版。

展第三产业的决定》，提出加快发展第三产业，可以促进市场充分发育，提高服务的社会化、专业化水平，增强社会保障能力。这是我国官方首次提出通过发展第三产业解决我国养老保障问题。

1993年8月民政部等14个部委联合出台了《关于加快发展社区服务业的意见》，提出要以社区服务中心为依托，建立社区居民养老服务，加快建立健全社会化服务体系。这是最早提出发展我国养老服务体系社会化方向的文件。

（二）我国社区服务业的全面发展

改革开放以来，我国城市街道围绕服务搞经济，搞好经济促服务，街道工作出现了蓬勃发展的新局面。截止到1993年底在全国5200多个城市街道中，街道经济利润突破1000万元的有200多个。街道经济的迅速发展，为街道的两个文明建设提供了可靠的物质保障[1]。

1986年上海市依靠街道和社会力量，兴办一批福利院、老人食堂、老人乐园等，散居在社会上的8000多名孤老得到了数千个"包护组"的精心照料[2]。天津市和平区经过几年的探索，截止到1993年，"全区已形成了区、街、居委会三个层次，老年人、残疾人、优抚对象、便民利民四条线，以街道办事处为主体，以居委会为依托，纵横交错、条块结合的社区服务网络。基本上实现了老有所养、残有所帮、军有所优、民有所助，做到了小问题不出街，大矛盾不出区，把问题解决在基层，有力地缓解了社会矛盾，促进了社会的稳定。老年人的问题，是和平区缓解社会矛盾的重点。全区50万人口中，60岁以上的老年人就有7.4万，占全区总人口的15%，他们不仅需要精神服务，调节心理，协调家庭矛盾，更需要生活上的关心和照顾"。为缓解这一矛盾，天津市和平区依靠社会力量，先后兴办了老年公寓、康乐园、长寿园、谈心站等8个设施，为老年人提供精神和物质生活服务。各街道和居委会依靠离退

---

[1] 王成贤、贾昭全：《繁荣街道经济 加强社区建设 全国街道工作蓬勃发展》，《人民日报》1993年9月17日,第3版。

[2] 吕网大：《沪百万老人老有所养老有所为》，《人民日报》1987年4月4日,第4版。

休老同志，先后成立了267个维护老年人合法权益小组和老年人心理咨询站，为他们提供咨询服务，调解家庭矛盾，维护他们的合法权益。1992年，全区调解处理了583起涉老纠纷，其中有77%是基层"维权小组"解决的①。

1993年民政部等14部委联合发出通知，要求各地建立健全社会化服务体系，积极推动社区服务业全面、快速地发展②。杭州市下城区积极开展社区建设，运用社区"互动"机制，辖区内各方发挥各自优势，互相帮助、互相补偿，从而产生"服务联动效应"。据统计，到1994年全区有服务项目49个大类，服务点2253个，建立起了一支专职、兼职和群众性志愿互助服务队伍。社区建设的目的是满足居民群众日益增长的物质文化生活的需求。"在社会主义市场经济条件下，过去以社区服务为主形成的'无偿'与'义务'的形式，正在受到冲击。社区建设的参与各方，必然要遵循价值规律，按照经济的内在联系和社会化发展要求，形成互相协作、互惠互利的利益共同体。因此，社区建设要走向社会化，关键在于它的各项工作必须与社区成员的利益紧紧连在一起。"如结合政治经济体制改革，引导辖区企事业单位的社会服务设施向社会开放，改变企业办福利、办社会造成的人、财、物巨大浪费的现状，促进社区服务社会化。同时，采取提供有偿服务的方式，促进社会服务产业化，为进一步发展社区建设提供物质条件。仅几年时间，杭州市下城区辖区单位向社区提供服务场所140余个，面积5000平方米③。

三、社区服务机构与人员的发展概况

我国社区服务是从1987年由民政部向全国倡导、开展起来的。各地很快从政策和措施上进行了扶持与促进，使得社区服务事业在我国得以迅速推广和普及。我国一些大中城市不仅建立了各级社区服务工作领导

---

① 翟启运:《大家的事大家办 社区矛盾居民管——天津市和平区社区服务调查》,《人民日报》1993年7月4日,第1版。

② 翟启运:《民政部国家计委等14个部委联合通知各地加快发展社区服务业》,《人民日报》1993年10月21日,第3版。

③ 吴德隆:《要重视社区经济与社会事业的协调发展》,《人民日报》1994年7月29日,第5版。

机构，制定了社区服务中、长期发展规划，而且形成了一支专职、兼职、志愿者队伍。

这一时期，社区志愿者队伍建设发展迅速。社区服务志愿者活动①是伴随着社区服务的产生而发展起来的。社区服务志愿者通过个体与群体结合、分散与集中结合、无偿与有偿结合的形式，有效地提高了社区服务的整体水平，实现了以楼群为阵地，以社区单位为合力，就地消化解决居民困难和矛盾的志愿服务的新格局，使社区服务起到了上为政府分忧，下为群众解难的作用，形成了"人人为我、我为人人""一方有难、八方支援"的社会风气。我国城市社区服务志愿者活动，在全国蓬勃开展。为此，江泽民同志、李鹏同志在1994年分别题词表示祝贺。江泽民总书记的题词是："提倡社会互助，促进精神文明建设"；李鹏总理的题词是："为民解愁，为国分忧"。社区服务志愿者活动为群众解决了许多实际困难和问题。北京市90%以上居委会成立了邻里互助（志愿者）协会，每年为群众提供近600万人次的义务抚养、康复医疗、心理咨询、家庭服务等服务。这些志愿者长期活跃在居民中，开展献爱心、送温暖、做奉献的义务服务，深受广大群众的欢迎和爱戴②。天津市和平区的"社区服务志愿者协会"蓬勃发展，凭借人才资源丰富的优势，在自愿参加的基础上，组织建立了社区服务志愿者协会，并在261个居民区设立了分会。这个协会从1989年成立到1991年，已发展了10560名会员和506个企事业单位的团体会员，形成了一支庞大的社区服务队伍③。"挂牌服务"是和平区不少街道在组织社区服务志愿者基础上，深化社区服务的又一尝试。所谓"挂牌服务"，就是居民人人挂牌报特长，以居住的楼门、院落为单位，开展邻里互助服务，以解决群众日常生活

---

① 它是在政府的倡导下，弘扬无私奉献的精神，本着自觉自愿的原则，依靠居民自己的力量，解决自己的困难，义务开展互帮互助的群众性活动。

② 翟启运、潘跃：《社区服务志愿者活动在全国展开——江泽民、李鹏题词表示祝贺》，《人民日报》1994年9月17日，第1版。

③ 杨传春：《怎样建立社会主义人际关系？天津市和平区万名社区服务志愿者的回答是——"我先献出一份爱"》，《人民日报》1991年5月12日，第1、3版。

中的难题，使同一楼院居民实行自我服务、自我管理、自我教育①。
1995年，据民政部在上海召开的全国社区服务经验交流会上公布的信息：旨在"为民解愁，为国分忧"的我国社区服务业已初具规模。截止到1994年底，全国城镇已建立社区服务设施8.9万个，便民利民服务网点16.9万个，参加社区服务的专兼职人员75.7万人，经常接受社区服务的居民达7000多万。据不完全统计，仅近5年来各地用于发展社区服务业的资金总数就达10.3亿元，正式登记注册的社区志愿者组织就有5.43万多个，人数315万。近5年来，全国已建立社区服务实体2584个，总产值80多亿元②。

我国社区服务业经过近10年的发展，在政府领导、民政主管、社会参与下，社区服务业蓬勃发展。各地社区服务的范围已从传统的民政对象，扩展到城镇社区的群众和社区内的机关、企事业单位及其职工；服务内容、项目已从单一分散的服务，发展成为包括托老养老服务、居民生活服务等多层次、多方位的服务；服务形式灵活多样，有无偿、低偿和有偿服务相结合、设施服务与互助服务相结合、长期服务与临时性服务相结合，以及街道与企业共建、军民警民共建等形式；社区服务设施不断增多，多数城市形成了大中小型并举，高中低档互补的格局；社区服务队伍也日益发展壮大，除了拥有一支几十万人的专兼职服务队伍外，各地还建立了一支长期、稳定的社区志愿者队伍。社区服务业的管理不断加强，逐步向产业化、实体化方向发展。

第三节　农村敬老院的恢复与发展

随着改革开放的不断深入，我国农村敬老院也在恢复中持续稳定地发展，这一时期主要呈现以下五个特点。

---

① 翟启运：《大家的事大家办　社区矛盾居民管——天津市和平区社区服务调查》，《人民日报》1993年7月4日，第1版。

② 贾昭全：《政府领导 民政主管 社会参与 我国社区服务业初具规模》，《人民日报》1995年1月2日，第3版。

一、规范化与制度化地发展

为使我国五保供养有法可依、有章可循,截止到1991年,全国已有19个省、自治区、直辖市颁布了五保供养条例,有些地区还采取签订协议或法律公证等办法,将五保供养工作纳入法制化轨道①。在总结各地40年左右发展经验的基础上,1994年1月国务院发布了《农村五保供养工作条例》,该条例进一步明确了五保供养是由农村集体经济组织负责提供五保供养所需的经费和实物②。条例明确了五保对象、五保内容、五保形式、五保对象财产处理和领导监督等相关事宜,这标志着我国农村五保供养工作走向了制度化。1997年3月民政部出台了《农村敬老院管理暂行办法》,该办法确定了农村敬老院以乡镇办为主,五保对象较多的村也可以兴办。该办法明确了供养对象、经济保障、院务管理、财产管理、生产经营、工作人员等相关事宜。这标志着以五保供养为基础的农村敬老院走向了制度化和正规化的发展轨道。

这一时期,五保供养的分散形式——"包护"养老服务方式逐步形成。随着20世纪50年代我国五保供养制度的实行,大量分散供养的老人需要人照顾。为了解决该问题,20世纪80年代开始,政府号召各级干部、工人、学生等各行各业担任志愿者,并落实到人头,负责照顾这些分散供养的五保对象。该做法在全社会营造了良好的敬老、爱老的社会风气。1984年民政部门开展全国五保普查工作,各地民政部门坚持边检查边落实,为生活自理有困难的人,安排了干部、党团员包护照顾或亲属照顾,或安排了专人照料③。农村五保工作也进一步规范化。在实行联产承包责任制后,为了进一步完善五保工作,1984年辽宁省大连市营城子乡,对全乡的五保工作实行了以"三个合同"为内容的合同化管理方法。"即村民委员会同五保老人签订供养合同;村委会同五保户包

---

① 赵乃林:《三百多万农村五保老人安度晚年》,《人民日报》1991年7月9日,第3版。

② 乡、民族乡、镇人民政府负责组织五保供养工作的实施。

③ 新华社:《全国农村五保户普查工作基本结束 14万多五保老人安度晚年》,《人民日报》1984年1月31日,第2版。

护人签订包护合同;乡政府同村委会签订五保老人生活费供给合同。这种做法,消除了五保户在农村实行联产承包责任制后产生的疑虑和后顾之忧,调动了村委会和包护人做好五保工作的积极性和主动性。"①

二、敬老院的数量逐步增加

随着农村土地改革的成功,农村社会经济逐步发展,依托乡、村建设的农村敬老院在这一时期得到了恢复,数量逐步增加。特别是从1984年开始,国家专门安排救助资金,补贴农村五保户,使得农村敬老院的发展资金有了一定的保证(见表2.3)。

表2.3 江苏省泗洪县农村敬老院数量与经济收入情况表(1958—1989年)

年份	院数	工作人员	年末收养人数	集体供给折合金额(万元)	国家救济金额(万元)	年份	院数	工作人员	年末收养人数	集体供给折合金额(万元)	国家救济金额(万元)
1958	105	216	3628	27.10		1983	2	3	16	0.07	
1959	48	121	1275	11.2011		1984	3	6	21	0.08	1.00
1960	58	135	1384	12.40		1985	7	19	54	0.21	1.90
1961	58	135	1384	12.40		1986	9	23	71	0.30	2.10
1962	1	2	12	0.01		1987	13	26	94	0.46	1.80
1963	1	2	12	0.01		1988	17	35	109	0.52	2.50
1981	1	2	12	0.01		1989	26	58	174	0.70	3.00
1982	2	4	21	0.11							

资料来源:《泗洪妇女志(1949—2009)》,哈尔滨:黑龙江人民出版社,2009年,第67—68页。

据民政部农村社会救济司统计,截止到1981年全国农村已有8260多所敬老院,保障了111600多位老年人安度晚年。农村敬老院事业发展较快的北京、上海、辽宁、吉林等省市,都有40%以上的公社办起了敬老院,入院人数占五保人口的30%以上,其中吉林省办院的公社达80%,入院人数占五保人口的64.5%②。1980年1月,盐仓乡率先创办敬

---

① 本报讯:《大连营城子乡对五保工作实行合同化管理》,《人民日报》1985年8月21日,第4版。

② 史怀恩、王克俭:《我国农村已有八千多所敬老院 保障11万孤寡老人安度晚年》,《人民日报》1981年8月11日,第2版。

老院，得到了民政部部长程子华的肯定和赞扬。之后，南汇县全县有18个乡相继成立敬老院①。

　　20世纪80年代以来，城市孤寡老人数量逐步增加，1980年全国共有城市社会福利院669个，共收养老人23161人②。参照农村"五保"供养做法，城市也实行了"五保"供养制度，采取集中和分散两种供养形式。分散供养又有两种形式：一种是成立义务包护组赡养老人③；另一种是国家雇人专门照料老人。第一种形式只能适应有自理能力的老人，第二种形式国家负担不起。所以在这种背景下，城市街道收养孤寡老人进行集中供养，并逐步在城市兴办敬老院。到1990年农村集体办敬老院有29625个，收养309974位老人；城镇集体办敬老院有7746个，收养97540位老人。1983—1984年进行了新中国成立后首次全国农村五保普查工作。据统计，全国农村无劳动能力、无生活来源的老人2647800人。在符合五保条件的公民中，已落实了90%以上的人各种形式的五保供养和社会救济，保证了他们享有宪法规定的"从国家和社会获得物质帮助的权利"。党的十一届三中全会以后，随着农村生产责任制的落实，供养五保户的办法也更加多样和有效④。

　　1984年全国共新建敬老院6828所，收养孤寡老人72000多名。至此，全国敬老院增加到20875所，约有241400孤寡老人在这里安度晚年。1984年大量兴建敬老院的有河南、安徽、山东等省。吉林省乡乡都有敬老院，边远的宁夏回族自治区大多数县乡也办起了敬老院⑤。截止到1985年，安徽农村18万孤寡老人在农村实行联产承包责任制后，生

①《南汇民政志》编纂委员会编：《南汇民政志》，北京：方志出版社，2010年，第261页。

②中华人民共和国民政部：《中国民政统计年报（1980年）》，北京：中国统计出版社，1980年，第43页。

③此种做法相当于是一种社区志愿服务活动，但涉及人员过多、过广，不利于组织，也影响对老人的照顾。例如1982年沈阳市皇姑区亚明街共有孤寡五保老人16人，参加包护成员有1264人。其中，区委、街道干部147人，居民委干部423人，群众292人，医务人员98人，粮站职工124人、商店职工102人、浴池职工54人，房产职工24人，平均15.04人承包一位老人。

④新华社：《全国农村五保户普查工作基本结束 14万多五保老人安度晚年》，《人民日报》1984年1月31日，第2版。

⑤方志勇、王言彬：《全国有24万多孤寡老人在敬老院安度晚年》，《人民日报》1985年2月10日，第4版。

活水平显著提高，普遍达到或略高于当地农民人均收入水平。截止到
1984年，安徽省各地农村敬老院增加到889所，比1983年增加四倍半以
上，比1980年增加十一倍多。界首、阜阳、利辛、金寨等县和蚌埠市
郊区，已乡乡办起了敬老院。全省农村五保老人无论是在敬老院的还是
分散由集体供养的，生活水平都较高，大多数老人的年生活费达到
350—400元[1]。据统计1993年，全国敬老院从1978年以来的7175所发
展到40000余所，入院供养人员由10.43万人增加到52万多人，分别增
长4.5倍和4倍。已有北京、河北、辽宁、宁夏等10个省、自治区、直
辖市和1118个县（市）普及了乡镇敬老院，全国乡镇敬老院的覆盖面
达57%[2]。截止到1995年，江苏省民政部门已在全省农村建起3112所敬
老院，床位近6万张。在16万农村五保老人中，有5万多人已在敬老院
安了家[3]。

三、老人生活条件显著改善

1997年民政部颁布的《农村敬老院管理暂行办法》明确提出敬老院
以供养五保对象为主，规定了敬老院的管理、财务、生产等。农村敬老
院是社队兴办的集体福利事业，国家也尽可能地给予补助。1980年社队
支付的办院经费达1700多万元，平均对每位老人供给159元。国家在去
年补助社队的办院经费，也达到926多万元，平均对每位老人补助
83元[4]。

这一时期，农村敬老院服务质量稳步提高。我国党和人民政府历来
要求各级组织关心人民群众的疾苦，妥善地安置孤老烈军属、残废军人
和五保户，给他们提供一个较好的生活场所。许多社队千方百计地让老
人住好、吃好、穿好和休息好。不少敬老院都建在环境幽静的地方，宿

---

① 宣奉华、崔颖：《安徽十八万孤寡老人安度晚年》，《人民日报》1985年2月23日，第4版。

② 王克俭、张杰：《我国农村敬老院突破四万所　五十多万老人安度晚年》，《人民日报》1993年3月12日，第3版。

③ 新华社：《江苏农村五保老人安度晚年》，《人民日报》1995年5月11日，第1版。

④ 史怀恩、王克俭：《我国农村已有八千多所敬老院　保障11万孤寡老人安度晚年》，《人民日报》1981年8月11日，第2版。

舍比较宽敞，光线充足，有的还备有多种文化娱乐设施。截止到1981
年，在敬老院直接为老人服务的人员共有18000多人[1]。1984年各地还
改进了敬老院的管理，提高了工作人员的积极性，使他们改善了服务态
度。随着经济的发展，各地敬老院孤寡老人的生活费用也有了显著增
加。孤寡老人除了每人每年300—500元的生活费用，每月还有一些由
个人支配的零花钱[2]。1993年，老人年人均生活费已达680多元，比
1978年增加5倍多。大多数敬老院实现了环境绿化美化、房屋砖瓦化、
管理服务规范化。院内一般设有餐厅、浴室、会议室、医务室、康复
室、娱乐室，配有彩电、冰箱、洗衣机、收录机、电风扇和棋、牌、
书、报等。老人吃、穿、住、医、乐各得其所，欢度晚年。

四、多层次兴办农村敬老院

多层次兴办敬老院，是这一时期我国农村敬老院事业发展的显著特
点。截止到1991年底，全国已有乡、镇、村和个人等多个层次兴办敬
老院3.6万多所，虽然绝大多数是由政府主办，但是村集体与个人力量
在农村敬老院的发展过程中也发挥了重要的作用。民政统计资料显示，
在全国300多万符合五保条件的人中，由敬老院集中供养的占14%；集
体供给款物而分散供养的占73%；其他形式占13%[3]。1991年我国各地
民政部门采取各种方式探索建立农村五保老人社会保障的新路子，以保
证全国307万五保老人老有所养[4]。

五、拓展敬老院社会化服务

拓展"以副养院"社会化服务。1987年淮南市农村敬老院的经费由

---

[1] 史怀恩、王克俭：《我国农村已有八千多所敬老院 保障11万孤寡老人安度晚年》，《人民日报》
1981年8月11日，第2版。

[2] 方志勇、王言彬：《全国有24万多孤寡老人在敬老院安度晚年》，《人民日报》1985年2月10
日，第4版。

[3] 赵乃林：《三百多万农村五保老人安度晚年》，《人民日报》1991年7月9日，第3版。

[4] 自1985年民政部五保工作采取"统筹分管"措施以来，全国现已有2万多个乡、镇实行五保经
费统筹，供养264万多人，集体供给生活费平均每人每年441元。

乡、村两级负担，并开展了"以院养院，以副养院"的尝试，组织老人参加轻微劳动，不少敬老院实现了蔬菜自给。是年，全市敬老院总收入达12.7万元①。敬老院因地制宜开展以种植、养殖、加工、服务为主的多种生产经营，走发展经济"以副养院"的道路②。1992年全国院办经济产值达8.3亿元，创利润1.3亿元。江苏、山东等省院办经济年产值突破亿元，河北、辽宁、吉林、江苏、山东等省院办经济年利润达1000多万元。不少敬老院的肉、蛋、禽、菜基本实现了自给或半自给，使敬老院由依靠集体供养向自我保障方向发展，既提高了老人的生活水平，又减轻了集体和农民的负担。1991年全国共有3.6万个敬老院，这些敬老院绝大多数还兴办一些农工商副业生产，不仅改善了老人生活，每年还为国家减轻3000多万元的负担③。为提高供养水平，上海嘉定县各敬老（福利）院大力发展院办经济，1992年净收入28.59万元，比1987年增加2.25倍④。

1993年起敬老院逐步向社会开放，取得了明显的社会效益。全国建立起以敬老院为依托的乡镇五保服务中心2.7万个，覆盖面达48.3%，有1127个县（市）普及了乡镇五保服务中心，为散居五保对象提供全面服务。越来越多的敬老院面向社会开放，收养社会上的离退休干部、职工和城乡有子女赡养的老人自费入院颐养天年⑤。随着经济发展和社会需求的增加，从1988年开始，上海市宝山区养老机构从单纯收养"五保户"转向社会开放，机构逐年增加，并有社会投资的敬老院参与该项福利事业，大部分敬老院进行重建或改造，设施和床位得到改善，供养水平不断提高，敬老院逐步实现了规范化、等级化管理，向"福利型"

---

① 《淮南市民政志(1949.10—2006.12)》，淮南：淮南市民政局内部发行，2007年，第98页。

② 1994年1月国务院发布的《农村五保供养工作条例》提出："敬老院可以开展农副业生产，收入用于改善五保对象的生活条件。"

③ 赵乃林：《三百多万农村五保老人安度晚年》，《人民日报》1991年7月9日，第3版。

④ 倪所安主编：《嘉定县续志.1988~1992》，上海：上海交通大学出版社，1999年，第599页。

⑤ 王克俭、张杰：《我国农村敬老院突破四万所 五十多万老人安度晚年》，《人民日报》1993年3月12日，第3版。

"康复型"方向发展，收养人员也有较大幅度增加①。

第四节　农村养老服务筹资方式的转变

随着家庭联产承包责任制的推行，农村社会发生了翻天覆地的变化。劳动力从土地中得以解放，农村劳动力转移成为当时社会一大问题。1989年12月9日农村社区发展和劳动力转移国际学术讨论会在北京饭店开幕。费孝通等专家、学者和来自全国各地的中国代表共约200人参加了会议。代表们在发言中指出，"如何解决农村社区发展和人口产业转移、人口控制和人口迁移等问题，是发展中国家面临的重要课题。农村是社会的重要组成部分，农村问题只有引起全社会的关注并放在社会的全局中去考察才能找到正确的解决方法和途径。"②农村人口的大量流动和进城务工在此后逐渐成为社会发展一大潮流。为了代替人民公社对于农民的保障，确保农村经济体制改革的推进，这一时期我国积极推行农村养老保险制度。

一、农村养老保险制度的确立③

从1982年的"一号文件"开始，我国农村经济体制改革就进入了"快车道"，尤其在1985年取得了巨大的成功。农村的生产力得到了极大的提高，劳动人口开始流动，但是人民公社时期的集体保障逐步弱

---

① 上海市宝山区史志编纂委员会编：《宝山区志：1988~2005》，北京：方志出版社，2009年，第928页。

② 顾玉清：《农村社区发展和劳动力转移国际讨论会开幕》，《人民日报》1989年12月10日，第2版。

③ 这一时期，农村推行养老保险制度，有利于农村体制改革和计划生育制度的顺利推行。随着计划生育政策的改变，各地都出台了对于响应计划生育政策的老年人给予补助的相关政策。如《上海市人民政府关于印发修订后的〈上海市计划生育奖励与补助若干规定〉的通知》中规定："独生子女父母年老时的计划生育奖励。持有《光荣证》的本市户籍公民，按照下列规定领取一次性计划生育奖励费：（一）按照《上海市城镇职工养老保险办法》规定参加社会保险的人员，办理退休手续时，在按照《上海市城镇职工养老保险办法》规定计发养老待遇后，再给予一次性计划生育奖励费（即原计划生育一次性补充养老金）5000元。（二）不符合前项规定的人员，女年满55周岁或者男年满60周岁的，由其户籍所在地的区、县政府给予5000元一次性计划生育奖励费。"

化,加上农村人口老龄化日趋严重①,政府和学术界开始探讨农村社会养老保障事业的发展问题。这一时期,随着农村改革的逐步深入,农村社会结构发生了巨大的变化,家庭养老的功能逐步弱化,伴随着传统"养儿防老"观念的转变,农民自然开始考虑如何进行养老的问题②。

(一)试点阶段(1982—1991年)

从1978年农村逐步打破人民公社的平均分配开始,就有地方以乡、村为单位创办农村养老保险,来替代"大集体"的国家保障。这一时期主要是一些以集体经济为基础的现收现支的养老办法和由保险公司开办的各种保险。据统计,到1982年,全国11个省市3547个生产队实行养老金制度。1985年的"七五"计划(1986—1990年)提出抓紧研究建立农村社会保险制度,并根据各地的经济发展情况,进行试点,逐步实行。1986年民政部开展了调查研究,并在经济较发达的地区进行试点,10月中旬又在江苏省沙洲县召开座谈会。1987年3月民政部出台了《关于探索建立农村基层社会保障制度的报告》的通知,该通知提出建立农村基层社会保障制度,已经成为农村经济体制改革必然的配套措施。

各地农民参加社会养老保险的愿望极其强烈。江西省保险公司在全国首创农村纯女户养老保险,有效地推动了计划生育政策的落实。"这项险种规定,农村少生且只生女孩的父母,凡做了绝育手术的,便由县、乡、村财政共同出资(有的地方还包括向群众集资的一部分),向保险公司缴纳保险费,等被保险人年满55岁或60岁以后,夫、妇均可向保险公司领取相当于当地一般生活水平的养老保险金,以及故世后的丧葬费和抚恤金。纯女户养老保险是1987年创办的,现已在赣州等地区推广。"③1990年江西省已有70多个县市的8万多农村纯女户办理了养老保险。江西省保险公司每月向这些生养独生女的老人提供生活费。这

---

① 《中国1982年人口普查资料》显示,1982年我国的总人口约为100391万人,其中60岁及以上的人口约为7663万人,占总人口7.63%。老龄化问题在农村已初现端倪。

② 王兴生、薛芳:《沈阳:农民养老靠保险》,《人民日报》1991年9月28日,第2版。

③ 梅洪如:《江西首创纯女户养老保险》,《人民日报》1989年7月24日,第2版。

项保险使纯女户改变了"养儿防老"的心态，极大地推动了全省计划生育工作的开展。因为这项政策的实施，据统计，1990年上半年，全省纯女户实施绝育手术的人数比去年同期大幅度增长①。1991年《中共中央关于进一步加强农业和农村工作的决定》第一次提出"社会保障"的概念，并明确提出"在有条件的地区，逐步开展农村养老保险"。到1991年8月末，沈阳市已有1.2万农民参加社会养老保险，积累保险基金800多万元②。

举办农村养老保险的社会意义深远，其中对于减轻推行计划生育政策所面临的压力最为显著。"独女户"夫妻免费享受养老保险。全国计划生育先进县山东省昌邑县，1991年4月又亮出新招数：农村"独女户"夫妻二人由集体免费办理养老保险。这一招消除了农村"独女户"的后顾之忧。仅一个多月的时间，全县就有350对"独女户"夫妻退掉了二胎生育指标，高高兴兴地捧回养老保险证书。昌邑县委、县政府正视农村老无所养和无男孩户在生活、生产中确有困难这一现实，决定在全县推行"独女户"夫妻免费养老保险新政策。政策规定，"独女户"养老保险的保费由村集体承担，村集体富裕的保费高一些，集体经济差的保费低一点，一般每月每人80元或100元。"独女户"夫妇从男60岁、女55岁开始按月领取③。经过试点发现，在农村有条件的地区建立社会养老保险制度，不仅必要，而且可行④。

（二）实施阶段（1992—1997年）

1992年1月民政部出台了《县级农村社会养老保险基本方案（试行）》⑤，方案提出"由点到面，逐步发展""坚持资金个人交纳为主"

---

① 新国、相如：《江西农村八万纯女户办养老保险》，《人民日报》1990年9月22日，第4版。

② 王兴生、薛芳：《沈阳：农民养老靠保险》，《人民日报》1991年9月28日，第2版。

③ 王丁、张百新：《昌邑农村"独女户"获免费养老保险》，《人民日报》1991年6月10日，第4版。

④ 到1989年6月，全国有19个省（自治区、直辖市）进行了农村养老保险试点，参加人数达90多万人，积累资金4100万元。

⑤ 该制度在学术界被俗称为"老农保"，它与"新农保"最大的区别在于筹资方式，"老农保"的筹资方式是以个人筹资为主，就相当于是个人储蓄式的保险，缺乏国家的统筹与投入。

"坚持社会养老保险与家庭养老相结合"。从此我国农村养老保险制度在广大农村地区全面开始实行。1993年，苏州市成立了农村社会养老保险事业处，六县（市）、郊区和78个乡镇建立了相应的机构，招聘了85名专职工作人员，在全市开展农村养老保险工作①。"1995年招远市全市达到示范标准的村53个，投保率80%以上，人均投保额48元以上。"②经过3年的试行，1995年10月国务院办公厅转发的《民政部〈关于进一步做好农村社会养老保险工作的意见〉的通知》提出逐步建立农村社会养老保险制度具有深远的意义③。

（三）停滞阶段（1998—1999年）

1997年我国农村养老保险制度进入快速发展时期。到1997年底，全国已有30个省的2000多个县实施了农村社会养老保险政策④，在全国范围内已经基本完成了全覆盖。1999年7月，国务院下发了《国务院批转整顿保险业工作小组保险业整顿与改革方案的通知》，通知提出，对民政系统开展的农村社会养老保险，要进行清理整顿，停止接收新业务。截至2008年末，全国参加农村养老保险人数为5595万人，过去10年间，退保农民人数2000万人左右。农村养老保险制度的实行是我国农村养老服务体系构建过程中一项伟大的尝试。从农村家庭联产承包责任制改革到20世纪末共经历了20余年，虽然最后以失败告终，但为发展我国农村养老保险制度积累了宝贵的经验（见表2.4）。

---

① 王晓雄主编：《苏州劳动保障志：1949~2005》，苏州：苏州大学出版社，2009年，第239页。

②《招远市劳动保障志》，招远市：招远市劳动和社会保障局印制，2011年，第346页。

③ 截止到1995年，已有30个省、自治区、直辖市的1400多个县(市、区、旗)开展了这项工作。全国参加社会养老保险的农村人口已有近5000万人，形成了一定的规模。

④ 有8200多万农村人口参加，积累资金120多亿元。而且，有39.4万农民领取了养老金，农民普遍反映，农村社会养老保险是党和政府继土地革命、联产承包责任制之后为农民办的第三件大好事。参见王斌来：《解除农村人口养老之忧(调查汇报)——农村社会养老保险事业扫描》，《人民日报》1997年11月24日，第9版。

表2.4 我国农村养老保险制度发展相关政策、举措（1982—1999年）

农村养老保险相关政策、举措	时间	主要内容	发展阶段
在几十个县进行试点，并取得成功	1982—1991年	一些以集体经济为基础的现收现支养老办法在各地普遍开展	试点
"七五"计划(1986—1990年)	1985年	抓紧研究、试点	
开始对农村社会保障问题进行研究	1986年	1986年初组织力量调查研究，开展理论探讨，并试点	
《关于探索建立农村基层社会保障制度的报告》	1987年	通过多种渠道筹集基金	
《中共中央关于进一步加强农业和农村工作的决定》	1991年	逐步开展农村养老保险	
《县级农村社会养老保险基本方案(试行)》《农村社会养老保险管理服务费提取使用办法(试行)》《关于农村社会养老保险基金使用有关问题的通知》	1992年	资金坚持以个人交纳为主	试行
《关于城镇和农村社会养老保险分工的通知》《关于农村社会养老保险试点有关编制问题的通知》《关于农村社会养老保险资金购买国家债券有关事宜的通知》	1992年	相关政策完善	
民政部成立了"农村社会保险司"	1993年	相关机构	
民政部组建了"农村社会养老保险管理服务中心"	1995年	相关机构	调整、全面推行
《关于保持社会保险管理体制稳定的通知》	1994年	明确了民政部门主管农村包括乡镇企业职工养老保险的职能和任务	
《民政部关于进一步做好农村社会养老保险工作的意见的通知》	1995年	开展农村社会养老保险的基本条件	
《国务院批转整顿保险业工作小组保险业整顿与改革方案的通知》	1999年	清理整顿	停滞

　　反思该制度失败的根本原因[①]在于当时整体国力薄弱，部分农村地区发展水平极低，集体经济在很多地方已经不复存在，不具备发展农村

---

　　① 当时考虑到我国农村地域辽阔，地区差异较大，总体发展水平不高，农村人口从业状况复杂，流动性较大。由于农民居住分散，交通、信息和服务手段相对落后等因素，农村社会养老保险不可能仿照城市那样建立社会统筹与个人账户相结合的模式。根据《农村社会养老保险基本方案》确定的原则，保险资金的积累以个人交费为主，集体补助为辅，国家给予政策扶持，建立个人账户，实行储备积累，按积累总额确定发放标准。个人缴费一般占保险费总额的50%以上，在个人缴费的基础上，参加保险的农民或乡镇企业职工所在的村或企业，可以根据经济状况给予适当补助，补助比例一般不超过50%。

养老保险的条件。具体原因是采取了以个人交费为主建立个人账户的筹资模式。在很多地区，农村养老保险实际上变成了"个人储蓄"，没有社会保障政策应有的"统筹"色彩。但是，这是我国农村改革又一次伟大的主动尝试，为农村改革的顺利推进发挥了重要的稳定作用。同时，也反映出广大农民对于养老保障的迫切需求，这也进一步推动了我国农村养老服务的发展。

二、五保供养筹资方式的转变

（一）明确了"村提留、乡统筹"的筹资方式

在农村土地改革不断推进的过程中，国家逐步确立了农村"五保"养老"三提五统"的筹资方式。

1979年9月党的十一届四中全会通过的《中共中央关于加快农业发展若干问题的决定》提出要重视农村集体福利事业，指出"随着集体经济的发展，要逐步办好集体福利事业，使老弱、孤寡、残疾社员、残疾军人和烈军属的生活得到更好的保障。"1980年9月中共中央印发的《关于进一步加强和完善农业生产责任制的几个问题的通知》强调指出在包产到户的社队，对五保户和其他困难户，要有妥善的照顾办法。1979年6月大包干得到安徽省委第一书记万里的批准，进入了合法阶段。凤阳县全县1979年收的粮食4.4亿斤，比1978年2.9亿斤增长51%[1]。1980年安徽省太和县三堂公社陈寨大队有13个鳏寡老人，过去队里只管他们吃饭，但穿衣、住房、就医等问题没有解决，老人生活中遇到不少困难。大队党支部考虑到鳏寡老人的生活状况，决定对鳏寡老人实行五包（包口粮，包烧柴，包衣、被，包就医护理，包料理后事）、五上门（口粮、烧柴、用水、零用钱和过节礼送上门）、四不（不支派农活，不让吃杂粮，不让住漏雨房子，不摊派任何东西）、三保证（保证平时有零用钱花，保证支持从事家庭副业，保证生活水平略高于本队

---

[1] 滁州市政府发展研究中心编：《中国农村改革源头志》，合肥：黄山书社，1996年，第43页。

社员的平均水平）①。

1982 年 1 月中共中央批转的《全国农村工作会议纪要》明确了家庭联产承包责任制，实行"三提五统"②，"有一定的公共提留，统一安排烈军属、五保户、困难户的生活"，要求各地做好五保工作，切实保障五保对象的生活。为了进一步规范五保资金的收取方式，从此确立了"五保"供养筹资的"三提五统"方式。1982 年黄山区焦村镇明确了"五保户"的供给形式为"统一提留、集体供养、划田代耕"三种形式③。

1983 年中央一号文件再次明确了全国实行家庭联产承包责任制④，家庭联产承包责任制进入发展高潮，参与的农户占农户总数的 95%。这一时期，随着农村税费改革的深入，一些地方出现了提留统筹款难收、少收等情况⑤。农村实行包产到户责任制不久，出现了对五保对象供给不落实的情况，少数社队分给五保户土地让其自种，五保户因无劳动力只得找人代种，有的甚至把五保户供给标准分摊到户。为此，淮南市民政局于 1983 年 6 月发出《关于认真做好五保户供养工作的通知》，纠正了分地自种、亲友代养等做法，明确了五保户的供应标准，并组织落实，做到让五保户吃有粮、住有房、穿有衣、病有医。同时支持有条件的乡村筹办敬老院，对五保老人实行集中供养。1984 年 8 月该市田家庵

---

① 巩思良：《照顾鳏寡老人 促进计划生育》，《人民日报》1980 年 2 月 4 日，第 4 版。

② "三提五统"是一种公共服务费的筹集方式，直到 2006 年随农业税一起被取消。是指村级三项提留和五项乡统筹。村提留是村级集体经济组织按规定从农民生产收入中提取的用于村一级维持或扩大再生产、兴办公益事业和日常管理开支费用的总称。包括三项，即公积金、公益金和管理费。乡统筹费，是指乡（镇）合作经济组织依法向所属单位（包括乡镇、村办企业、联户企业）和农户收取的，用于乡村两级办学（即农村教育事业费附加）、计划生育、优抚、民兵训练、修建乡村道路等民办公助事业的款项。

③ 焦村镇志编纂委员会：《焦村镇志（唐—2006 年）》《黄山区乡镇志丛书》，黄山区方志办公室，2006 年，163 页。

④ 该制度的特点正如社员所说："上交国家的，留够集体的，其余全是自己的。"其中留够集体的就是村提留乡统筹。

⑤ 房维中主编：《中华人民共和国经济大事记（1949—1980 年）》，北京：中国社会科学出版社 1984 年，第 302 页。

区率先实现乡乡办起敬老院[①]。1983年，中共铜鼓县委、铜鼓县人民政府联合发出《关于认真做好五保普查和进一步落实五保政策的通知》，明确五保供养实行公社统筹、大队负担的办法，供养标准为五保户每人每年五保金120元、稻谷300公斤、食油6公斤；五保金由公社统一收缴、统一兑现，大队统一负担；五保户粮油随国家粮油征购任务一次下达，指定专户送到户到院[②]。

为了规范五保收费办法，1985年10月出台的《中共中央、国务院关于制止向农民乱派款、乱收费的通知》，通知规定"实行收取公共事业统筹费的办法"。1991年12月《农民承担费用和劳务管理条例》又规定，公益金用于五保户供养以及其他集体福利事业。从而让新时期五保供养的资金筹集更加规范化。

（二）制度化发展时期

1994年1月国务院出台了《农村五保供养工作条例》，进一步明确了农村集体经济组织负责提供五保供养所需的经费和实物，乡、民族乡、镇人民政府负责组织五保供养工作的实施。1997年3月民政部出台了《农村敬老院管理暂行办法》，该办法明确了敬老院是农村集体福利事业单位，敬老院所需经费实行乡镇统筹，村办敬老院所需经费由村公益金解决。两项制度的出台进一步明确了农村"五保"供养的资金来源，使得农村养老服务体系的"网底"更加稳固。

随着国家经济的发展和制度的改革，五保供养人数逐步提高。1983—1984年进行了建国后首次全国农村五保普查工作。截止到1984年，全国有147000多五保老人在11000多所敬老院里安度晚年[③]。1984年全国共新建敬老院6828所，收养孤寡老人72000多名。到1990年农村集体办敬老院有29625个，其中收养309974位老人；城镇集体办敬老院

---

①《淮南市民政志(1949.10—2006.12)》，淮南：淮南市民政局内部发行，2007年，第98页。

②《宜春市志》编纂委员会：《宜春市志》（上册），北京：方志出版社，2010年，第778页。

③新华社：《全国农村五保户普查工作基本结束　14万多五保老人安度晚年》，《人民日报》1984年1月31日，第2版。

有7746个，其中收养97540位老人。1991年我国各地民政部门采取各种方式探索建立农村五保老人社会保障的新路子，以保证全国307万五保老人老有所养。通过一系列对于五保供养资金的规范和调整，实现了我国农村五保供养制度从政策、条例层面向法律层面升级，实现了从集体公益金向村提留、乡统筹的筹资方式转变[1]。

这一时期，城市"三无"人员中的老年人，也按照五保供养模式，采取集中与分散供养相结合的形式，集中供养可以入住养老福利院。1982年民政部印发《城市社会福利事业单位管理工作试行办法》，该办法明确了社会福利事业单位收养"三无"人员[2]。城市"三无"人员中的老年人可以选择入住养老福利院集中养老。这标志着我国城市"三无"人员中的老年人养老进入国家规范供养时期。

第五节　"统账结合"职工养老保险制度的确立

这一时期，企业基本养老保险制度的筹资方式实现了由企业单独出资向企业、国家与个人共同出资，再向社会统筹与个人账户筹资方式相结合的两次转变。企业职工基本养老保险广覆盖、多层次的特点基本形成。为深化企业改革，化解社会矛盾发挥了极大的作用[3]。

一、"企业统筹"筹资方式养老保险的恢复与调整（1977—1983年）

随着"文革"的结束，国家劳动部门的恢复，企业养老保险也逐渐恢复。这一时期仍然是工人的生老病死都由企业统包。1978年6月国务院出台《关于安置老弱病残干部的暂行办法》和《关于工人退休、退职的暂行办法》，两个办法说明将自1958年起干部和工人实行的统一退休退职办法重新分成两个不同的制度。1980年3月国家劳动总局、全国总

---

[1] 中华人民共和国民政部编：《中国民政统计年鉴》，北京：中国统计出版社，1991年。
[2] 城市中无家可归、无依无靠、无生活来源的孤老残幼、精神病人。
[3] 张世飞：《1978—1992年中国社会保障事业的恢复和发展》，《党史研究与教学》2008年第4期。

工会联合发文《国家劳动总局、全国总工会关于整顿与加强劳动保险工作的通知》提出企业单位行政与基层工会要在党委领导下，密切协作，整顿与加强基层的劳动保险工作。

这一时期的企业养老保险制度呈现出以下特点：保障水平逐步提高；企业负责养老保险制度执行的全过程；主要覆盖国营企业的工人。

二、企业养老保险"统账结合"筹资方式的试点（1984—1990 年）

为了改革企业包办养老保险的弊端，解决企业由于退休人数的差异①，各个企业负担畸轻畸重这一问题，给企业创造一个基本平等的竞争环境，国家开始了退休金社会统筹的改革。1984 年中共第十二届中央委员会第三次全体会议通过的《中共中央关于经济体制改革的决定》，指出了加快以城市为重点的整个经济体制改革的必要性、紧迫性。从此城市企业开始改革。此次改革的突破口是城镇集体所有制职工的养老保险制度。1983 年，国务院发布《关于城镇集体所有制经济若干政策问题的暂行规定》，要求城镇集体所有制企业建立社会保险制度；1984 年，国务院批转中国人民保险公司《关于加快发展我国保险事业的报告的通知》，通知要求由中国人民保险公司实施集体企业职工"法定养老保险"，将其纳入商业保险范围。但是，由于商业保险的待遇很低，集体企业职工的参保积极性受挫。浙江省舟山市为劳动制度改革提供配套服务，把原来由行政部门主管的劳动合同制工人退休养老保险，从 1986 年 9 月起改为由保险公司代理。这一改革措施为改革和完善社会保障制度走出了一条新路②。

为了打破"铁饭碗""大锅饭"，真正实行按劳分配制度，1986 年国务院发布了《国营企业实行劳动合同制暂行规定》，规定提出"企业在国家劳动工资计划指标内招用常年性工作岗位上的工人，除国家另有特

---

① 1969 年财政部发文《关于国营企业财务工作中几项制度的改革意见（草案）》规定国营企业一律停止提取劳动保险金。职工的养老保险完全由所在企业负责，不再进行统计调剂使用"调剂金"。

② 王玮、毛国伟：《改革和完善社会保障制度　舟山试行合同制职工养老保险》，《人民日报》1988年 3 月 17 日，第 1 版。

别规定者外，统一实行劳动合同制。"对养老保险提出"国家对劳动合同制工人①退休养老实行社会保险制度"。1986年7月国务院出台了《关于发布改革劳动制度四个规定的通知》，该通知提出把企业职工养老保险范围扩大到劳动合同制工人②，这是我国企业养老保险筹资改革的政策依据。1990年盐城市是我国劳动、工资、社会保险3项制度改革试点城市之一。盐城市试行固定工退休费和合同工养老金"两金"合用，探索全民、集体、个体所有制退休养老保险一体化社会统筹的道路，于1988年10月开始在全市推广。盐城实行退休养老保险一体化社会统筹后，大大减轻了企业退休职工过多的负担，缩小了因所有制不同产生的就业差异，消除了"后顾之忧"，待业青年选择就业的面更宽了。统筹保障了退休职工的生活，1989年以来一些企业生产不景气，统筹发挥了作用，这些企业的退休人员能按时领取退休费，稳定了职工的情绪③。

1991年3月据劳动部公布的信息，经过6年的摸索，我国社会养老保险统筹工作获得可喜进展，职工的养老保险责任由企业完全承担的局面正在得到改变。"现在全国已有2272个市县的全民所有制企业、1015个市县集体所有制企业参加了社会养老保险统筹，其中全民所有制企业参加统筹的在职职工有5000万人，退休职工1000万人，分别占在职职工的50%和退休职工的60%，实行职工养老退休费由国家、企业、个人共同负担。"统筹工作自1987年全面推开后，全国建立社会保险机构2794个，仅1990年就收缴养老保险统筹金150亿元，支出130亿元，满足了统筹职工退休费用需要④。

---

① 1986年，国务院发布《国营企业实行劳动合同制暂行规定》和《国营企业招用工人暂行规定》，改革以后招收的各类工人一般都是合同工。

② 费用由企业和个人缴纳，企业缴费率15%（包括医疗、丧葬、抚恤等），个人交纳工资的3%以下，并开始在县、市级实行统筹。

③ 刘勇、杨涌：《老有所养 后顾无忧 盐城养老保险社会统筹好》，《人民日报》1990年11月12日，第4版。

④ 李春林、贺劲松：《养老保险 社会统筹》，《人民日报》1991年3月10日，第3版。

三、企业养老保险"统账结合"筹资方式的确立（1991—1998年）

企业职工退休费用社会统筹办法的试点工作是劳动部门从1984年开始组织的。1991年国务院颁发的《国务院关于企业职工养老保险制度改革的决定》对于全民所有制等性质的企业职工的养老保险进行了重大改革，提出力争实行基本养老保险基金省级统筹[①]。从此职工养老保险开始实行国家、企业、个人三方共同负担。四川省社会保险事业近几年来蓬勃发展，1991年全省社会保险实施对象已达1500多万人，有480万名国营、集体企业职工参加养老保险社会统筹，积累养老保险基金5亿多元。"退休养老保险由企业自办改为社会统筹，使许多企业职工消除了后顾之忧，产生了良好的社会影响。5年多来，四川省调剂拨付给退休职工人数多、退休费负担重的企业退休养老基金4.16亿元，减轻负担的企业达5299个，占参加统筹企业总数的30%以上；受益的离退休职工41.5万人。"有些老企业因减轻了负荷，而焕发了新的活力，对促进生产起到了积极作用。1989年至1990年，国家规定调整离退休待遇，增加粮油价格补贴等。四川省各级社会保险机构承担了退休职工增加待遇的经费达1.5亿元，使1.47万户的78万名离退休职工，特别是微利、亏损和停工停产企业的离退休职工按时足额享受到了国家补贴[②]。

1992年国务院出台的《全民所有制工业企业转换经营机制条例》，提出实行基本养老保险、企业补充养老保险、职工个人储蓄养老保险相结合的制度。截止到1992年，我国已有2340多个市县实行了全民所有制职工退休费用社会统筹新办法。在新的养老保险制度的保障下，5000多万在职职工消除了后顾之忧，1200多万离退休职工的晚年有了保障[③]。1993年党的十四届三中全会通过的《中共中央关于建立社会主义市场经

---

① 实行省级统筹后，原有固定职工和劳动合同制职工的养老保险基金要逐步按统一比例提取，合并调剂使用。

② 罗茂城：《四川社会保险事业蓬勃发展　实施对象已达一千五百多万人　积累养老保险基金五亿多元》，《人民日报》1991年10月15日，第3版。

③ 费强：《两千余县市实行新养老保险制度　五千万在职职工免除后顾之忧　千余万离退休者晚年有保障》，《人民日报》1992年6月7日，第3版。

济体制若干问题的决定》，进一步提出了"城镇职工养老和医疗保险金由单位和个人共同负担，实行社会统筹和个人账户相结合"。1995年3月，国务院发出了《关于深化企业职工养老保险制度改革的通知》，该通知肯定了社会统筹与个人账户相结合的制度。从此实现了我国企业职工养老保险统账结合筹资方式的改革。1995年芜湖市职工养老保险费采取由用人单位和职工个人共同负担的办法[①]。具体办法是企业缴纳标准为本单位上年度月平均工资的25%，分5年过渡。个人缴纳标准为职工本人上年度月平均工资收入的3%，由企业发工资时代为扣缴，随着职工工资收入的增长而逐步提高，最终达到职工本人缴费占工资基数的8%。到1995年末，全市参加社会保险的企业和职工人数分别占应参加的88%和95%[②]。截止到1996年，全国养老保险基金滚存结余700多亿元。退休费用社会统筹改革对于解决企业养老负担畸轻畸重，实现社会保险的共济目的，对不断深入经济体制改革具有重大的意义。

为了进一步提高企业养老保险制度的覆盖面，1997年国务院出台了《关于建立统一的企业职工基本养老保险制度的决定》，该决定提出本制度适用城镇各类企业职工和个体劳动者，并明确了本制度的基本特征是资金来源多渠道、保障方式多层次、社会统筹与个人账户相结合、权利与义务相对应、管理服务社会化。

小　结

这一时期是新中国历史上社会转型最为剧烈的时期，养老服务体系是紧随着社会转型而不断转型发展的，推动养老服务体系建设对于稳定社会起到了重要的作用。为社会转型做好配套成为这一时期养老服务体系发展最为显著的特点，具体表现为两个方面：其一，建立农村养老保

---

① 1995年芜湖市出台了《芜湖市社会保险制度改革试行方案》，同年9月，市政府分别颁发《芜湖市市区职工养老保险暂行规定》和《芜湖市职工失业保险实施办法》，使职工养老、失业保险制度进一步完善。

② 芜湖市地方志办公室编：《芜湖年鉴 1996》，合肥：黄山书社，1996年，第242页。

险制度为农村改革做配套。在农村，开展了以家庭联产承包责任制为核心的农村土地改革，打破了人民公社的平均主义，为了稳定社会、替代人民公社的保障功能，国家推行农村养老保险制度；其二，开展社区建设，发展社会服务为企业改革做配套。在城市，为了建立社会主义市场经济体制而开展了以企业改革为核心的社会改革，为了承接"单位人"转变为"社会人"产生的养老等社会服务，我国开始了社区建设，社区养老服务的发展成为市场经济体制改革的重要配套。

　　这一时期城乡"二元"结构的社会特征基本形成，农村向城市工业大量输送原材料，城市工业有了较快的发展。虽然农村在土地改革之后，生产力得到了极大的恢复，但是整体上由于城市对农村的"反哺"不足，导致城乡发展差距逐渐拉大，尤其表现在这一时期的农村养老保险制度和农村"五保"制度中，国家财政没有投入，完全交由农民个体或者集体负担，导致养老保障水平普遍较低。

第三章 构建和谐社会时期：
"补缺型"养老服务体系（1999—2010年）

　　1999—2010年，我国人口结构发生了根本性的变化，1999年我国正式进入老龄化社会阶段（见表3.1、表3.2、表3.3）。《中华人民共和国1999年国民经济和社会发展统计公报》显示，截止到1999年末，全国总人口为125909万人。其中，城镇人口38892万人，占30.9%；乡村人口87017万人，占69.1%。65岁以上老年人口比重为6.9%，老年人口达到8687万人。截止到2010年底，我国60周岁以上老年人达到1.78亿，占总人口的13.26%。《中华人民共和国2015年国民经济和社会发展统计公报》显示，截止到2015年末，我国60周岁以上老年人达到2.22亿，占总人口的16.1%。老年人口每年增长约1000万，11年增长了近1亿老年人口。1999年全国民政事业费支出194.6亿元，占全国财政总支出的1.5%。到2010年，全国社会服务事业费支出2697.5亿元，占国家财政支出比重的3.0%。根据国家统计局发布的统计公报，1999年我国人均GDP为865美元。到2010年底，我国人均GDP超过4000美元，为4434美元，这标志着我国由生存型社会进入发展型社会的新阶段。

表3.1 我国60岁以上人口占总人口的比例情况（1999年）

年龄段（岁）	60—64	65—69	70—74	75—79	80—84	85—89	90—94	95+	合计
比率（%）	3.68	3.07	2.14	1.29	0.62	0.23	0.06	0.02	10.20

　　资料来源：国家统计局人口和社会科技统计司编：《中国人口统计年鉴 2000》，北京：中国统计出版社，2000年，第6页。

表3.2　我国60岁以上人口占总人口的比例情况（1998年）

年龄段(岁)	60—64	65—69	70—74	75—79	80—85	85—89	90+	合计
比率(%)	3.76	2.94	2.11	1.24	0.62	0.23	0.07	10.97

资料来源：国家统计局人口和社会科技统计司编：《中国人口统计年鉴 1999》，北京：中国统计出版社，1999年，第6页。

表3.3　南京市江宁区人口年龄结构判断标准表（1964—2000年）

类别	国际通用人口年龄类型判断标准			江宁区人口年龄类型			
	年轻型	成年型	老年型	1964年	1982年	1990年	2000年
少儿人口系数(0—14岁人口占总人口的比重)	40%以上	30%—40%	30%以下	40.45%	30.43%	24.25%	17.18%
老年人口系数(65岁及以上人口占总人口的比重)	4%以下	4%—7%	7%以上	2.65%	4.54%	5.93%	8.26%
60岁及以上人口占总人口的比重	5%以下	5%—10%	10%以上	4.89%	7.62%	9.48%	11.79%
老少比系数(65岁及以上人口数/0—14岁人口数)	10%以下	10%—30%	30%以上	6.18%	13.92%	24.45%	46.42%
年龄中位数(岁)	20以下	20—30	30以上	18.31	24.12	27.75	33.02

资料来源：周久耕等编：《江宁民政志》，南京：江苏人民出版社，2004年，第339页。

　　1999年我国社会整体进入老龄化阶段。为了应对人口老龄化带来的压力，我国养老服务体系进入快速发展时期。这一时期基本形成了社会养老服务体系的发展理念和基本框架，实现了从"养老服务"到"养老服务体系"再到"社会养老服务体系"初级阶段的发展跨越。在这一期间，我国养老服务体系发展理念已逐渐转向社会化、市场化。养老服务方式出现了居家养老、民办机构养老、社区网络化养老等社会化的养老方式。在养老服务筹资方式上，国家逐步加大投入，各地也针对高龄和失能等特困老人实行货币化养老补贴，鼓励社会力量积极投资养老服务业。养老服务内容更加丰富、服务质量更加优质。但是由于我国养老服务业的发展依然处于起步阶段，能够提供养老服务的社会组织数量仍然较少，所以这一时期的养老服务体系只是在政策层面实现了一个逐步"补齐"的过程，基本实现了从临时性救助转向常态化制度保障。

第一节　"补缺型"养老服务体系的发展理念

一、国家设立老龄议事机构

为了进一步加强我国老龄工作，1999年10月国务院专门成立了由32个部委组成的全国老龄工作委员会①，它是专门负责我国老龄工作的议事协调机构。全国老龄工作委员会下设办公室，办公室设在民政部。2005年8月，经中央编委批准，"全国老龄工作委员会办公室"与1982年成立的中国老龄协会实行合署办公。在国内以全国老龄工作委员会办公室的名义开展工作；在国际上主要以中国老龄协会的名义开展老龄事务的国际交流与合作。

从此我国各个省市也都设有专管老龄工作的老龄工作委员会及其专职办公室。省级老龄办专职主任一般都是由民政厅副厅级别的党组成员担任。我国的老龄工作的领导机构具有规格高和范围广的特点。我国由32个部委组成的老龄工作议事协调机构，由国务院负责，其机构设置规格高；另外，我国已经和国际老龄协会建立了正常的交流与合作关系，可以从国际上汲取先进的发展经验。

二、国家重视养老服务发展

这一时期，全国党代会和全国人民代表大会多次对发展养老服务体系提出指导意见。2002年11月党的十六大报告《全面建设小康社会，开创中国特色社会主义事业新局面》提到，要重视老龄人口比重上升，就业和社会保障压力增大，探索建立农村养老、医疗保险和最低生活保障制度。2003年10月中共十六届三中全会通过的《中共中央关于完善

---

① 全国老龄工作委员会由中央组织部、中央宣传部、中直机关工委、中央国家机关工委、外交部、国家发展改革委、教育部、科技部、工业和信息化部、国家民委、公安部、民政部、司法部、财政部、人力资源和社会保障部、国土资源部、住房城乡建设部、交通运输部、商务部、文化部、卫生计生委、国家税务总局、国家新闻出版广电总局、国家体育总局、国家统计局、国家旅游局、中国保监会、中央军委政治工作部、全国总工会、共青团中央、全国妇联、中国老龄协会等32个单位组成。

社会主义市场经济体制若干问题的决定》，提出了科学发展观，强调要做到发展为了人民、发展依靠人民、发展成果由人民共享。全会还要求"重视人口老龄化趋势等因素对社会供求的影响"，"农村养老保障以家庭为主，同社区保障、国家救济相结合"。首次提出从养老服务的供求角度重视人力老龄化问题、城乡统筹发展问题，并且首次提出了社区保障的概念，从此社区养老服务进入快速发展阶段。

2006年10月中共十六届六中全会通过的《中共中央关于构建社会主义和谐社会若干重大问题的决定》，提出构建和谐社会的宏伟目标，特别强调发展老龄事业，开展多种形式的老龄服务；建立宏大的社会工作者队伍，成为养老事业的专门人才；逐步建立农村最低生活保障制度，有条件的地方探索建立多种形式的农村养老保险制度等关于养老服务体系构建的具体政策。2007年党的十七大提出经济、政治、文化、社会建设"四位一体"的中国特色社会主义事业总体布局，强调社会建设是国家发展的重要组成，也为我国养老服务体系建设奠定了良好的社会基础。从此确立了"老有所养"的战略目标。

2010年3月十一届全国人大三次会议的政府工作报告提出要着力保障和改善民生，促进社会和谐进步；加强应对人口老龄化战略研究，加快建立健全养老社会服务体系，让老年人安享晚年生活。这是官方第一次提出"养老社会服务体系"的概念，也标志着我国"社会养老服务体系"的基本理念和发展框架基本形成，开始进入"适度普惠型"的社会养老服务体系发展阶段。2010年10月十七届五中全会进一步提出了"优先发展社会养老服务"的理念。

三、养老服务纳入社会建设

新世纪我国开始加强社会建设，尤其重视养老服务体系的建设。2000年的《中共中央关于制定国民经济和社会发展第十个五年计划的建议》提出努力解决老龄人口社会保障和精神文化生活问题。2006年十六届六中全会通过的《中共中央关于构建社会主义和谐社会若干重大问题的决定》提出适应人口老龄化，逐步建立覆盖城乡居民的社会保障体系，发展老龄事业，开展多种形式的老龄服务。

2006年3月第十届全国人民代表大会第四次会议通过的《中华人民共和国国民经济和社会发展第十一个五年规划纲要》提出发展社区服务业，重点发展家政服务，推进社区服务规范化和网络化建设，积极应对人口老龄化，增强全社会的养老服务功能。2007年的党的十七大的报告中首次提出建设经济、政治、文化、社会"四位一体"的中国特色社会主义事业总体布局，并写入党的章程。这标志着中国共产党将以改善民生为重点的社会建设提上重要日程。报告中明确提出了要从加强社会建设的角度，重视老龄工作。从此我国养老服务体系的发展被纳入了我国社会建设的框架，从社会建设的整体出发，规划布局我国养老服务体系的发展，养老服务体系建设从"配角"逐步变为"主角"之一[1]。

四、社会化的发展理念形成

（一）家庭养老理念开始转向社会化养老服务[2]

在我国传统社会，父辈与子女"反馈"式养老一直是我国农业社会的传统，并逐渐形成了"孝道"文化，家庭如果没有出现特殊变故，老人的养老问题完全是由其所在家庭负担。当然，由于特殊变故导致家庭无法承担老人的养老事务，老年人的养老也会延伸到宗族、集体、社会组织和国家层面。即使在现代中国，由于我国社会结构、养老资源与养老需求变化较为缓慢，特别是广大农村地区，传统的"反馈"式家庭养老仍然广泛存在。

自改革开放以来，我国社会发生了快速的现代转型，特别是1999年我国社会人口结构发生了重大变化，老龄人口比例达到国际公认的老龄

---

① 张学兵：《加快推进以改善民生为重点的社会建设》，《中共党史研究》2012年第9期。

② 随着城市化与工业化的发展，出现了一种新的农民群体——"失地农民"，至2007年为止，估计全国有8928.5万多失地农民。失地农民中的老年人失去了土地养老，且全国性的失地农民养老保险制度尚未建立，目前绝大多数地方政府采取一次性支付安置补偿金的方式让失地农民自谋职业，没有对失地农民的生活、就业、社会保障作出合理的制度安排。所以失地农民的养老也逐步从传统的依托土地的家庭养老被迫转向社会化的养老服务。

化社会标准①，我国在未富裕②的情况下进入了老龄化社会阶段。此外，随着我国改革的深入，在人口流动加速、生育率下降、人口寿命提高等因素共同作用下，传统家庭已经无法满足老年人的养老需求。

在我国，老年人口数量的增加与家庭养老功能的弱化是同步的，从1999 年开始国家从政策理念层面进一步将家庭养老延伸到社会养老，并且朝着较为清晰的体系化方向发展。我国最早提出养老服务体系发展的社会化方向的文件是 1994 年 12 月民政部门出台的《中国老龄工作七年发展纲要（1994—2000 年）》，该文件提出坚持家庭养老与社会养老相结合的原则。但是如何实现社会化，当时还处于摸索阶段。1998 年在老龄问题研讨会上，时任中国老龄协会会长张文范提出，赡养老人是中华民族文化道德的起点和基础。在新的历史时期，孝道中的那种苛刻僵化、绝对服从等具有封建色彩的宗法礼节应该予以抛弃，而体现在代际亲情中的敬老养老的精华应该得到继承和发扬。他认为应积极创造形成一个以家庭为核心，社区养老服务网络为外围，养老制度为保障的居家养老体系，逐步建立适合中国国情的养老、安老三个安全网，即家庭保障安全网、社区养老服务安全网、社会养老保障制度和政策安全网③。

伴随着社会建设与社区服务的不断发展，特别是 2000 年 2 月民政部联合 11 个部委联合颁布了《关于加快实现社会福利社会化的意见》，该通知提出逐步推进社会福利社会化。这是我国官方正式提出我国养老服务体系发展的社会化方向，并且明确提出了逐步建成社会福利服务网络。2000 年 8 月中共中央、国务院出台的《中共中央、国务院关于加强老龄工作的决定》提出"建立家庭养老为基础、社区服务为依托、社会养老为补充的养老机制"。在我国，养老问题已经从家庭延伸到居住的

---

① 按照联合国的传统标准：一个地区 60 岁以上老人达到总人口的 10%，或者是 65 岁老人占总人口的 7%，即该地区被视为进入老龄化社会。

② 1999 年我国人均 GDP 为 865 美元，2001 年人均 GDP1000 美元，农村居民家庭人均纯收入只有 2210.3 元，约 267 美元。欧美等发达国家一般都是在人均 GDP 达到 2000 美元时进入老龄化社会。1970 年进入老龄化社会的日本，人均 GDP 也已达到 1964 美元。

③ 贺常梅：《专家研讨老龄问题时提出　家庭养老应与社会养老相结合》，《人民日报》1998 年 4 月 24 日，第 5 版。

社区和整个社会，表现出了养老服务体系的社会性，并且从政策设计上形成了体系化的发展方向，这是我国养老服务体系化发展的开端。2001年7月国务院出台了《国务院关于印发中国老龄事业发展"十五"计划纲要的通知》，该纲要提出坚持家庭养老与社会养老相结合，加快发展老年服务事业，同时继续鼓励和支持家庭养老，倡导个人的自我养老准备，走政府、社会、家庭和个人相结合的养老保障道路。初步建立政府、社会、家庭和个人相结合的经济供养体系。2005年民政部出台的《关于开展养老服务社会化示范活动的通知》明确提出以居家养老为基础，以社区老年福利服务为依托，以老年福利服务机构为骨干的老年福利服务体系。2008年，松江区岳阳街道社区服务中心吸收了88家加盟单位，不断健全民非组织的社会化服务机制，推出新的市场化、社会化服务项目，以满足广大社区居民多层次的服务要求。其服务包含家政、代理代办、绿化养护、物品配送、租赁、各类维修、教育培训、庆典、休闲文体娱乐、酒店票务、除害灭虫、法律咨询援助、上门开锁、理发、废品再生物回收、代驾等特种服务共100多个项目，基本实现社区服务项目全覆盖。

（二）养老资源筹集渠道多元化

2000年民政部等11个部委联合出台了《关于加快实现社会福利社会化的意见》，首次提出："到2005年，在我国基本建成以国家兴办的社会福利机构为示范、其他多种所有制形式的社会福利机构为骨干、社区福利服务为依托、居家供养为基础的社会福利服务网络。"2005年民政部出台的《关于开展养老服务社会化示范活动的通知》明确提出，支持社会办福利机构的发展，充分调动社会力量。2006年国务院办公厅转发全国老龄委等10部委《关于加快发展养老服务业的意见》，该意见提出积极支持以公建民营、民办公助等多种方式兴办养老服务业。此后，各地陆续出现了社会资本兴办养老服务机构的现象，改变了养老服务体系完全由国家负担的局面。

五、养老服务框架基本形成

在这一时期我国社会养老服务体系框架逐步形成，主要经历了三个发展阶段：

第一阶段：养老服务体系化的探索阶段（1999—2005年）

2000年8月19日中共中央、国务院出台的《关于加强老龄工作的决定》（简称《决定》）是我国历史上第一次全面总结和规划了我国老龄事业的文件，首次提出建立家庭养老为基础、社区服务为依托、社会养老为补充的养老机制。《决定》从六个方面做了详细安排，即：充分认识加强老龄工作的重大意义；老龄工作的指导思想、原则和目标；切实保障老年人的合法权益，发展老年服务业；采取有效措施，加快老龄事业发展；开展生动活泼的老年思想政治工作；加强对老龄工作的领导。2000年民政部等11个部门出台了《关于加快实现社会福利社会化的意见》，首次提出推进社会福利社会化，逐步建成以国家兴办的社会福利机构为示范、以多种所有制形式的社会福利机构为骨干、社区福利服务为依托、居家供养为基础的社会福利服务网络。2005年民政部出台的《关于开展养老服务社会化示范活动的通知》明确提出要让企事业单位、社会团体、个人等社会力量积极兴办老年福利服务事业，该文件再次明确了要积极动员社会力量参与兴办养老服务事业，指出了社会化的发展方向，并且再次强调了国家对于社会力量兴办福利机构给予与政府办的福利机构享受同等的优惠政策。

第二阶段：养老服务体系化的形成阶段（2006—2009年）

2006年经国务院批准的《关于印发〈中国老龄事业发展"十一五"规划〉的通知》，该通知提出建立健全适应家庭养老和社会养老相结合的养老服务网络。2006年国务院办公厅转发全国老龄委等10部委《关于加快发展养老服务业的意见》，该意见首次明确提出逐步建立和完善以居家养老为基础、社区服务为依托、机构养老为补充的养老服务体系。这两个文件的出台，标志着我国养老服务体系概念的形成。

第三阶段：社会养老服务体系的确定阶段（2010—2011年）

2010年3月十一届全国人大三次会议的政府工作报告提出加快建立健全养老社会服务体系①。这是官方正式提出"养老社会服务体系"的概念，标志着我国"社会养老服务体系"的基本理念和发展框架基本形成。

六、养老服务法制逐步完善

为了贯彻实施《中华人民共和国老年人权益保障法》，各地都制定了具体的实施办法。如1998年上海市出台了《上海市老年人权益保障条例》，吉林省出台了《吉林省实施〈中华人民共和国老年人权益保障法〉若干规定》，1999年云南省出台了《云南省老年人权益保障条例》，2001年安徽省出台了《安徽省实施〈中华人民共和国老年人权益保障法〉办法》。

2009年8月27日第十一届全国人大常务委员会第十次会议通过了《全国人民代表大会常务委员会关于修改部分法律的决定》（简称《决定》），出台了《中华人民共和国老年人权益保障法》（2009年修正）。

各个省市也都按照《中华人民共和国老年人权益保障法》（2009年修正）的精神，结合各自地方的实际纷纷出台了地方性的《老年人权益保障法》，使得我国老年人的基本权利得到了有效的保护，使得我国养老服务体系的发展更趋制度化和规范化②（见表3.4，表3.5）。

---

① 2010年3月5日，十一届全国人民代表大会第三次会议在人民大会堂举行开幕会，听取和审议国务院总理温家宝关于政府工作的报告，报告提出"着力保障和改善民生，促进社会和谐进步"，"加强应对人口老龄化战略研究，加快建立健全养老社会服务体系，让老年人安享晚年生活"。

②《中国老龄工作年鉴》(2010年)记载：北京市开展了老年维权"五个一"民生工程。加大对老年法律法规、政策贯彻执行情况的督促和检查。继续深入开展法律为老服务下基层、进社区活动，营造了全社会维护老年人合法权益的法制环境和尊老敬老的道德建设氛围。一年来，全市各级法律服务机构为老年人免费提供法律咨询万余次，办理涉老案件532件，为老年人提供公证咨询600余次，内容涉及赡养、继承、再婚、分家析产等各类纠纷。各涉老部门认真做好老年人的信访接待工作。市老年维权中心全年办理老年人来电、来信、来访816人次，做到了事事有回音、件件有答复，结办率100%，有效保障了老年人的合法权益。

表3.4 老年人权益保障的代表性专项法律规定(1999—2010年)

代表性法律法规	时间	主要内容
《云南省老年人权益保障条例》	1999年	第一章 总则 第二章 家庭保障 第三章 社会保障 第四章 参与社会发展 第五章 组织保障 第六章 法律责任 第七章 附则
《安徽省实施〈中华人民共和国老年人权益保障法〉办法》	2001年	共37条 2001年10月1日起施行
《云南省老年人权益保障条例》(2007修订)	2007年	第一章 总则 第二章 组织保障 第三章 家庭保障 第四章 社会保障 第五章 参与社会发展 第六章 法律责任 第七章 附则 共40条 自2007年7月1日起施行
《中华人民共和国老年人权益保障法》(2009年修正)	2009年	第一章 总则 第二章 家庭赡养与扶养 第三章 社会保障 第四章 参与社会发展 第五章 法律责任 第六章 附则 共50条
《上海市老年人权益保障条例》(2010年修正)	2010年	共六章 共40条
《河南省老年人保护条例》(2010年修正)	2010年	第一章 总则 第二章 家庭保护 第三章 社会保护 第四章 管理和监督 第五章 奖励和处罚 第六章 附则

表3.5　养老服务体系代表性政策、理念（1999—2010年）

养老政策	时间	关于养老服务体系发展的内容	发展理念
《中共中央、国务院关于加强老龄工作的决定》	2000年	提出建立家庭养老为基础、社区服务为依托、社会养老为补充的养老机制	社会化、体系化
《关于加快实现社会福利社会化的意见》	2000年	首次提出居家供养方式	社会化、体系化
《国务院关于印发中国老龄事业发展"十五"计划纲要的通知》	2001年	初步建立政府、社会、家庭和个人相结合的经济供养体系	多元化
《关于支持社会力量兴办社会福利机构的意见》	2005年	多渠道、多形式筹集资金，支持社会办福利机构的发展，充分调动社会力量	社会化
《关于开展养老服务社会化示范活动的通知》	2005年	建立老年福利服务体系	社会化、体系化
《关于加强老年人优待工作的意见》	2005年	优待老年人，积极为老年人提供各种形式的经济补贴	补缺
《中华人民共和国国民经济和社会发展第十一个五年规划纲要》	2006年	加快发展社区服务业	医养结合
《关于印发〈中国老龄事业发展"十一五"规划〉的通知》	2006年	建立健全适应家庭养老和社会养老相结合的为老服务网络	社会化、网络化
《中共中央关于构建社会主义和谐社会若干重大问题的决定》	2006年	发展老龄事业，开展多种形式的老龄服务	多元化
《关于加快发展养老服务业的意见》（国办发〔2006〕6号）	2006年	首次提出养老服务体系的概念	体系化、放开养老服务市场、市场化
《"十一五"社区服务体系发展规划》	2007年	提出完善社区老年服务体系	社会化
《关于全面推进居家养老服务工作的意见》	2008年	力争"十一五"期间，全国城市、农村社区基本建立居家养老服务网络	居家养老服务的主体地位、网络化、专业化、制度化、兼顾农村
《国务院关于开展新型农村社会养老保险试点的指导意见》	2009年	新农保试点的基本原则是"保基本、广覆盖、有弹性、可持续"	补缺
《城镇企业职工基本养老保险关系转移接续暂行办法》	2009年	保证参保人员跨省流动并在城镇就业时基本养老保险关系的顺畅转移接续	补缺
《农民工参加基本养老保险办法》	2009年	单位缴费比例为12%；农民工个人缴费比例为4%至8%，计入其本人基本养老保险个人账户	补缺

第二节　社会化养老方式的形成与发展

一、居家养老方式①快速形成

（一）居家养老的形成

1993年8月民政部等14部委联合出台了《关于加快发展社区服务业的意见》提出，在我国发展社区服务，在此基础上强调要以社区服务中心为依托，建立社区居民养老服务。这是我国官方首次提出社区居民养老的发展理念。

随着我国社会建设与社区服务的不断发展，2000年2月民政部联合11个部委联合颁布的《关于加快实现社会福利社会化的意见》提出，逐步建成以国家兴办的社会福利机构为示范、以多种所有制形式的社会福利机构为骨干、社区福利服务为依托、居家供养为基础的社会福利服务网络。这是我国官方第一次提出"居家供养"的养老方式。2005年民政部出台的《关于开展养老服务社会化示范活动的通知》明确提出建立以居家养老为基础，以社区老年福利服务为依托，以老年福利服务机构为骨干的老年福利服务体系。该文件将"居家供养"修改为"居家养老"，从此我国官方正式确立了社会养老服务体系中的居家养老形式及其基础地位。2005年，上海市洞泾镇组织志愿者对独居老人开展"结对关爱"活动，对80周岁以上老人开展"居家养老"工作，安排专人照顾60周岁以上困难家庭独居老人的起居和生活②。2007年10月16日，宁海县首家居家养老服务中心成立。2008年7月，有14个居家养老服务中心通过验收。至2008年底，全县共建成13个城市居家养老服务中心和18个农

---

① 政府推行居家养老的目的,除了解决养老问题之外,还希望解决大量的企业下岗职工再就业的问题。

② 洞泾镇志编纂委员会:《洞泾镇志》,上海:上海辞书出版社,2011年,第192页。

村居家养老服务中心①。

国家专门规划居家养老服务的发展。2008年1月全国老龄委办公室、民政部等10部门联合下发《关于全面推进居家养老服务工作的意见》，首次提出"力争'十一五'期间，全国城市社区基本建立起多种形式、广泛覆盖的居家养老服务网络"，意见从重要意义、基本任务、保障措施等方面做了具体的工作安排。由于这一时期我国养老服务业处于起步阶段，能够提供居家养老服务的主要是社区服务，所以这一时期的居家养老也被称为社区居家养老②。之后我国居家养老服务进入全面发展时期。

（二）重点人群居家养老补贴的推行

居家养老补贴制度的实行，实现了从补贴机构床位到补贴人员的转变，补贴对象更加精准和高效。各地在推行居家养老服务的过程中，对于高龄和失能等特殊困难老人实行居家养老补助办法，补贴形式主要有直接给予现金补贴或者服务券。2006年全年，上海市徐汇区招收失业、协保人员243人作为助老服务员，共向6541名老人提供包括送饭、洗衣、助医等在内的百余项居家养老服务项目，其中享受政府居家养老补贴人数③达3964人，补贴金额达371万元④。2007年《深圳市社区居家养老服务实施方案》改变了原来将资金补贴机构的办法，而是将资金直接补贴给具体的老年人，并且通过政府购买社会养老服务的方式推行。这样的改变提高了资金的使用效率，使得老年人得到了更多的实惠⑤。

①《宁海县民政志》编纂委员会编：《宁海县民政志：1986—2008》，宁波：宁波出版社，2009年，第142页。

②《关于全面推进居家养老服务工作的意见》提出，居家养老服务是指政府和社会力量依托社区，为居家的老年人提供生活照料、家政服务、康复护理和精神慰藉等方面服务的一种服务形式。

③ 2006年7月，根据上海市民政局有关政策调整居家养老服务政府补贴范围，按老人年龄段和生活自理程度及经济状况给予补贴：分为60—69岁享受低保且生活不能自理老人；70—79岁享受低保和低收入且生活不能自理老人；80—89岁享受低保和低收入且生活不能自理老人；90岁以上享受低保和低收入且生活不能自理老人。

④《徐汇年鉴》编辑部编：《徐汇年鉴.2006》，上海：汉语大词典出版社，2006年，第96页。

⑤ 江潭瑜主编：《深圳改革开放史》，北京：人民出版社，2010年，第318页。

此后，随着我国养老服务业的不断发展，特别是依托社区服务的平台和互联网技术的发展，居家养老服务的内容也不断拓展、延伸，服务越来越专业[1]。

二、社区养老网络逐步完善

我国的社区养老又称为社区养老服务，属于社区服务的范畴，主要是依托社区建设和社区服务开展的，所以这一时期的社区养老仍然是伴随着社区基础设施建设与完善和社区服务范围的拓展而发展的。我国社区养老的基础设施主要有老年活动中心、综合性老年福利服务中心和社区日间照料中心等。

（一）社区养老的政策定位

这一时期，国家出台政策指导社区服务发展，逐步确立了社区养老在养老服务体系中的依托地位。2000年中共中央、国务院出台的《关于加强老龄工作的决定》提出，建立社区服务为依托的养老机制。之后，2000年《国务院办公厅转发民政部等部门关于加快实现社会福利社会化意见的通知》提出，逐步建成以社区福利服务为依托的社会福利服务网络。2000年11月中共中央办公厅、国务院办公厅转发的《民政部关于在全国推进城市社区建设的意见》提出，要加快城市社区建设，重点发展社区服务，"社区服务主要是开展面向老年人、儿童、残疾人、社会贫困户、优抚对象的社会救助和福利服务，面向社区居民的便民利民服务"。2001年民政部出台了《"社区老年福利服务星光计划"实施方案》，该文件提出通过发行福利彩票筹集的福利金，在全国10万个社区居委会和农村乡镇新建或改扩建一批城市社区老年福利服务设施、活动场所和农村乡镇敬老院，以供老年人娱乐、健身和学习。2005年《关于开展养老服务社会化示范活动的通知》提出，建设以社区老年福利服务为依托的老年福利服务体系。2006年《中华人民共和国国民经济和社会

---

[1] 潘跃:《从补缺型逐渐向普惠型转变 辽宁建立新型养老服务体系》,《人民日报》2006年7月16日,第1版。

发展第十一个五年规划纲要》提出，加快发展社区服务业。2006年《中
国老龄事业发展"十一五"规划》提出，"十一五"期间以农村五保供
养服务机构建设为依托，加强农村乡镇敬老院、老年活动中心和综合性
老年福利服务中心建设，争取使其覆盖75%以上的乡镇。2006年国务院
办公厅转发全国老龄委等10部委《关于加快发展养老服务业的意见》
明确提出，逐步建立和完善以社区服务为依托的养老服务体系。2007年
《"十一五"社区服务体系发展规划》提出，完善社区老年服务体系，
加快社区养老服务机构和设施的建设，鼓励社会力量参与养老机构的建
设与运营。

（二）社区养老设施逐步完善

这一时期，我国各地社区养老服务网络不断完善①。北京市大兴区
的社区服务工作始于1990年，截止到1999年，全区建有社区服务中心6
个，分中心13个；社区养老设施26个，设床位1301张；社区门诊、红
十字卫生站12个，设家庭病床300余张；全区有社区服务志愿者1.09万
人②。2006年长沙在4个社区开办社区老年食堂等社区养老服务试点，
2007年扩大到35个社区，到2009年将扩展到300多个社区。长沙计划
通过3年时间，基本建立起社区养老服务体系，让全市80%老人受益③。
广州市东山区从2001年到2004年三年时间，区、街两级投入建设资金
约8000万元，建成并投入使用区、街11个社区服务中心，面积达14768
平方米，每间社区服务中心均在1000平方米以上。2003年广州市东山
区以区级福利院为龙头，带动了10条街道的托老中心建设。全区80%

① 2007年辽宁省充分发挥社区"星光老年之家"等基础设施的作用，设置了托老所、日间照料室、老年活动室、医疗康复室、图书室，开设爱心救助对讲电话，志愿者一帮一结对子，推出"老年饭桌"、老年联络卡等方便老人的措施。目前，全省共建有区、街道社区服务中心480个，社区活动广场近2000个，社区图书室1045个，日间照料室、活动室、托老所共3789个，为社区老人提供日服务量达22万人次。目前全省已经形成了由社区服务队伍、志愿者和日间照料室、托老所、街道老年公寓、区老年休养中心等构成的养老服务网络，老年人覆盖面达到90%。

② 北京市地方志编纂委员会编著：《北京志·综合卷·建置志·地名志·区县概要》，北京：北京出版社，2008年，第533页。

③ 王伟健：《社区养老体系三年覆盖全市》，《人民日报》2007年11月26日，第10版。

的街道建成了 30 张床位以上的托老中心，并以公办民营、民营公助的形式走出一条社会福利社会化的路子，全区社区养老框架基本形成①。上海松江区"星光计划"2001 年 7 月启动至 2004 年共实施了三期。第一、二期共资助老年活动室 41 家，拨款 273 万元；资助新建和改扩建薄弱敬老院 7 家，拨款 235 万元；资助社区事务受理中心和日间服务机构 3 家，拨款 35 万元；资助居家养老服务 6 家，拨款 24 万元。第三期"星光计划"于 2004 年 4 月完成，总投资 500 万元②。

社区老年活动中心已逐渐成为满足老年人多样需求的重要场所，是社区养老的重要载体③。但是在社区老年活动中心供给方面表现出缺乏吸引力、参与度低，基础设施配备滞后，活动内容单调、服务水平较低等不足。所以需要从完善硬件设施建设，规范管理；加强邻近社区的共建，实现资源共享；强化文化引导，形成自我管理模式；提升社工队伍水平，寻求社会支持等方面加快社区老年活动中心的发展④。

三、社会力量参与机构养老

（一）国家鼓励社会力量参与养老机构建设

1. 政策上国家逐步加大补贴和优惠政策，实行"民办公助"。1999 年民政部出台的《社会福利机构管理暂行办法》规定社会福利机构是为老年人等提供养护等服务的机构。依法成立的组织或具有完全民事行为能力的个人凡具备相应的条件，向社会福利机构所在地的县级以上人民政府民政部门提出举办社会福利机构的筹办申请。2000 年民政部等 11 个部委联合出台的《关于加快实现社会福利社会化的意见》首次提出推

---

① 《广州市东山区民政志(1880—2004)》，广州：广州市东山区民政局印制，2004 年，第 119—120 页。

② 《松江民政志》，上海：上海辞书出版社，2006 年，第 302—303 页。

③ 潘跃：《从补缺型逐渐向普惠型转变　辽宁建立新型养老服务体系》，《人民日报》2006 年 7 月 16 日，第 1 版。

④ 陈爱如、卫文凯：《供给与需求视阈的社区老年活动中心发展路径》，《中国老年学杂志》2017 年第 4 期。

进社会福利社会化，逐步建成"以国家兴办的社会福利机构为示范、其他多种所有制形式的社会福利机构为骨干、社区福利服务为依托、居家供养为基础的社会福利服务网络。"温州1995年进入老龄化社会，兴建养老机构逐渐成了民间投资的一个热点，截止到2003年共兴建养老机构116家①。

2005年民政部出台的《关于支持社会力量兴办社会福利机构的意见》提出"多渠道、多形式筹集资金，支持社会办福利机构的发展"，充分调动社会力量，并再次强调了"在规划、建设、税费减免、用地、用水、用电等方面，与政府办社会福利机构一样享受同等待遇"。2006年国务院办公厅转发全国老龄委等10部委《关于加快发展养老服务业的意见》明确提出，积极支持以公建民营、民办公助等多种方式兴办养老服务业，鼓励社会资金以独资、合资等方式兴办养老服务业。2007年民政部印发的《"十一五"社区服务体系发展规划》提出，鼓励社会力量参与养老机构的建设与运营。

2. 民办养老机构发展迅速但良莠不齐。截止到2005年底，我国由社会力量兴办的为老年人等服务的福利机构已经发展到1403家②，床位总数达10万余张。在国家逐步完善鼓励政策的背景下，社会力量参与机构养老的热情较高，一度成为社会上公认的"朝阳产业"，但是由于缺乏市场监管和行业监管，特别是缺乏行业国家标准，导致各地民办养老机构发展良莠不齐，有的"一床难求"，有的"门可罗雀"，甚至濒临倒闭。2008年初，合肥市老龄办开展全市民办养老机构状况调查，结果显示全市民办养老机构13家，拥有养老床位1162张，实住人数858人，从业人员315人；13家机构中经营状况良好的3家，一般和持平的2家，亏损的8家，总投资1606万多元。民办养老机构的特点是价格低廉，以收住高龄不能自理的老人为主；经营方式以依靠租房经营、小型分散贴近社区为主。其存在的问题有设备简陋，投入资金大，回收率低，经营场所不固定，护理人员素质偏低，与公办机构待遇差距大，管理机制不

---

① 陆健、郑维富：《温州兴建民办养老机构百余家》，《光明日报》2003年8月5日，第4版。

② 曹红涛：《民办养老院，怎么办》，《人民日报》2007年5月31日，第10版。

规范等。

（二）农村敬老院的发展

由于我国 2006 年"农业税"的取消和 2008 年居家养老服务的全面推进，这一时期农村敬老院的发展呈现出两个基本特点：

其一，国家保障特点。五保资金来源由依靠"三提五统"筹资转为由国家保障阶段。从 1998 年 10 月党的十五届三中全会通过的《中共中央关于农业和农村工作若干重大问题的决定》到 2002 年 1 月召开的中央农村工作会议，为了增加农民收入，中共中央基本明确了这一时期我国"三农"工作的方针——"多予少取放活"。在这一工作方针的指导下，国家从 2000 年开始了农村税费改革试点工程。在 2006 年五保条例修订之前，新的筹资方式尚未形成，导致有些地方五保供养制度受到影响。

随着税费改革的推进，国家开始补助农村敬老院的建设，农村五保供养的经费也由原来的依靠"三提五统"①，以农村集体经济为主，转变为以国家财政转移支付保障为主，集体经济、土地保障、社会帮扶为辅。2001 年民政部出台《"社区老年福利服务星光计划"实施方案》，提出从中央到地方，通过发行福利彩票筹集的福利金，用于资助城市社区的老年人福利服务设施、活动场所和农村乡镇敬老院的建设。2005 年 12 月 31 日中央发布《中共中央、国务院关于推进社会主义新农村建设的若干意见》指出，要进一步深化以农村税费改革为主要内容的农村综合改革。2006 年，在全国范围取消农业税。为了适应新的农村税费改革，2006 年 1 月国务院修改并公布了《农村五保供养工作条例》，新的条例明确了"农村五保供养资金，在地方人民政府财政预算中安排"②。五保供养新的筹资方式的确立，从村级统筹到县级统筹，标志着我国农村敬老院进入经费由国家保障的阶段。2007 年，常州市武进区奔牛镇福

---

①"三提五统"是 1958 年 6 月 3 日中国颁布《农业税条例》那时候开始的，2006 年随着农业税一起取消。

②有农村集体经营等收入的地方，可以从农村集体经营等收入中安排资金，用于补助和改善农村五保供养对象的生活。中央财政对财政困难地区的农村五保供养，在资金上给予适当补助。

利院入院五保老人3人合住1个房间，中晚用餐两菜一汤，荤素搭配，逢年过节另行加菜；生活费每人每年3800元，医药费由镇、村二级负担。此后，国家更加重视农村五保工作，2006年印发的《中国老龄事业发展"十一五"规划》，提出"十一五"期间农村五保供养服务机构要实现集中供养率50%的目标，新增供养床位220万张。

其二，服务范围扩大，拓展社会化服务。2000年中共中央、国务院发布的《关于加强老龄工作的决定》，明确指出要扩大农村敬老院的服务范围。2008年1月全国老龄委办公室、民政部等10部门联合下发《关于全面推进居家养老服务工作的意见》，该意见是我国专门指导城乡居家养老服务工作的纲领性文件，文件提出力争在"十一五"期间，80%左右的乡镇拥有综合性老年福利服务中心。2010年国务院颁布的《农村五保供养服务机构管理办法》则更进一步地明确了农村五保供养服务机构是为农村五保供养对象提供供养服务的公益性机构。该办法提出农村五保供养服务机构在满足当地农村五保供养对象集中供养需要的基础上，可以开展社会养老服务，从而明确了农村五保供养服务机构社会化的发展方向。此外，该办法还规定了"符合条件的农村五保供养服务机构，应当依法办理事业单位法人登记"。这为农村五保供养服务机构的自身良性发展提供了法律保障，也更加明确了农村五保供养服务机构的组织性质。

第三节　养老服务体系多元化筹资渠道的形成

这一时期，国家从政策上进一步扩大了社会保险、社会福利的覆盖范围。按照社会福利社会化的方向，积极探索养老资源的多元化筹措渠道。

一、老龄补贴制度初步形成

在养老服务的对象中最为弱势的为高龄和失能老人。各地在积极发展养老服务体系建设的过程中，始终把该群体作为服务重点，在这一时期各地结合实际先后出台了开展居家养老服务的意见和实施高龄补贴的办法，这标志着我国对于重点老年人群从临时性救助转向常态化的制度服务。

（一）居家养老补贴实行

居家养老补贴是我国养老服务体系均等化理念的重要体现，这一时期各地出台相关补贴办法，办法主要围绕三个方面作了规定：一是享受补贴对象的年龄；二是补贴的金额；三是补贴的形式。这一时期，相对发达地区率先实行，此后其他各地补贴范围和力度也逐步加大。

2001年上海市民政局下发《关于全面开展居家养老服务的意见》，要求以政府购买服务的方式全面推开居家养老服务，使得上海成为全国最早实行居家养老服务补贴的城市。2003年大连市沙河口区已经有了200多户居家养老院。居家养老院的老人们被分为两类：一类是经济十分困难的老人，养护员每月300元的工资全部由慈善会资助；一类是经济情况稍好的老人，慈善会每月资助分担养护员工资100元[1]。2004年4月由北京市市长办公会通过的《关于大力发展居家养老服务的意见》规定了享受居家养老服务补贴的条件[2]。

2004年12月以来，广州市东山区率先在全市试点社区居家养老服务，服务费用由政府承担。社区居家养老模式是指依托街道养老服务机构，以日间托老和上门服务为主要方式，为老人提供包括精神陪伴、生活照料、家政服务在内的多种养老服务。享受居家养老服务的对象有三类：需要照料的被救济老人、有特殊贡献的老人及百岁老人。广州市民政局准备2005年在全市推行以政府购买服务为导向的社区居家养老模

---

① 王莹、朱隽：《民权街道：居家养老好福气（"三个代表"在基层）》，《人民日报》2003年10月17日，第4版。

② 老人必须具有北京市正式户口，可享受补贴的三类老人为：60岁以上，分散居住的城镇"三无"和农村五保户、低保对象、低收入对象；80岁至89岁老年人中生活半自理或生活不能自理的老年人；90岁以上老年人。补贴经费和工作经费纳入各级财政预算管理。

式①。2005年宁波市在社区全面推广"政府购买养老服务"②。2007年北京市东城区政府购买居家养老服务试点工作在和平里、北新桥、交道口3个街道启动③。2007年兰州市城关区开始全面推行居家养老服务工作，计划投入100万元资金，在区内129个社区开展，约1000名老人可享受居家养老服务④。2007年《关于印发天津市居家养老服务政府补贴管理办法（试行）的通知》，提出依据补贴对象所需的照料程度，划分为轻度、中度和重度三个等级。A：需轻度照料的老人，每人每月补贴100元；B：需中度照料的老人，每人每月补贴150元；C：需重度照料的老人，每人每月补贴200元。补贴以居家养老服务代金券的形式由各区县民政部门按季度支付补贴对象。2008年天津市出台《关于推进居家养老服务政府补贴工作的实施意见》（简称《意见》），《意见》规定受居家养老服务政府补贴的对象为：具有本市户籍、享受城市最低生活保障待遇、特困救助和抚恤补助的优抚对象中60周岁以上需要生活照料的老年人。天津市全面推行居家养老服务政府补贴工作，2008年全市共为近11000名老年人提供了政府服务补贴，2009年将扩大到17000人，预计市区两级财政将支出补贴资金2000万元⑤。2001年，上海市嘉定区采取政府购买服务的方式，依托新成路街道、黄渡镇、江桥镇、华亭镇、安亭镇、南翔镇等敬老院开展居家养老服务，全年共有1165人次老人享受居家养老服务补贴12.3万元，人均105元⑥。

---

① 壮锦：《广州 居家养老 政府埋单》，《人民日报》2005年3月23日，第10版。

② 这一新型养老模式的内容是，凡是辖区内高龄、独居的困难老人，都可享受到由政府出资购买的上门服务，由社区落实家庭服务员，服务标准为每人每年2000元，即每天服务1小时，每小时5.5元，所需资金列入政府年度财政预算。参见何伟：《宁波："居家养老"政府埋单》，《人民日报》2005年4月4日，第10版。

③ 这3个街道的四类特殊老人将享受5大类16项居家养老补贴服务，补贴标准从50元至250元不等。四类老人主要指享受最低生活保障待遇的独居老人，城市"三无"或享受最低生活保障待遇人员中生活半自理老人和不能自理的老人，百岁老人。参见王皓、董蕾：《东城四类老人享居家养老补贴》，《北京日报》2007年8月14日，第7版。

④ 彭波：《兰州城关区财政购买服务推行居家养老》，《人民日报》2007年4月24日，第10版。

⑤ 朱虹：《天津补贴2000万元推行居家养老》，《人民日报》2009年7月7日，第12版。

⑥ 《嘉定年鉴》编纂委员会编：《嘉定年鉴.2002》，上海：汉语大词典出版社，2002年，第191页。

（二）高龄补贴

2001 年国务院颁布的《中国老龄事业发展"十五"计划纲要》提出保障高龄老人等特殊群体的基本生活和合法权益。2005 年全国老龄工委等 21 个部门出台的《关于加强老年人优待工作的意见》提出"有条件的地方，可对百岁或高龄老年人发放生活补贴"。

随着社会经济的发展，人口的快速老龄化和高龄化，许多城市都逐步建立了高龄老人津贴制度，向老年人按年或者按月发放生活津贴。按照《杭州市人民政府关于印发杭州市优待老年人规定的通知》精神，杭州市自 2006 年 9 月起，分别向 90—99 周岁和 100 周岁及以上老年人每人每月发放 100 和 300 元长寿保健补贴，该举措受到老年人的普遍欢迎。为了在全社会营造"敬老、爱老、助老"的良好风气，体现党和政府对老年人的关爱，优待百岁以上老年人，贵州省从 2006 年起，由省级财政拨出专款向全省百岁以上的老年人发放高龄补贴，标准为每人每年500 元[①]。2007 年江宁区禄口街道将长寿补贴发放范围在全区率先扩大至 70—79 周岁老年人，每月发放 15 元，同时把 80 周岁至 89 周岁的长寿补贴调至 30 元。在年底，全禄口街道共有 70 周岁—79 周岁老人 3753人，80 周岁至 89 周岁 1301 人，年满 90 岁及以上老人 79 人，全年共发放长寿补贴 119.13 万元[②]。1999 年，徐州市政府根据《中华人民共和国老年人权益保障法》的有关规定，下发《市政府关于认真做好老年人社会优待和服务工作的通知》。根据通知精神，市老龄委于 10 月 1 日起在全市范围内为 60 周岁及以上的老人办理"徐州市老年人优待证"，为 70 周岁以上的老人办理"徐州市敬老证"和"高龄老人乘车证"。2007 年，全市普遍实行 100 岁以上老人每月发放 100 元长寿补贴金制度，泉山区、贾汪区建立向 90 岁老人发放长寿生活补贴制度，泉山区将百岁老人的

①　干江东：《我省今年起向百岁以上老人发放高龄补贴》，《贵州日报》2006 年 6 月 6 日，第 1 版。

②　《江宁区禄口街道志》编纂委员会：《禄口街道志》，南京：江苏人民出版社，2010 年，第1072 页。

长寿补贴金提高到每月 200 元①。2007 年新疆维吾尔自治区昌吉回族自治州各县市都能保证 90 岁以上 100 岁以下老人每月 50 元、100 岁以上老人每月 100 元的高龄生活补贴按时足额发放，老年人的优待规定得到了落实②。2009 年四川省各地制定了老年人优待政策，各级人民政府实行百岁及百岁以上老人人均每月不低于 100 元长寿补贴金，全省享受高龄补贴的老人超过 10 万人③。2007 年起，上海市洞泾镇对 90 岁以上老人补助实物价值不低于 200 元/次，百岁老人不低于 600 元/次。同时对 90 岁以上及百岁老人推行高龄老人营养费发放制度，对 90 岁以上老人每人每月发放 100 元，百岁老人每人每月发放 300 元④。

为了健全我国社会福利制度，完善养老服务体系，2009 年 9 月 19 日民政部在宁夏银川专门召开了沿海地区高龄津贴工作座谈会，会上明确提出了高龄补贴发放制度的三个标准，即全省统一发文、80 岁以上、按月发放。2010 年 6 月各省市陆续出台了一些高龄津（补）贴政策。这些政策的制定层级多样，补贴标准有别，既有经济发达地区，也有欠发达地区。2010 年 6 月《民政部关于建立高龄津贴制度先行地区的通报》显示，省级层面建立 80 岁以上高龄津贴制度的有北京等 7 个省（区、市），其中按月发放的有 6 个。《2010 年社会服务发展统计公报》显示，2010 年继续推动建立高龄老人补贴制度，高龄补贴制度在 7 个省份全面建立。随着这一时期老年人优待办法的实行，各地纷纷推出地方具体优待条例，老年人养老待遇整体上有了一定提升。

① 徐州市民政局编：《徐州民政志.1989~2009》，北京：方志出版社，2010 年，第 189—190 页。
② 顾彬：《去年全州发放高龄补贴43.7万元 769位90岁以上老人受益》，《昌吉日报》2007年5月24日，第1版。
③ 渠崎、郝勇：《我省10万老人享高龄补贴 百岁老寿星3931人》，《四川日报》2009年10月27日，第A03版。
④ 洞泾镇志编纂委员会：《洞泾镇志》，上海：上海辞书出版社，2011年，第192页。

二、社会保障制度日趋完善

(一)新型农村社会养老保险制度试行

2009年9月国务院出台了《关于开展新型农村社会养老保险试点的指导意见》(简称"新农保"),意见提出从2009年开始试点探索建立个人缴费、集体补助、政府补贴相结合的新农保制度。新农保与老农保最大的区别在于筹资方式转变为"统账结合"的方式,从而保证了新政策的可持续性。但是新农保的筹资水平较低,保障水平属于"保基本",所以对于农民的养老保障的补助效果有限。老年农民的养老资源获取渠道仍然是子女和自我供给,社会保障的保障水平不高①。

根据人力资源和社会保障部公布的《2010年全国社会保险情况》,截止到2010年底,新农保试点参保人数达到1.03亿人,其中60岁以下参保人数7414万人。全国27个省、自治区的838个县和4个直辖市部分区县纳入试点,总覆盖面约为24%,参保率超过70%,还有15个省的316个县自行开展了试点②。据人力资源和社会保障部统计数据显示,截止到2012年,我国基本实现新农保制度的全覆盖。截至2013年底,新农保、城居保共参保人数已达4.98亿人,两项养老保险制度的覆盖率均达95%,其中领取待遇人数达1.38亿人,加上职工养老保险,合计覆盖了8.2亿人。2009年实行的新农保和2011年实行的城居保的筹资模式在强调个人负有缴费义务的同时,也要求各级政府主动承担财政补助责任,该模式解决了农民、灵活就业人员及低收入群体的社会统筹资金缺位问题。截至2012年,中央财政基础养老金已投入1100亿元,地方财政投入缴费补贴300多亿元③。

---

① 参照笔者科研项目《养老产业发展模式研究》(2011sk057)的数据。

② 截至2010年底,试点基金收入453亿元,基金支出200亿元。年末基金累计结存423亿元,其中个人账户累计积累387亿元。全国共有4243万农民领取了新农保养老金,其中国家试点地区待遇领取人数为2863万人。

③ 白天亮:《全国所有县级行政区已全部开展新农保和城居保工作,到今年9月底,两项制度参保人数达到4.49亿人——让城乡居民"老有所养"》,《人民日报》2012年10月12日,第1版。

（二）企业职工保险覆盖范围扩大和社会化服务水平提高

1. 职工养老保险覆盖范围扩大

这一时期，国家要求大力拓展社会保险覆盖范围，到1999年上半年基本实现企业职工社会保险的全覆盖。1999年，国务院发布《社会保险费征缴暂行条例》和《失业保险条例》，条例规定城镇各行业①人员都必须参加社会保险。

为了方便农民工群体参加职工养老保险制度，2009年12月国家出台了《城镇企业职工基本养老保险关系转移接续暂行办法》，该办法实现了农民工养老保险异地参保转移接续，从而满足了农民工流动性参保的需求，扩大了养老保险的覆盖范围。2010年《中华人民共和国社会保险法》出台，明确了无雇工的个体工商户、未在用人单位参加基本养老保险的非全日制从业人员以及其他灵活就业人员可以参加基本养老保险，由个人缴纳基本养老保险费。从此城镇职工养老保险对象从公有制企业职工扩大到所有企业职工，这也拓展了我国养老服务体系的资金来源范围。

2. 管理社会化改革

为了提高社会保险的社会化管理水平，按照1999年《社会保险费征缴暂行条例》要求，将社会保险费由社保经办机构统一征收改为由各省份自主确定征收机构，部分地区改由地方税务系统代为征缴。2002年各个街道和社区劳动保障平台建设取得很大的进展，社会保障的具体业务也逐步延伸到了社区，离退休人员及下岗失业人员基本上实现了社会化管理。2003年8月中共中央办公厅、国务院办公厅转发劳动和社会保障部等部门《关于积极推进企业退休人员社会化管理服务工作的意见》（简称《意见》），《意见》提出企业退休人员社会化管理服务是职工办理退休手续后，由社区服务组织提供相应的管理服务，这是我国企业养老保险制度社会化改革的重要举措，也是实现"单位人"向"社会人"

---

① 机关和事业单位职工，也包含集体企业、股份制、股份合作制企业、私营企业以及外商、港、澳、台商投资企业的全部职工。

转变的重要的改革措施。截至2014年6月，甘肃省企业离退休人员达到1081684人，据不完全统计，已实现社区管理833686人，社区化管理率达77%，社区管理服务率与全国平均水平75%基本持平。

（三）城乡最低生活保障制度的建立与完善

为了进一步保障城市困难群体的生活，1999年9月国务院出台了《城市居民最低生活保障条例》，规定以家庭为单位低于当地最低生活标准的城市居民，可以享受低保待遇。为了保障农村困难居民的生活，2005年12月31日出台的《中共中央关于制定国民经济和社会发展第十一个五年规划的建议》提出有条件的地方，要积极探索建立农村最低生活保障制度。初步估计，享受低保群体中有50%以上是老年人，所以对于生活水平不高的农民和城市低收入群体来说，低保资金也是我国养老服务体系的一项重要的"补缺政策"的资金来源。

2007年国务院出台《关于在全国建立农村最低生活保障制度的通知》决定，在农村地区为"因病残、年老体弱、丧失劳动能力以及生存条件恶劣等原因造成生活常年困难的农村居民"建立最低生活保障制度。为了解决农村低保执行过程中的问题，2010年民政部出台了《关于进一步规范农村最低生活保障工作的指导意见》对农村低保制度进行了完善。这两项"兜底"性社会救助政策在我国全面推开，对于维护社会稳定、保障低收入老年人的生活发挥了重要的作用[①]。

三、政府加大财政投入力度

从2010年开始，国家加大财政投入，实行社会养老服务体系建设试

[①]《2010年社会服务发展统计公报》显示，2010年底，全国有2528.7万户、5214.0万人得到了农村低保。全年共发放农村低保资金445.0亿元，其中中央补助资金269.0亿元，占总支出的60.4%。2010年全国农村低保平均标准为117.0元/人·月。全国农村低保月人均补助水平74元。

点工作，并希望进一步明确我国养老服务体系建设的目标与途径①。据民政部发布的发展统计报告，我国社会服务事业费支出从1999年的346.4亿元增长到2010年2697.5亿元，这一时期增加了近7倍。其中2010年社会服务事业费占国家财政支出比重由1999年的1.5%上升到3.0%（见表3.6，图3.1，图3.2）。

表3.6　我国社会服务事业费支出与增长情况（1999—2010年）

指标＼年份	1999	2000	2001	2002	2003	2004	2005	2006	2007	2008	2009	2010
支出（亿元）	346.4	383.8	426.2	392.2	498.9	577.4	718.4	915.4	1215.5	2146.5	2181.9	2697.5
年增长率%	9.30	10.80	11	37.6	27.2	15.7	24.4	27.4	32.8	76.6	1.6	23.6

资料来源：根据1999—2010年社会服务发展统计公报整理绘制。

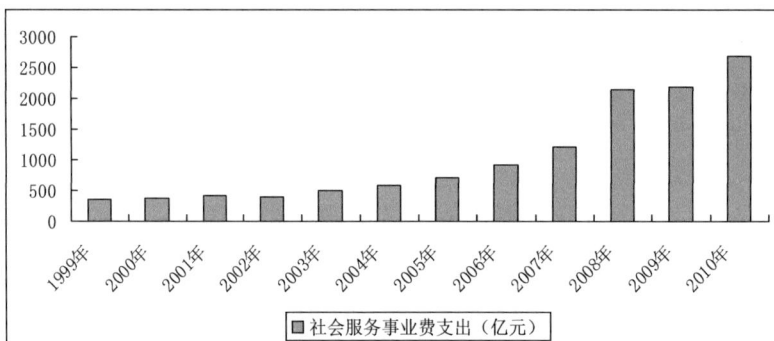

资料来源：根据1999—2010年社会服务发展统计公报整理绘制。

图3.1　我国社会服务事业费支出情况（1999—2010年）

① 《2010年社会服务发展统计公报》显示，为了落实中央关于优先发展社会养老服务的要求，民政部组织召开了全国社会养老服务体系建设推进会，研究部署了今后一个时期加快社会养老服务体系建设的目标、任务和保障措施。会议决定继续推进基本养老服务体系建设试点工作，试点范围从5个省份扩大到12个省份，2010年中央下达试点资金3亿元，支持建设126个试点项目。

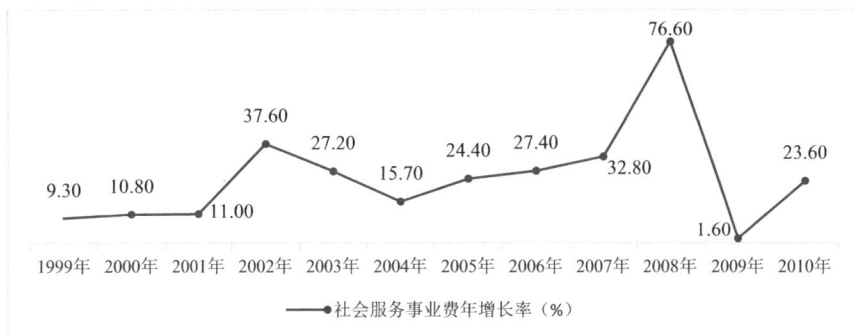

资料来源：根据1999—2010年社会服务发展统计公报整理绘制。

图3.2 我国社会服务事业费增长情况（1999—2010年）

四、政府鼓励社会力量参与

2000年2月，民政部等11个部委联合出台《关于加快实现社会福利社会化的意见》，该意见提出推进社会福利社会化，采取国家、集体和个人等多渠道投资方式，从而实现投资主体多元化。2005年民政部出台的《关于支持社会力量兴办社会福利机构的意见》，提出多渠道、多形式筹集资金，支持社会办福利机构的发展，确定了利用彩票公益金、慈善资金和社会捐赠资金等方式。在国家的鼓励下养老社会服务组织逐步参与养老服务体系的建设。2000年以来，辽宁省民政部门积极发挥民间养老社会组织的桥梁纽带作用，引导企业和社会团体参与养老服务领域，涌现出养老服务超市、老年综合服务中心等养老社会平台①。2003—2005年浙江宁海县养老设施改善资金趋向多元化。社会福利设施的兴建除政府投资外，还出现一些其他资金渠道，主要有福利彩票募集的福利资金、社会捐赠和村集体资金等。如在投资1200万元的老年公寓资金来源中，福利彩票公益金资助达600多万元，各福利企业捐资达320余万元②。

① 潘跃：《从补缺型逐渐向普惠型转变 辽宁建立新型养老服务体系》，《人民日报》2006年7月16日，第1版。

②《宁海县民政志》编纂委员会编：《宁海县民政志：1986~2008》，宁波：宁波出版社，2009年，第141页。

但是，限于当时社会管理体制，对于社会组织参与养老机构的发展，国家还未完全放开，所以这一时期向社会筹集的资金是有限的[1]。

第四节　养老内容与养老要素的发展

一、养老内容从"五有"到"六有"

1996年8月通过的《中华人民共和国老年人权益保障法》，明确提出我国养老目标为"五有"，即老有所养、老有所医、老有所为、老有所学、老有所乐。2000年《中共中央、国务院关于加强老龄工作的决定》提出我国老年事业发展的"六有"目标，即"基本实现老有所养、老有所医、老有所教、老有所学、老有所为、老有所乐"。为开展老有所教，2002年上海市杨浦区江浦街道与民进进修学院联手，建立杨浦区第一个老年人电脑教学基地，退休教师承担300位老人课外辅导任务；投入10万元调拨辽源四村200平方米商业用房，改建和配置电化设施，建立江浦老年大学，另建11所居委会分校和18个空中老年大学收视点。老年大学累计开班近500个，学员20000余人次。从2002年开始，上海市松江区中山街道所有社区每年都要进行老年人法律知识和保健知识讲座，80%以上老年人受到教育[2]。

2006年出台的《中国老龄事业发展"十一五"规划》提出要大力发展老年教育，到2010年老年大学和老年学校在现有基础上增加1万所。2008年10月7日是我国的重阳节，《人民日报》评论员发表文章《发展老龄事业、构建和谐社会》，文章从构建和谐社会的角度提出了新时期老年工作的"六有"方针。即要实现"老有所养、老有所医、老有所教、老有所学、老有所为、老有所乐"，也要"在我国实现社会主义现代化的过程中，构建'不分年龄、人人共享'的和谐社会"[3]。

---

① 朱常柏：《改革开放以来我国城市社会救助事业的恢复和发展》，《党史研究与教学》2012年第6期。

② 《中山街道志》（松江区），上海：上海辞书出版社，2011年，428页。

③ 本报评论员：《发展老龄事业　构建和谐社会》，《人民日报》2008年10月7日，第7版。

二、法律保障老年人社会参与权利

2000年的《中共中央关于制定国民经济和社会发展第十个五年计划的建议》提出"重视人口老龄化趋势，努力解决老龄人口社会保障和精神文化生活问题"，强调了老年人的社会参与权利与需要。

2009年8月27日第十一届全国人民代表大会常务委员会第十次会议通过了《关于修改部分法律的决定》，出台了《中华人民共和国老年人权益保障法（2009年修正）》。此后，各地积极组建各级各类老年人社会参与的组织，为老年人参与社会搭建平台。至2009年，江苏省建立省、县（市、区）以及乡镇行政村老年人协会2万个，入会人数达325.6万人，其他老年社团组织0.7万个，参加人数93.1万人。其中科技工作者协会有会员1.84万人，中高级职称占60%。全省1115个老区乡镇有998个乡镇建立老区开发促进会或分会，占老区乡镇的89.5%[1]。

三、国家开展养老专业人才的培养

这一时期，养老服务内容逐步增加了护理服务。1999年《社会福利机构管理暂行办法》，提出社会福利机构是为老年人等提供养护等服务的机构。然而，我国养老服务专业人才的培养相对滞后。上海市率先开展培养专业养老护理人员。2000年以来，松江区民政局每年对养老机构的管理人员、护理人员、医务人员，分别进行为期一周的培训，使他们掌握了基本护理程序、护理要求，提高为老人服务的意识，对培训人员颁发了《护理员执业证书》。全区已做到持证上岗，规范服务[2]。2003年，上海市卢湾区民政局与日本社会福祉法人旭川庄联合举办居家养老护理员培训班，首批40名养老机构护理员经考试合格后，领取由中日双方具名颁发的结业证书[3]。2009年北京市东城区安排居家养老服务专

---

① 《中国老龄工作年鉴》，北京：华龄出版社，2010年，第263页。

② 松江民政局编：《松江民政志》，上海：上海辞书出版社，2006年，第302页。

③ 上海市卢湾区档案局(馆)、上海市卢湾区地方志办公室编：《卢湾年鉴.2004》，上海：汉语大词典出版社，2004年，第224页。

项经费121万元,确保政府购买养老服务和居家养老服务人员综合培训工作的开展。2002年4月,北京首批60名"养老护理员"在北京市养老服务职业技能培训中心,接受了为期一个多月的正规培训[1]。

2007年国家出台《养老护理员国家职业标准》和《养老护理员国家职业技能鉴定申报条件》,从此,我国有了专业的养老人才职业资格认证标准。标准明确了养老护理员的定义[2]和职业等级[3]。目前我国取得养老护理员职业资格证书的人员仅有5万人,预计到2020年需要1000万人[4]。缩小二者差距是我国养老服务体系发展中的重点和难点。

小　结

1999年我国进入老龄化社会阶段。为了应对人口老龄化带来的压力,我国养老服务体系进入快速发展时期。这一时期,我国社会养老服务体系的框架基本形成,社会化发展理念基本确立,居家养老、民办机构养老、社区网络化养老等养老形式快速发展,特别是社会力量开始参与养老服务的发展。这一阶段的发展主要呈现出以下三个特点:其一,国家开始主动发展和规划我国养老服务体系。"十五""十一五"期间我国都出台了发展养老服务的整体规划,这一期间国家还出台了相关执行政策上百项。其二,养老服务体系的总体框架基本形成。这一时期我国从理论到实践,基本实现了从"养老服务"到"养老服务体系"再到"社会养老服务体系"初级阶段的发展跨越,养老服务体系的相关要素基本补齐。其三,社会化、市场化的发展理念基本确立。我国养老服务体系的发展理念已从国家统包逐渐转向社会化、市场化,社会力量开始参与我国养老服务体系的建设。

---

[1] 李英:《北京:养老护理员成为新技术工种》,《工人日报》2002年4月12日,第8版。
[2] 即是对老年人生活进行照料、护理的服务人员。
[3] 养老护理员职业等级共分为四个:初级(国家职业资格五级)、中级(国家职业资格四级)、高级(国家职业资格三级)、技师(国家职业资格二级)。
[4] 据人力资源和社会保障部统计显示,截止到2015年全国取得养老护理员职业资格证书的人员仅有5万人,预计到2020年,我国失能老人将达到4600万,需要养老护理员的数量达1000万人。

第四章　全面建设小康社会时期：
"适度普惠型"养老服务体系(2011—2016年)

在全面建设小康社会时期，我国创新性地发展了"适度普惠型"养老服务体系。在"共享"理念指引下，社会养老服务体系逐步实现了从传统"补缺型"向"适度普惠型"，从临时性、不确定性养老救助向常态化、制度化福利保障，从"二元分割"向"均等型"社会福利的转型。

在创新社会治理体制的背景下，我国继续坚持社会化和市场化的养老服务体系发展理念；坚持"政社分开""政事分开"和"社企分开"的原则，积极培育和鼓励社会组织参与养老服务；发挥市场机制作用，通过政府购买社会服务的方式转变政府职能；推动公立养老机构转制为企业或开展"公建民营"改革；鼓励民间资本参与养老服务业的发展；实施了一系列养老服务的创新举措：如推行医养结合、智慧养老新理念，推动养老服务人才专业化培养，开展长期护理保险制度试点，拓展高龄、失能老人补贴范围等。

第一节　"适度普惠型"养老服务体系的发展理念

一、适度普惠、共享理念的提出

（一）适度普惠和共享理念

2011年我国老龄事业"十二五"规划明确提出，要发展"适度普惠型"的老年社会福利事业。2015年10月十八届五中全会提出"共享"[①]发展理念,该理念包含了"坚持发展为了人民、发展依靠人民、发展成果由人民共享,使全体人民在共建共享发展中有更多获得感"的思想,要建成一个可感知、可享受、可念可及的全面小康社会。"共享"顾名思义是对于所有老年人的养老需求都应"均等的"满足,所以"共享型"又被称为"均等型"和"普惠型"。这种可感知的养老服务已经逐步从重点老年人群逐步延伸到所有老年群体(见图4.1)。2014年财政部、民政部和全国老龄办联合出台了《关于建立健全经济困难的高龄失能等老年人补贴制度的通知》,该制度提出要加大公共财政支持力度,切实解决经济困难的高龄、失能等老年人的后顾之忧,推动基本养老服务实现均等化。

2014年国务院出台《社会救助暂行办法》,规定国家对特困人员供养,主要指的是城市中的"三无"人员。2012年4月我国最为发达的省份之一广东省出台的《印发深入推进基本公共服务均等化综合改革工作方案(2012—2014年)的通知》提出"加快基本公共服务均等化步伐,在城乡之间、县区之间、不同群体之间基本公共服务制度统一、水平均衡等方面取得明显进展和成效。"这一时期,"均等型"和"普惠型"公共养老服务理念开始形成(见表4.2)。

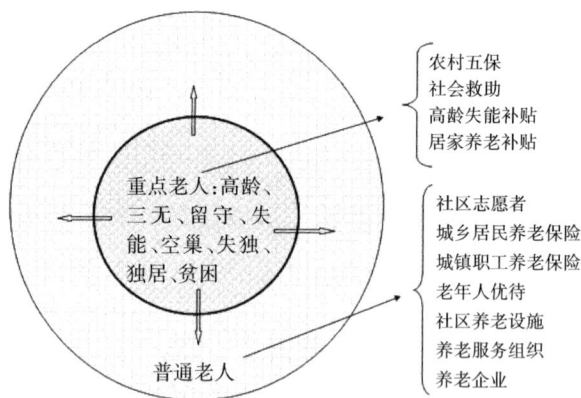

图4.1 我国老年人可感知的养老服务体系

① 2015年10月十八届五中全会提出"共享是中国特色社会主义的本质要求,要作出更有效的制度安排,使全体人民在共建共享发展中有更多获得感"。

（二）通过政府购买社会服务实现均等化

公共财政的基本目标是实现公共服务均等化，即政府要为社会公众提供基本的、在不同阶段具有不同标准的、大致均等的公共物品和公共服务。这一时期，政府通过购买社会养老服务，从而转变政府职能，让社会组织多元参与养老服务，在公平高效的环境中开展养老服务供养，有利于实现公共服务均等化。2005年10月十六届五中全会通过的《中共中央关于制定国民经济和社会发展第十一个五年规划的建议》首次提出，"按照公共服务均等化原则，加大国家对欠发达地区的支持力度。"2007年10月十七大报告提出"缩小区域发展差距，必须注重实现基本公共服务均等化"。在构建和谐社会时期已经形成了均等化的公共服务理念。

政府通过购买社会服务的方式逐步实现公共服务均等化的目标。2012年《民政部、财政部关于政府购买社会工作服务的指导意见》提出实施老年人社会照顾计划，为老年人提供生活照料、精神慰藉、社会参与、代际沟通等服务，构建系统化、人性化、专业化的养老服务机制。2013年国务院办公厅出台了《关于政府向社会力量购买服务的指导意见》，提出政府向社会力量购买服务对于推动政府职能转变，增强公众参与意识，激发经济社会活力，增加公共服务供给，提高公共服务水平和效率，都具有重要意义。2014年财政部、发展改革委、民政部、全国老龄办等出台的《关于做好政府购买养老服务工作的通知》提出通过政府购买服务方式提供方便可及、价格合理的养老服务。

二、医养结合、智慧养老新理念

这一时期我国养老服务体系的发展理念方面有两大亮点：医养结合与智慧养老。分别从养老内容和养老技术方面对养老服务体系发展理念进行了完善。

（一）养老与医疗融合：医养结合理念

从老年群体的养老需求出发，这一时期，我国养老服务体系增加了医养结合的发展新理念。2015年卫计委、民政部等9个部委联合出台《关于推进医疗卫生与养老服务相结合指导意见的通知》，提出建成一批兼具医疗卫生和养老服务资质和能力的医疗卫生机构或养老机构，为居家养老老人提供医疗服务。2015年民政部等10个部委联合出台《关于鼓励民间资本参与养老服务业发展的实施意见》，提出推进医养融合发展，扶持和发展护理型养老机构建设，对民间资本投资举办的护理型养老机构，在财政补贴等政策上要予以倾斜。在现有社会化养老服务方式中嵌入医疗服务，从而满足患病老人的医疗需求（见图4.2）。

图4.2　医养结合理念示意图[1]

（二）养老与信息融合：智慧养老理念

随着互联网与养老服务结合，实现了"智慧养老"[2]，有利于整合社会养老资源，形成养老资源信息网，可以提高养老资源的利用效率，提升养老资源使用的便捷度。

2014年《民政部办公厅关于开展国家智能养老物联网应用示范工程的通知》提出应用物联网技术，在养老机构开展老人定位求助、老人跌倒自动监测、老人卧床监测、痴呆老人防走失、老人行为智能分析、自助体检、运动计量评估、视频智能联动等服务。2015年《国务院关于积

---

[1]《日本医养结合实现专业化养老服务》，2016年5月10日，http://www.zwzyzx.com/show-343-200650-1.html，2016年12月7日。

[2] 智慧养老是面向居家老人、社区及养老机构的传感网系统与信息平台，并在此基础上提供实时、快捷、高效、低成本的，物联化、互联化、智能化的养老服务新形式。

极推进"互联网+"行动的指导意见》，提出促进智慧健康养老产业发展，以社区为基础，搭建养老信息服务网络平台，提供护理看护、健康管理、康复照料等居家养老服务（见图4.3）。

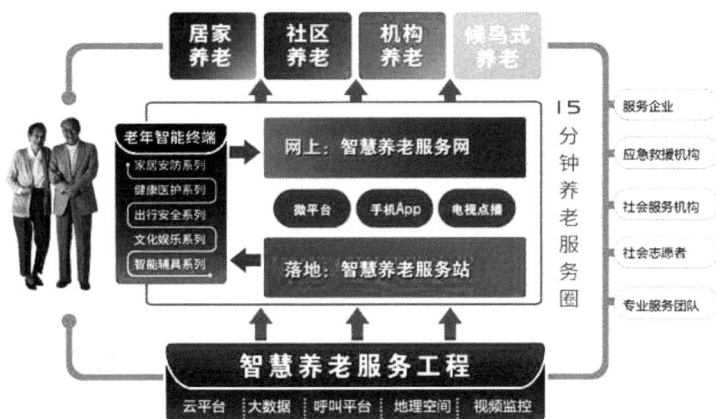

图4.3　智慧养老服务示意图[①]

三、构建多层次的养老服务体系

（一）社会结构的层次性决定养老服务体系的层次性

2016年第十二届全国人民代表大会第四次会议通过的《中华人民共和国国民经济和社会发展第十三个五年规划纲要》，提出建立以居家为基础、社区为依托、机构为补充的多层次养老服务体系。

养老服务体系的层次性发展理念是由我国经济结构和老年人口结构决定的[②]。2010年我国成为世界第二大经济体，但是根据世界银行公布的数据，我国人均 GDP 在世界上仍然排在 100 位左右[③]。然而北上广深等地区的人均 GDP 已经进入中等发达国家水平，北京人均 1.73 万美元，

---

①《智慧养老服务工程》,2015 年 9 月 29 日,http://www.goldweb.cn/News/Show.aspx?t=1&tt=&tf=2057&ts=2116&id=&page=1,2016 年 3 月 6 日。

② 张晓山、李周主编:《新中国农村 60 年的发展与变迁》,北京:人民出版社,2009 年,第 263—266 页。

③ 中国统计公报显示,2015 中国人均 GDP 为 5.2 万元,约合 8016 美元,与美国、日本、德国、英国等发达国家 3.7 万美元以上的水平仍有很大差距。

上海人均1.7万美元，广州1.84万美元，深圳2.7万美元。《中华人民共和国2011年国民经济和社会发展统计公报》显示，2011年我国人口城市化率达到51.3%，宣告我国由农业社会已初步转变为城市社会。然而截至2014年底，全国60岁及以上老年人口2.12亿人，占总人口的15.5%，其中六成以上在农村，其中农村留守老人约有5000万；失能老年人口数达到3700多万，高龄老人2400多万；慢性病老年人突破1亿人；空巢老年人口突破1亿人；失独家庭100多万个（已经进入老年期），且每年以约7.6万个的数量持续增加；贫困和低收入老年人约有2300万人。我国发展的客观实际和社会结构的层次性，即有不同层次人群、区域、职业、居住方式、经济收入、阶层等决定了必须要发展多层次养老服务体系与之匹配。

（二）确立养老方式地位差异，实现多层次发展

居家养老基础地位、社区养老依托地位和机构养老补充地位的确立。2006年国务院办公厅转发全国老龄委等10部委《关于加快发展养老服务业的意见》，提出逐步建立和完善以居家养老为基础、社区服务为依托、机构养老为补充的养老服务体系，明确了机构养老的补充地位。2011年出台的《国务院办公厅关于印发社会养老服务体系建设规划（2011—2015年）的通知》，提出应以居家为基础、社区为依托、机构为支撑发展社会养老服务体系。明确了机构养老的支撑地位。2016年第十二届全国人民代表大会第四次会议通过的《中华人民共和国国民经济和社会发展第十三个五年规划纲要》，提出建立以居家为基础、社区为依托、机构为补充的多层次养老服务体系。明确了机构养老的补充地位，并且强调了多层次性。2016年出台的《民政事业发展第十三个五年规划》，提出发展以居家为基础、社区为依托、机构为补充、医养相结合的多层次养老服务体系。

从2006年到2016年的10年间，我国机构养老的地位从"补充"到"支撑"再到"补充"的变化，一方面反映了我国发展养老服务体系的探索过程；另一方面反映了我国养老方式确立了以居家为基础、社区为

依托的基本方向。经过10余年的探索,我国明确了通过发展多层次的养老机构来调节我国养老服务的层次性,通过办好居家养老来满足90%以上老年人的基本养老服务需求,也明确了社区养老服务应为居家养老提供依托和平台。

四、养老服务体系进入规划时代

2011年下半年我国连续出台了三个养老服务体系方面的规划[①],特别是历史上第一次印发了专门的养老服务体系建设规划,标志着我国养老服务体系建设进入规划时代。该项专门规划从规划背景、内涵和定位、指导思想和基本原则、目标和任务、保障措施五个方面进行了养老服务体系发展安排,从而使我国养老服务体系的发展进入了专业化的发展道路。各个地方也都结合各自实际,纷纷出台省级、市级和县级养老服务体系发展规划[②]。整个"十二五"和"十三五"的第一年,出台了国家级的指导我国养老服务体系发展的政策文件有40余个。

五、养老服务体系法制化的推进

这一时期主要是落实与完善新修订的《中华人民共和国老年人权益

---

① 2011年9月17日国务院出台了《国务院关于印发中国老龄事业发展"十二五"规划的通知》;2011年12月16日国务院办公厅出台了《国务院办公厅关于印发社会养老服务体系建设规划(2011—2015年)的通知》;2011年12月20日国务院办公厅出台了《国务院办公厅关于印发社区服务体系建设规划(2011—2015年)的通知》。

② 据各级政府网站整理,部分养老服务体系规划:《上海市社会养老服务体系建设规划(2011—2015)》《湖北省社会养老服务体系建设"十二五"规划》《安徽省社会养老服务体系建设规划(2011—2015年)》《安徽省人民政府关于加快推进养老服务体系建设的决定》《江苏省"十二五"政府关于加快构建社会养老服务体系的实施意见》《山东省社会养老服务体系建设规划(2011—2015年)》《山西省社会养老服务体系建设"十二五"规划》《河南省社会养老服务体系建设规划(2011—2015年)》《河北省养老服务业发展"十二五"规划》《关于印发甘肃省"十二五"社会养老服务体系建设规划的通知》《四川省"十二五"社会养老服务体系建设规划》《关于印发浙江省社会养老服务体系建设"十二五"规划的通知》《江苏省"十二五"政府关于加快发展养老服务业完善养老服务体系的实施意见》《北京市"十二五"时期老龄事业发展规划》《苏州市发展养老服务体系的实施意见》《杭州市社会养老服务体系"十二五"规划》《延安市"十二五"社会养老服务体系建设专项规划》《巴中市"十二五"社会养老服务体系建设规划》《安乡县社会养老服务体系建设"十二五"规划》《关于印发合江县社会养老服务体系建设"十二五"规划的通知》《甘肃省平凉市崇信县"十二五"社会养老服务体系建设规划》。

保障法》，进一步提高我国养老服务体系的法制化水平（见表4.1）。

2012年12月28日的中华人民共和国第十一届全国人民代表大会常务委员会第三十次会议通过了修订后的《中华人民共和国老年人权益保障法》，并规定了自2013年7月1日起施行。本次修订的显著特点是从五十条增加为八十五条，从六章内容增加为九章，增加了三章内容即是第四章 社会服务、第五章 社会优待、第六章 宜居环境。本次修订主要表现在九个方面：一是扩大了老年的基本权利，明确了老年人享有国家和社会提供的社会服务与社会优待；二是强调了应对人口老龄化是我国的一项长期战略任务，应该从国家层面关注和解决老龄化带来的一系列问题；三是对于老年的社会优待、社会养老服务体系等作出了原则性的规定；四是对于老龄事业的经费保障作了说明，将老龄事业经费列入财政预算，鼓励社会性投入；五是强调了要加强老龄工作宣传，营造全社会关爱老人的良好氛围；六是增设国家支持老龄科研，对于老年人状况统计调查和发布作了制度性规定；七是增加了每年农历九月初九为老年节[1]，强调了全社会对于老年人的关心与尊重；八是设立了对于老年人参与社会的价值肯定，从而鼓励老年人更加积极地参与社会，为社会发展作出力所能及的贡献；九是本次新法中的亮点，对于老年的精神慰藉作出了原则性的规定，要求家庭成员关心老年人的精神需求，并且也要求用人单位准予员工"常回家看看"。

为了更好地贯彻新修订定的《中华人民共和国老年人权益保障法》，各个省、直辖市也根据自身情况修订了老年人保护条例或者新修订实施办法。2015年11月27日的吉林省十二届人大常委会第二十一次会议审议通过了《吉林省老年人权益保障条例》，并规定2016年5月1日实施。此次修订一是强调了对于老年人养老意愿的尊重，规定了"不得强行将老年夫妻分开赡养"。二是规定了外孙子女也具有与孙子女同样的赡养

---

[1] 中国老人节是每年的农历九月初九，是中国的传统节日"重阳节"，也是我国传统的敬老节日。2013年7月1日起实施的《中华人民共和国老年人权益保障法》（简称《老年法》）中规定，"每年农历九月初九为老年节"，2013年的重阳节（10月13日）将是中国第一个法定的老年节。实际上，1988年我国就将农历的九月初九正式定为"中国老年节"。

义务，这实际上是对于传统"养儿防老"思想的冲击，更加符合我国"独女户"家庭养老的代际关系。三是在社会保障一章增加了"建立老年人长期护理保障制度"和"医疗照护保险制度"，通过政府和商业保险公司推行，解决失能老人和经济困难老人的护理问题。2016 年 1 月 15日安徽省第十二届人民代表大会常务委员会第二十六次会议修订了《安徽省实施〈中华人民共和国老年人权益保障法〉办法》，该办法一是将子女对于老年人精神需求的形式细化为通过"经常看望或者以电话、网络、书信"等形式关心问候老人。二是规定了老年人有权拒绝有独立生活能力的成年子女或者其他亲属的"啃老"。三是在社会保障一章明确了对于"为八十周岁以上老年人发放高龄津贴，对一百周岁以上老年人予以特殊照顾"，并且要求用现金形式发放。四是社会优待的范围在扩大，规定了金融机构对于"办理大额转账、汇款业务或者购买大额金融产品的老年人，应当明确提示可能发生的风险"，这是保护老年人权益与时俱进的表现。

2015 年 4 月 24 日的第十二届全国人民代表大会常务委员会第十四次会议修正了《中华人民共和国老年人权益保障法》，这是《中华人民共和国老年人权益保障法》的第二次修正，此次修正在原法规上新增了一项条文，并且将养老机构按照性质进行了经营性与公益性两类划分。对于经营性的养老机构做了更加明确的规定将"设立经营性养老机构应当在工商行政管理部门办理登记后，向县级以上人民政府民政部门申请行政许可"，这一段内容作为新老年人权益保障法第四十四条的第二款。这是国家为了规范社会力量参与养老机构的建设，要求经营性养老机构要按照市场机制运作，首先向工商部门申请办理，这也是国家对于社会力量参与养老服务业发展实行的管理与服务相结合理念的体现。

表4.1　老年人权益保障的代表性专项法律规定（2011—2016年）

代表性法律法规	时间	主要内容
《中华人民共和国老年人权益保障法》(2012年修订)	2012年	共九章八十五条,增设"第四章 社会服务、第五章 社会优待、第六章 宜居环境",自2013年7月1日起施行
《中华人民共和国老年人权益保障法》(2015年修正)	2015年	增加"设立经营性养老机构应当在工商行政管理部门办理登记后,向县级以上人民政府民政部门申请行政许可。"
《陕西省实施〈中华人民共和国老年人权益保障法〉办法》	2014年	第一章 总 则 第二章 家庭赡养与扶养 第三章 社会保障 第四章 社会服务 第五章 社会优待和宜居环境 第六章 参与社会发展 第七章 法律责任 第八章 附则 2015年3月1日起施行
《吉林省老年人权益保障条例》	2015年	第一章 总 则 第二章 家庭赡养与扶养 第三章 社会保障 第四章 社会服务 第五章 社会优待 第六章 参与社会发展 第七章 法律责任 第八章 附 则 "赡养人应当尊重老年人的意愿,不得强行将老年夫妻分开赡养。" 2016年5月1日起施行
《湖南省实施〈中华人民共和国老年人权益保障法〉办法》	2015年	共38条 2016年1月1日起施行
《安徽省实施〈中华人民共和国老年人权益保障法〉办法》	2016年	共九章 2016年3月1日起施行
《上海市老年人权益保障条例》	2016年	共九章 2016年5月1日起施行
《江西省实施〈中华人民共和国老年人权益保障法〉办法》	2016年	共九章 2017年1月1日起施行

表 4.2　养老服务体系代表性政策、理念（2011—2016 年）

养老政策	时间	关于养老服务体系发展的内容	发展理念
《国务院关于印发中国老龄事业发展"十二五"规划的通知》	2011 年	优先发展社会养老服务	关注重点人群
《国务院办公厅关于印发社会养老服务体系建设规划(2011—2015 年)的通知》	2011 年	构建社会养老服务体系网络	首次
《国务院办公厅关于印发社区服务体系建设规划(2011—2015 年)的通知》	2011 年	切实保障优抚对象、低收入群体、未成年人、老年人、残疾人等社会群体服务需求	关注重点人群
《国务院关于开展城镇居民社会养老保险试点的指导意见》	2011 年	城镇居民养老保险试点的基本原则是"保基本、广覆盖、有弹性、可持续"	首次
《民政部、财政部关于政府购买社会工作服务的指导意见》	2012 年	加快政府职能转变、建设服务型政府	首次
《中华人民共和国老年人权益保障法》(中华人民共和国主席令第七十二号)	2012 年	增设第四章 社会服务、第五章 社会优待、第六章 宜居环境。家庭成员应当关心老年人的精神需求，不得忽视、冷落老年人	精神慰藉
《国务院关于加快发展养老服务业的若干意见》	2013 年	积极推进医疗卫生与养老服务相结合	医养结合
《国务院办公厅关于政府向社会力量购买服务的指导意见》	2013 年	政府向社会力量购买服务，就是通过发挥市场机制作用	社会治理改革
《养老机构管理办法》	2013 年	养老机构按照服务协议为收住的老年人提供生活照料、康复护理、精神慰藉、文化娱乐等服务	规范化
《国务院关于促进健康服务业发展的若干意见》	2013 年	推进医疗机构与养老机构等加强合作	医养结合
《关于进一步加强老年人优待工作的意见》	2013 年	积极完善优待政策法规体系，逐步拓展优待项目和范围、创新优待工作方式、提升优待水平	首次、均等化
《关于做好政府购买养老服务工作的通知》	2014 年	通过政府购买服务方式提供方便可及、价格合理的养老服务	首次、社会治理改革
《城乡养老保险制度衔接暂行办法》	2014 年	实现城乡养老保险制度衔接	首次
《教育部等九部门关于加快推进养老服务业人才培养的意见》	2014 年	培养一支数量充足、结构合理、质量较好的养老服务人才队伍	首次、人才培养

养老政策	时间	关于养老服务体系发展的内容	发展理念
《社会救助暂行办法》	2014年	国家对无劳动能力、无生活来源且无法定赡养,或者其法定赡养义务人无赡养能力的老年人,给予特困人员供养	首次、覆盖"三无"人员
《民政部办公厅关于开展国家智能养老物联网应用示范工程的通知》	2014年	应用物联网技术,在养老机构开展老人定位求助等服务	首次、智慧养老
《财政部 民政部 全国老龄办关于建立健全经济困难的高龄失能等老年人补贴制度的通知》	2014年	加大公共财政支持力度,推动实现基本养老服务均等化	首次、均等化、重点人群
《关于加快推进健康与养老服务工程建设的通知》	2014年	加快推进健康服务体系	首次
《商务部关于推动养老服务产业发展的指导意见》	2014年	探索以市场化方式发展养老服务产业的新途径、新模式	养老产业化
《国务院关于建立统一的城乡居民基本养老保险制度的意见》	2014年	决定将新型农村社会养老保险和城镇居民社会养老保险两项制度合并	首次
《国务院关于积极推进"互联网+"行动的指导意见》	2015年	促进智慧健康养老产业发展	首次、智慧养老
《国务院办公厅转发卫生计生委等部门关于推进医疗卫生与养老服务相结合指导意见的通知》	2015年	通过医养有机融合,确保人人享有基本健康养老服务	首次、医养结合
《国务院关于机关事业单位工作人员养老保险制度改革的决定》	2015年	统筹安排机关事业单位和企业退休人员的基本养老金调整	均等化
《中华人民共和国老年人权益保障法》(2015年修正)	2015年	增加"设立经营性养老机构应当在工商行政管理部门办理登记后,向县级以上人民政府民政部门申请行政许可。"	首次、规范化
《关于鼓励民间资本参与养老服务业发展的实施意见》	2015年	逐步使社会力量成为发展养老服务业的主体	首次、市场化
《老年社会工作服务指南》	2016年	老年社会工作服务的内容主要包括救助服务、照顾安排、适老化环境改造、家庭辅导、精神慰藉、危机干预、社会支持网络建设、社区参与、老年教育、咨询服务、权益保障、政策倡导、老年临终关怀等	首个、规范化
《关于加强心理健康服务的指导意见》	2016年	为空巢、丧偶、失能、失智、留守老年人和计划生育特殊家庭等提供心理辅导等心理健康服务	精神慰藉

养老政策	时间	关于养老服务体系发展的内容	发展理念
《国务院办公厅关于全面放开养老服务市场 提升养老服务质量的若干意见》	2016年	到2020年，养老服务市场全面放开，加快推进养老服务业供给侧结构性改革	养老产业化
《中华人民共和国慈善法》	2016年	城乡社区组织、单位可以在本社区、单位内部开展群众性互助互济活动	首个
《民政事业发展第十三个五年规划》	2016年	全面建成多层次养老服务体系	多层次
《关于推进老年宜居环境建设的指导意见》	2016年	到2025年，安全、便利、舒适的老年宜居环境体系基本建立	首个、完善
《人力资源和社会保障部办公厅关于开展长期护理保险制度试点的指导意见》	2016年	在14省范围内试点	首次、均等化、制度化
《城乡社区服务体系建设规划（2016—2020年）》	2016年	推动养老服务覆盖所有居家老年人	完善
《养老服务体系建设中央补助激励支持实施办法》	2016年	到2020年进一步健全完善以居家为基础、社区为依托、机构为补充、医养结合的养老服务体系	政府推动

第二节 养老方式的改革与发展

一、社区居家养老全面推行

（一）养老设施完善、服务组织多样

这一时期，国家进一步加强社区养老服务设施的完善，在社区重点兴建了老年人日间照料中心、托老所、老年人活动中心、互助式养老服务中心等场所。同时，通过鼓励社会力量兴办养老服务组织，为居家老年人提供各类养老服务。社区居家养老服务内容更加丰富，涵盖了生活照料、康复护理、精神慰藉、紧急救援和社会参与等方面。例如：2008年天津市民政局《关于推进居家养老服务政府补贴工作的实施意见》，提出本着政事分开、政社分开、政企分开、市场化运作的思路，大力发展和培育居家养老服务社会组织，委托社会组织和公益性公司等具体运

作。又如，2013年苏州市政府印发《苏州市居家养老服务体系建设实施意见》，指出苏州市居家养老服务运行类服务组织主要包括十种："虚拟养老院"、社区日间照料中心、城市"小型托老所"、农村"老年关爱之家"、助餐点、志愿养老服务组织、老年学校、老年活动中心、基层医疗卫生机构、其它居家养老服务组织等①。

以信息技术为辅助的社会养老服务体系的推行。2015年国务院出台《关于积极推进"互联网+"行动的指导意见》，提出促进智慧健康养老产业发展。依托现有互联网资源和社会力量，以社区为基础，搭建养老信息服务网络平台②，从而使得养老服务的获取手段更加便捷，养老资源也更加丰富。随着城市社区养老服务信息管理系统、老年人居家呼叫服务系统和应急救援服务网络的逐步覆盖，我国居家养老服务的领域有了极大的拓展，可以更加便捷地服务老人，可以更大范围地整合资源。

（二）统筹城乡发展

2015年5月中共中央办公厅、国务院办公厅印发了《关于深入推进农村社区建设试点工作的指导意见》提出推进农村社区养老，随着"适度普惠型"养老服务的发展，各地更加注重农村养老服务体系的发展，财政给予农村养老服务设施与城市同等的支持待遇。2011年9月江苏省出台《省政府关于加快构建社会养老服务体系的实施意见》规定，政府财政支持的五类建设项目：省级示范性社区居家养老服务中心、农村社区居家养老服务中心（站）、城市社区小型托老所、虚拟养老院（含居家呼叫服务系统）和农村"老年关爱之家"建设项目。其中两类农村建

---

①"虚拟养老院"能够为居家老年人提供日常照料、商务服务、健康管理、精神慰藉等养老服务；社区日间照料中心能为需要社区照顾的老年人提供膳食供应、日常照料、保健康复、文体娱乐等日间托养服务；城市"小型托老所"为生活上需要介助、介护的老年人提供膳食供应、短期寄养、娱乐活动等养老服务；助餐点为老年人提供助餐服务；志愿养老服务组织为有公益需求老年人提供志愿服务的居家养老服务；老年学校为满足老年人"老有所学"需求；老年活动中心以不断满足人民群众基本的精神文化需要为目标，为居民特别是老年人集中活动提供的场所；等等。

②提供护理看护、健康管理、康复照料等居家养老服务。鼓励养老服务机构应用基于移动互联网的便携式体检、紧急呼叫监控等设备，提高养老服务水平。

设项目也纳入其中①。

这一时期，农村依托农村敬老院、老年活动中心、村委会等组织和机构大力发展农村居家养老服务，居家养老实现城乡统筹发展的局面。至2010年底，江苏省扬中市全市共建成18家农村居家养老服务中心，全部达到省2A级标准，其中新坝镇立新社区达到省3A级标准②。

（三）政府加大社区服务设施补贴

随着我国适度普惠养老服务理念的逐步形成，各地都加大了财政投入力度，特别是在社区基础设施完善方面，各地财政对于城乡社区活动中心、社区托老所、社区日间照料中心和社区智慧养老平台等设施的兴建与运营都给予了不同额度的补助。

2013年9月苏州市出台《苏州市居家养老服务体系建设实施意见》，该意见提出，社区日间照料中心的补贴，先是给予建设方面补贴，对于运行的补贴则根据服务人员的数量进行补贴③。从2010年开始，扬中市建设居家养老服务中心（站），可获得一次性建设补贴2万元④。

二、改革养老机构运作模式

深化养老机构改革⑤，对于公办养老机构，一方面充分发挥托底作用，另一方面逐步通过"公建民营"等形式进行改革；对于民办养老机

---

① 在这一期间，各地农村养老服务设施建设加快，积极推进养老服务城乡一体化。按照统筹城乡发展的要求，切实加大对农村养老服务的投入，推动公共服务资源向农村养老服务倾斜。特别是，通过改善农村敬老院服务设施，扩大养老服务范围，在确保"五保"供养对象生活的前提下，进一步拓展社会寄养、日托照料、支撑区域内居家养老服务等多种功能，从而逐步向区域性养老服务中心转型。

② 《扬中年鉴》编辑部：《扬中年鉴》，扬州：广陵书社，2011年，第212页。

③ 服务老年人数达到20人以上的，补贴2万元/年；服务人数每增加10人，增加1万元/年；最高补贴不超过10万元/年。服务老年人数不足20人的酌情给予运营补贴。

④ 《扬中年鉴》编辑部：《扬中年鉴》，扬州：广陵书社，2011年，第212页。

⑤ 虽然养老机构近些年有了较大的发展，但是仍然存在诸多问题：养老机构双轨运行，市场竞争机制不完全，民办养老机构的发展空间被挤占；养老机构自身建设滞后，服务水平较低；机构养老服务有效需求不足，"哑铃形"供给抑制有效需求；社会化养老观念有待形成；养老机构发展政策体系不完善、落实不到位。

构要鼓励民间资本积极参与，实行"民办公助"。

2013年国务院出台的《关于加快发展养老服务业的若干意见》，一方面要求公办养老机构要充分发挥托底作用，把专门面向社会提供经营性服务的公办养老机构转制成为企业，政府投资兴办的养老床位应逐步通过公建民营等方式管理运营；另一方面要求推进民办公助，支持社会力量举办养老服务机构。2013年的《养老机构管理办法》规定"民政部门应当会同有关部门采取措施，鼓励、支持企业事业单位、社会组织或者个人兴办、运营养老机构"。2015年《中华人民共和国老年人权益保障法》第二次修正，增设设立经营性养老机构要先在工商部门登记。这实际是将其视为企业，通过市场监管其发展，通过改革进一步明确了民办养老的独立法人和企业等身份。2016年的《民政事业发展第十三个五年规划》提出，要加大养老服务机构的改革力度，主要通过将原有和新建的养老机构进行"公建民营"改革，逐步实现社会化运营①。2016年国务院办公厅《关于全面放开养老服务市场提升养老服务质量的若干意见》，提出加快公办养老机构改革，采取多种形式引入社会力量参与，逐步降低政府运营床位的比例②，不断深化社会化和市场化改革。

三、多样化养老模式的出现

随着社会化养老的不断发展和老年人养老需求的不断增长，社会上出现一些新型的养老模式，主要有互助式养老、以房养老、候鸟式养老等。互助养老模式分为城市与农村两类，大致共有四种。其中，城市有三种即互助养老合作社、"储蓄式"和抱团式三种，农村主要有肥乡县互助幸福院模式。

集中养老、抱团养老等互助养老形式是自我养老的集中化、互助化与社会化，有利于老年人相互照应，有利于政府养老资源的整合和有效

---

① "十三五"期间将在全国范围内建立健全"公建民营"管理办法，加大公办养老机构实行"公建民营"试点工作力度。鼓励政府投资新建、改建、购置的养老服务设施，新建居民区按规定配建并移交给民政部门管理的养老设施，采取"公建民营"等方式，进行社会化运作。

② 《关于全面放开养老服务市场提升养老服务质量的若干意见》规定：到2020年政府运营的养老床位数占当地养老床位总数的比例应不超过50%。

利用,有利于开发和利用我国老年人力资源。

(一) 农村办起互助养老院

发展农村互助养老最为典型的就是河北的"肥乡模式"。从2008年起,该县前屯村村委会针对村中老年人生活缺乏照料、生活缺乏慰藉等问题,采取"集体补助、个人出资、相互慰藉、相互保障"的基本原则,将村中闲置校舍进行改造,让村中老人集中居住在村养老中心,之后,该做法得到了民政部的肯定,并迅速在全省和全国推广,各地也都结合自身的特点纷纷建起了村级集中养老中心。该做法最大的优点是从我国农村发展实际出发,主动地解决养老问题,这是一种创新。但是,由于缺乏集体统筹和行业部门的监管,老年人的服务范围较为狭窄,特别是中心缺乏专业养老人员的服务,养老质量和中心安全得不到有效的保证[1]。该养老方式的突出特点是以村集体设施为基础,实现了农村老年人集中互助养老。

(二) 城市空巢老人互助养老合作社

为了解决空巢老人生活中所面对的无人照料的困境,2016年平遥县学雷锋志愿者大队长乔在禄发起创办"空巢老人互助养老合作社",他们希望让空巢老人晚年生活不再孤独,他们的子女们不再为父母生活担忧。合作社老人实行自治管理,每天定时见面,一起活动。如果组员中有老人没有定时见面,要及时联系,或上门探望。组员生病了,要及时给其子女打电话,请医生上门诊治,同时协助解决组员饮食问题。合作社通过招募管理员逐步提供生活帮助、文化活动、郊游、家庭矛盾调解等服务[2]。该养老方式的特点是以社区养老志愿者队伍为依托,实现了老年邻里互助养老。

---

① 李增辉:《河北肥乡探索农村养老新模式　集体建院　互助服务》,《人民日报》2011年3月29日,第5版。

② 梁成虎:《一个民间互助养老合作社的诞生》,《山西晚报》2016年6月2日,第6版。

（三）社区"储蓄式"互助养老

2007年，江苏省姜堰市推出养老互助"时间储蓄银行"服务。引入志愿者"时间储蓄银行"理念，实现了"有照顾能力的老人有事可干，无照顾能力的老人有人照顾"的互补①。此后浙江金华市等地也以"时间银行"为理念开展了互助养老的尝试与推广。该养老方式有两个特点：其一，以社区为平台，实现了养老时间储蓄；其二，以社区为平台，实现了老年人力资源的开发与利用。

（四）抱团养老

由于子女不在身边，基于生活中就是朋友、同学等关系的"小圈子"，于是几个志同道合的朋友集中居住在一起养老的方式，被称为"抱团养老"。在一起集中居住产生的生活费用平摊，家务事协商承担，从而实现了生活上有人照顾，精神上相互慰藉。例如，吉林省的几个知青在广西北海组建了"老年集体户"，他们居住在一栋三层小楼里，轮流做饭，打牌种花，有病互相照顾，闲来忆苦思甜，自娱自乐，其乐融融。该养老方式有两个特点：其一，以友谊为基础，实现了生活互助照料；其二，以友谊为基础，实现了精神互相抚慰。

（五）以房养老

近些年大城市出现一些老年人将自己的住房抵押给专业的机构，每月领取养老金，直到生命结束的一种预期化的新型养老方式，被称作"以房养老"。选择这种养老方式的老年人大多是独居老人，没有子女继承或者不愿将房子继承给远房亲属而选择以房养老。采用这种形式可以提高养老的经济收入，从而可以向社会购买优质的养老服务，提升养老质量。实际上是用房子换服务，是一种预期养老消费。

---

① 姜堰市退休人员管理中心在各个社区成立退休人员自管小组，发动有照顾能力的、身体好的低龄企业退休人员结对帮扶家庭特困的高龄老人，主要为他们提供买菜、烧饭、谈心等10余项养老服务，服务完成后由社区居家养老服务站将其服务时间记录备案。

　　互助养老形式有利于开发和利用我国老年人力资源。人类生理机能的衰退是一个渐进的过程，对于生理机能较为健康的老人，社会应该为他们创造更多的社会参与的机会，积极倡导自我养老的互助化导向。"老"是一个相对的概念，主要包含生理和心理两个层面，国际普遍从生命周期角度将 60 周岁及以上人群界定为老年人，但是随着医疗保健水平、营养水平等不断提高，人类寿命不断增加（见图 4.4），中国人的寿命也有了较大提高（见图 4.5）。从生产性老龄化[①]角度出发，社会上应该提倡中、低龄老年人口一定程度上参与劳动，特别是参与养老服务工作，解决养老服务业人力资源不足问题，让老人照顾老人，从而实现老年人之间的互助化养老形式。

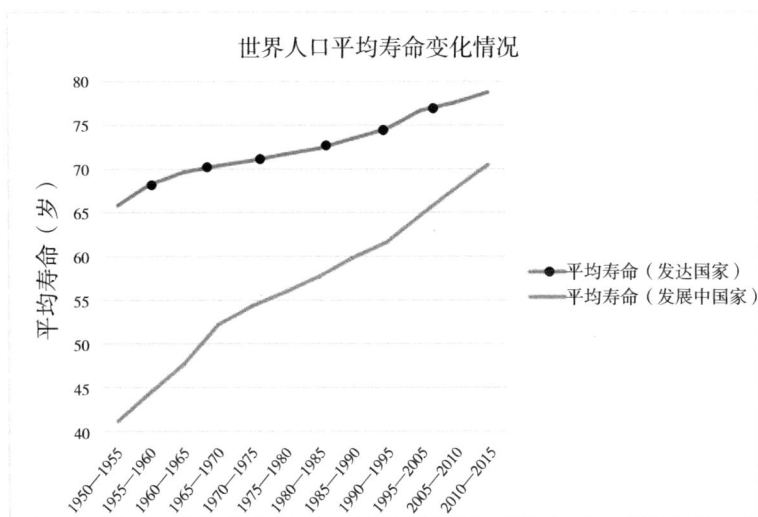

数据来源：世界卫生组织发布的《2013 年世界卫生统计报告》

图 4.4　世界人口平均寿命变化情况（1950—2015 年）

---

　　① 该理论是由美国学者巴特勒提出的，又被称为"产出性老龄化"，是指"老龄人口发挥个人能力从事商品和服务生产的活动，而此种活动并不考虑老年人是否得到报酬。"

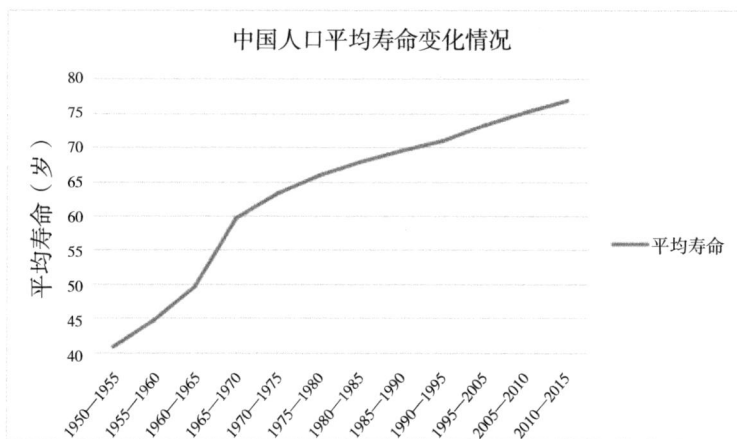

数据来源:世界卫生组织发布的《2013年世界卫生统计报告》

图4.5　中国人口平均寿命变化情况（1950—2015年）

第三节　养老资源筹集与投入方式的完善

一、政府鼓励民间资本参与养老服务业

政府逐步加大民间资本参与养老服务业的补贴力度，不断创新合作模式。2013年北京市首家符合四星级标准的民办养老机构北京太阳城银龄老年公寓改造完工，获得市民政局16万元以奖代补奖金。2015年民政部出台《关于鼓励民间资本参与养老服务业发展的实施意见》，提出要提高各级福彩公益金用于养老服务业的比例①。其中，支持民办养老服务发展的资金不得低于30%。创新合作方式，吸引社会资本参与养老服务业。

政府采取多种市场化的方式与社会资本合作，发展养老服务业。2016年国务院办公厅《关于全面放开养老服务市场提升养老服务质量的若干意见》，提出政府可以通过国有建设用地使用权作价以出资或者入

---

① 民政部本级彩票公益金和地方各级政府用于社会福利事业的彩票公益金,要将50%以上的资金用于支持发展养老服务业。

股的方式与社会资本合作发展养老服务业[①]；同时提出，为了鼓励社会资本参与养老服务业的发展，政府要继续加大补贴力度，社会资本也可以采取建立基金、发行企业债券等方式筹集资金。

二、养老补贴制度逐步建立

(一)养老服务补贴和老年护理补贴、高龄失能老人补贴制度逐步建立

政府更加重视关心重点老年群体，对于特困、高龄老人实行补贴制度[②]，为实现基本服务均等化理念、资金保障和服务保障相结合的适度普惠养老服务体系迈出新步伐。

中央出台了一系列关于老年补贴制度的指导文件。2011年民政部将积极推动各地逐步将本地区80周岁以上老年人纳入高龄补贴保障范围，按月向符合条件的老年人计发高龄补贴[③]。2011年国务院出台的《中国老龄事业发展"十二五"规划》明确要求，"有条件的地方可发放高龄老年人生活补贴和家庭经济困难的老年人养老服务补贴"。截至2010年底，全国享受高龄补贴的老人已达576.4万，较上年增加145.5万，增长33.8%[④]。2013年国务院出台《关于加快发展养老服务业的若干意见》提出，"完善补贴支持政策。各地要加快建立养老服务评估机制，建立健全经济困难的高龄、失能等老年人补贴制度"。2014年9月财政部、民政部和全国老龄办联合颁布了《关于建立健全经济困难的高龄失能等老年人补贴制度的通知》，该通知提出加大公共财政支持力度，为经济困难的高龄、失能等老年人给予养老服务补贴，力争"十二五"末，建成

---

① 政府对在养老服务领域采取政府和社会资本合作(PPP)方式的项目,可以国有建设用地使用权作价出资或者入股建设。

② 2012年2月全国人大代表索连生认为应该建立高龄老人津贴制度、养老服务补贴制度、长期照顾制度和长期护理保险制度等,并将其纳入《中华人民共和国老年人权益保障法》,并建议对农村的"五保"老人和城市的"三无"老人实行国家供养制度。

③ 潘跃:《高龄补贴制度在多个省份全面建立 我国将进一步健全完善老年生活保障体系》,《人民日报》2011年2月27日,第2版。

④《2010年度中国老龄事业发展统计公报》。

经济困难的高龄、失能等老年人补贴制度，推动实现基本养老服务均等化。2014年我国人口老龄化问题非常严峻，60岁以上的老年人口数达2.12亿，其中高龄老人2400多万，失能老年人口数将达到4000万，年均增长100万人的态势将持续到2025年。2016年民政部办公厅下发了《关于在全国省级层面建立老年人补贴制度情况的通报》，通报要求，各地要认真学习借鉴先进地区的做法，以普惠性、均等化、可持续为方向，加快建立惠民制度。2016年国务院办公厅出台《关于全面放开养老服务市场提升养老服务质量的若干意见》提出，完善财政支持政策，各地要建立健全针对经济困难的高龄、失能老年人的补贴制度，统一设计、分类施补，提高补贴政策的精准度。

居家养老方式与传统养老方式最大的区别在于前者可以享受社会化的养老服务。对于困难老年人口，政府采取社会购买的方式上门为其提供免费专业养老服务①。这一时期政府加大对于困难老年人群的补助力度，各个地方结合实际出台了具体的实施办法。2012年荆州市荆州区民政局出台了《关于加快建立高龄老人补贴制度的建议》，该建议提出要对85周岁及以上至89周岁高龄老人按每人每月30元以上的标准，90周岁至99周岁高龄老人按每人每月50元以上的标准实施生活补贴，同时将100周岁以上高龄老人的长寿津贴标准提高到300元/月。2013年9月苏州市出台《苏州市居家养老服务体系建设实施意见》（简称《意见》），该意见明确了补助标准②和服务对象，服务对象主要有三类：分别是政府援助对象、政府补助对象和自助对象，已将居家养老服务对象由特殊老年人群扩展到一般自助养老的老年群体。文件中对于重点人群的范围也在逐步扩大③。2013年3月合肥发布了《合肥市长寿保健费、高龄津贴发放管理暂行办法》，通知规定长寿保健费发放标准由原来的每人每年2400元提高到每人每年3600元；满80周岁且小于100周岁的

---

① 彭波：《兰州城关区财政购买服务推行居家养老》，《人民日报》2007年4月24日，第10版。

② 对政府援助对象每户每月提供720元（36小时）的服务，其中介护对象每户每月提供960元（48小时）的服务；对政府补助对象每户每月提供60元（3小时）的服务。

③ 目前重点服务84周岁及以上的老年人和70周岁及以上的计划生育特别扶助对象，三年逐步扩大到80周岁及以上的老年人。

老年人可以享受每人每年600元的高龄津贴。2012年高邮市城市"三无"老人供养标准为每人每月753元。

几年来，各地结合老年人口的结构特点，制定了具体的困难老年人居家养老补贴办法。①

（二）养老补贴范围与力度逐步扩大

独生子女家庭的老年人也可享受养老服务补贴。河北省人民政府办公厅出台的《河北省贯彻社会保障"十二五"规划纲要实施意见》指出，河北省将建立健全家庭养老支持政策，积极探索为独生子女父母、无子女和失能老人提供必要的养老服务补贴和老年护理补贴。

政府支持居家养老方式的硬件补助。2012年4月江苏省财政厅等三家单位出台的《江苏省社区居家养老服务中心（站）省级"以奖代补"专项资金补助办法》规定，各地兴建虚拟养老院、城市社区小型托老、农村"老年关爱之家"、省级示范性居家养老服务中心、农村（社区）居家养老服务站等机构和设施都可以申请政府补贴②。

部分居家养老补贴年龄下降为70周岁。截至2016年1月底，合肥市属4个城区和3个开发区共有1.04万名70周岁以上低保和空巢、90周岁以上高龄等3类老年人群享受政府每月30个小时、价值600元的居家养

---

① 2007年兰州市居家养老服务与传统养老院养老方式的最大区别在于，政府通过以财政资金购买服务的形式，为老年人，特别是无劳动能力、无生活来源、无赡养人的"三无"老人，以及享受低保、生活不能自理的特困老人，提供日常生活照料服务。各街道办事处将设立居家养老服务指导中心，负责对服务人员的组织管理工作。宁波市江东区白鹤街道党工委书记田宾告诉记者，"政府购买养老服务"效益有三：一是保障面宽了，人均费用节省了。建一个具有基本养老保障功能的养老机构，政府每月每张床位至少需补贴250—500元。而"政府购买养老服务"，只需支付每人每月165元。二是岗位多了。"政府购买服务"刺激了社会养老的需求，激活了潜在的就业空间。三是感情浓了。同一般的家政服务员不同，这些上门服务的大多来自社区失业人员，他们的服务更多出一份亲情。一些老年人起初把服务员当作家政工来看待，日子久了便成了亲人。

② 可申报省"以奖代补"一次性建设补贴每个县（市、区）的虚拟养老院（含居家呼叫服务系统）补助40万元；城市社区小型托老所每张床位补助0.2万元，最高补助10万元；农村"老年关爱之家"新建的每张床位补助0.3万元，最高补助15万元；改（扩）建的每张床位补助0.2万元，最高补助10万元；省级示范性居家养老服务中心补贴10万元/个，经济薄弱地区15万元/个；农村（社区）居家养老服务站苏南1万元/个、苏中1.5万元/个、苏北1.8万元/个建设补贴。

老服务，已服务老人500.92万人次，发生服务费用1.2亿元。服务内容涵盖了生活照料、医疗保健、家政服务、紧急救援、精神慰藉等6大类34个小项[①]。

这一时期城市"三无"人员的生活补助水平也逐步提升。陕西省2012年起机构供养的城市"三无"人员生活补助费由450元/人/月提高到800元/人/月；分散供养的城市"三无"人员生活补助费发给500元/人/月[②]。2012年4月新疆阜康市规定机构内供养城镇"三无"人员养育标准从原有的330元/人/月提高到660元/人/月。城镇社会散居"三无"人员的基本生活补助标准在原来标准平均每人每月250元基础上增加到每人每月400元[③]。

三、养老保险制度日臻完善

2011年6月国务院出台《关于开展城镇居民社会养老保险试点的指导意见》，意见提出建立社会统筹和个人账户相结合的城镇居民养老保险。据人力资源和社会保障部的统计，到2012年底，城镇居民社会养老保险基本实现了全覆盖[④]。

这一时期，城镇职工养老保险覆盖范围进一步扩大。2011年9月河北省人社厅出台《关于城镇个体工商户灵活就业人员参加企业职工基本养老保险缴费基数的通知》，通知规定为参加城镇企业职工基本养老保险无雇工的个体工商户、未在用人单位参加基本养老保险的非全日制从业人员以及其他灵活就业人员等群体调整了基本养老保险费基数，从而均衡了社会低收入人员的缴费负担，扩大了养老保险覆盖面。2014年安徽省人社厅出台了《关于我省灵活就业人员参加城镇企业职工基本养老保险有关问题的通知》，该通知明确了未与用人单位建立劳动关系，在

---

①《关于我市政府购买居家养老服务情况调研报告》，2016年2月1日，http://www.hefei.renda.cn/rdszzlg/dcyj/14528551.html，2016年12月7日。

②《陕西省民政厅、财政厅关于提高全省城市"三无"人员生活补助费标准的通知》。

③新疆阜康市《关于调整社会福利事业单位供养人员养育标准的通知》。

④《中国人力资源和社会保障年鉴.2012》（工作卷），北京：中国劳动社会保障出版社，2012年，第765—766页。

城镇从事灵活就业的我省户籍城乡居民,可以以个体身份参加城镇企业职工基本养老保险,再次扩大了社会养老保险的覆盖面。2014年5月江西《国有企业、私营企业、个体工商户、灵活就业人员城镇职工基本养老保险政策宣传问答》提出,城镇个体工商户及其帮工,灵活就业人员都可以参加企业职工基本养老保险。

这一时期,我国加快推进社会养老保险制度的并轨与衔接工作。2014年2月国务院出台的《关于建立统一的城乡居民基本养老保险制度的意见》,提出将新农保和城居保两项制度合并实施,在全国范围内建立统一的城乡居民基本养老保险制度。2014年7月人力资源和社会保障部、财政部出台《关于印发城乡养老保险制度衔接暂行办法》的通知,实现了城乡养老保险制度与企业职工养老保险制度的衔接,我国基本建成了覆盖城乡的养老保险制度,并实现了制度之间和异地之间的接续,进而为我国老年人提供了稳定的养老资源。2016年11月人力资源和社会保障部出台的《关于城镇企业职工基本养老保险关系转移接续若干问题的通知》进一步明确了,农民工养老保险的转移接续问题。这一时期,我国职工保险制度社会化管理进一步提高。"截至2014年底,全国纳入社区管理的企业退休人员共4344万人,比上年增加597万人,占企业退休人员总数的76.2%。"职工保险制度社会化管理是我国推进政社合作模式的重要方面。

另外,国家还决定增加福彩公益金投入比例支持养老服务体系的发展。2013年国务院《关于加快发展养老服务业的若干意见》提出,各级福利彩票的收入要随着老龄化程度推进,不断加大养老服务业发展的投入比例①。《2015年社会服务发展统计公报》显示,2015年全年筹集福彩公益金563.8亿元。全年民政系统共支出彩票公益金288.9亿元,其中用于社会福利182.1亿元。

---

① 民政部本级彩票公益金和地方各级政府用于社会福利事业的彩票公益金,要将50%以上的资金用于支持发展养老服务业,并随老年人口的增加逐步提高投入比例。

四、政府购买社会养老服务机制的形成

政府购买养老服务是一种新型的公共财政投入方式，对于推进社会治理方式改革具有重要意义。2012年《民政部、财政部关于政府购买社会工作服务的指导意见》提出，"实施老年人、残疾人社会照顾计划，为老年人和残疾人提供生活照料、精神慰藉、社会参与、代际沟通等服务，构建系统化、人性化、专业化的养老服务机制"。近几年，各地逐步增加公共财政投入用于购买社会服务，致使社会工作行业呈现"井喷式"的发展。早在2003年，上海市松江区就通过政府购买服务的方式，向全区推广居家养老服务工作。全区共有护理员105人，服务居家老人268人，需要全日服务14人，上门钟点服务254人。需要的服务内容为日常生活护理184人，精神慰藉护理12人，家政服务72人[①]。

2013年国务院办公厅出台了《关于政府向社会力量购买服务的指导意见》，提出通过发挥市场机制作用，把原来由政府直接提供的养老服务，通过一定程序和办法，交由专业的养老服务组织提供[②]。2014年1月财政部出台《关于政府购买服务有关预算管理问题的通知》，提出不断健全预算编制体系，提高购买服务预算编制的科学化、规范化。2014年财政部、民政部和工商总局联合出台了《政府购买服务管理办法（暂行）》，提出增强社会组织平等参与承接政府购买公共服务的能力，有序引导社会力量参与服务供给。2014年财政部、发展改革委、民政部、全国老龄办等出台的《关于做好政府购买养老服务工作的通知》提出"通过政府购买服务方式提供方便可及、价格合理的养老服务"。这一系列文件的出台，标志着我国政府购买社会养老服务机制的基本形成。

2016年国务院办公厅再次出台《关于全面放开养老服务市场提升养老服务质量的若干意见》，提出完善财政支持和投融资政策，鼓励各地

[①]《松江民政志》，上海：上海辞书出版社，2006年，第302页。

[②] 政府向社会力量购买服务，就是通过发挥市场机制作用，把政府直接向社会公众提供的一部分公共服务事项，按照一定的方式和程序，交由具备条件的社会力量承担，并由政府根据服务数量和质量向其支付费用。

向符合条件的各类养老机构购买服务。此文件进一步推动了各地政府购买社会养老服务办法实施的进度。政府实施向社会购买养老服务的办法，有利于提高财政资金的使用效率，有利于培养养老服务市场，有利于养老服务的专业化发展。

第四节　养老服务内容不断丰富与专业

2011年3月全国人大四次会议通过的《中华人民共和国国民经济和社会发展第十二个五年规划纲要》，提出实现养老服务从基本生活照料向医疗健康、辅具配置、精神慰藉、法律服务、紧急援助等方面延伸。

一、医养结合模式开始推行

医养结合实现了医疗服务对养老服务的介入，极大地满足了老年人最为迫切的养老需求，从而大大地提高了养老质量。调查发现老年人最重要的养老需求就是医疗需求（在本文的第七章详述），所以国家提出医养结合的养老服务理念，该模式首先在机构养老方式中推行。

2011年国务院办公厅出台了《关于印发社会养老服务体系建设规划（2011—2015年）的通知》，提出"十二五"期间养老机构重点要推进供养型、养护型、医护型养老设施建设。2013年国务院出台《关于加快发展养老服务业的若干意见》，提出养老机构应当科学设置专业技术岗位，重点培养和引进医生、护士、康复医师、康复治疗师、社会工作者等具有执业或职业资格的专业技术人员。2015年卫生计生委、民政部等9个部委联合出台《关于推进医疗卫生与养老服务相结合指导意见的通知》，提出建成一批兼具医疗卫生和养老服务资质和能力的医疗卫生机构或养老机构，为居家养老老人提供医疗服务。2016全国两会《政府工作报告》提出要开展养老服务业综合改革试点，推进多种形式的医养结合。2016年《民政事业发展第十三个五年规划》提出"十三五"期间要实现护理型床位比例不低于30%。

机构养老中推行医养结合主要的做法是在机构中设立医疗机构，或是在医疗机构中兴办机构养老设施。从目前发展情况看，前者做法更具有可行性。2015年，北京市统筹医疗资源与养老服务设施总体布局，探索"医养结合"养老服务模式发展，建立联合会商机制，推进养老机构医务室建设。截至2015年底，全市养老机构经卫生部门批准独立建设医疗机构105家，其中54家已纳入医保定点单位，51家正在申请办理过程中；与周边医疗机构签订紧密合作协议272家[①]。

二、精神慰藉逐步受到重视

老年人的养老需求可以简单地划分为两种：生活照料和精神慰藉。由于家庭结构和人口结构的改变，社会上出现了大量的"空巢""留守""失独"等类型的老人，精神慰藉养老服务引起了社会的关注，也成为这一时期养老服务体系发展的重点。

2013年《养老机构管理办法》规定，"养老机构按照服务协议为收住的老年人提供生活照料、康复护理、精神慰藉、文化娱乐等服务"。2012年12月全国人大常务委员会通过的《中华人民共和国老年人权益保障法》，规定了家庭成员应当关心老年人的精神需求，不得忽视、冷落老年人。与老年人分开居住的家庭成员，应当经常看望或者问候老年人，被人们俗称为"常回家看看"。2016年3月1日实行的《安徽省实施〈中华人民共和国老年人权益保障法〉办法》对于老年人的精神慰藉有了具体的规定，"与老年人分开居住的家庭成员，应当经常看望或者以电话、网络、书信等方式问候老年人"。

此外，这一时期农村敬老院的养老内容更加丰富，供养水平也逐步提高[②]。2015年社会服务发展统计公报显示，农村特困人员[③]中，集中供

[①] 段柄仁主编：《北京年鉴（2015）》，北京：北京年鉴社，2015年，第504页。

[②] 截止到2011年，河北省廊坊市有5000多名五保老人在敬老院里安度晚年。该市五保对象集中供养率已达82.4%，集中供养水平全国领先。2006年，廊坊市启动五保户集中供养工程。截止到2011年，在全市新建、改扩建了48所农村敬老院，6553名五保对象中除了有依有靠的老人之外，有5402人入住了敬老院，集中供养标准达到年人均5500元。廊坊市创造性地开展了星级敬老院创建工程，全市已建成三星级敬老院15所、二星级敬老院15所、一星级敬老院4所。参见宋嵩：《河北廊坊八成五保老人敬老院里安度晚年》，《人民日报》2011年1月10日，第13版。

[③] 特困人员主要包括"五保""三无"等群体，此处指的是"五保"人群。

养年平均供养标准为 6025.7 元/人，分散供养年平均供养标准为 4490.1
元/人①。

第五节　养老服务人才的培训与认证

一、养老人才供需矛盾突出

按照我国老龄人口结构与发展趋势预测，预计到 2020 年，我国失能
老人将达到 4600 万，届时需要养老护理员大约是 600 万人。然而，截止
到 2015 年底，我国养老机构服务人员还不到 60 万人，持证上岗的养老
护理员不足 10 万人。2015 年全年有 21542 人获得国家职业资格证，二者
差距极大，供需矛盾突出，所以全国政协委员王康建议国家应实施《免
费养老护理员培养计划》。为了缓解养老专业人才供需矛盾，加快专业
人才的培养，2014 年教育部等 9 部委联合发文出台《关于加快推进养老
服务业人才培养的意见》，提出要大力发展养老服务相关专业，不断扩
大人才培养规模。该文件是我国首个为发展养老服务专业人才而出台的
指导文件，标志着我国养老服务人才培养进入了专业发展时期。

二、政府加快培养养老人才

这一时期各地加大了养老护理专业人才培训工作的力度，加快了培
养养老护理专业人才的速度。2011 年 9 月江苏省出台的《江苏省政府关
于加快构建社会养老服务体系的实施意见》提出，"十二五"期间，养
老护理人员持证上岗率达到 60% 以上。2013 年 9 月江苏省民政厅开展了
全省中高级养老护理员培训班，本次培训班②共参训学员 506 名，培训
经费由省财政提供资助，实行免费培训。这是该省实施养老护理员培训

---

① 《养老护理员缺口大 专家建议应该免费培养》,2015 年 3 月 9 日,http://www.chinanews.com/jk/
2015/03—09/7113703.shtml,2015 年 11 月 4 日。

② 课程设置上,中级培训重点突出技术护理和康复、心理护理,兼顾生活照料;高级班突出急
救、危重病护理、健康教育、康复训练、心理疏导及操作指导等。

工程的第二年。与2012年相比,本次培训班学员平均年龄进一步下降,40周岁以下的占60%以上;学员文化素质进一步提升,近半数学员拥有中专以上文凭,最高学历为研究生;学员考试通过率进一步提高。经过专业考评鉴定,共有484名学员获得养老护理员职业资格证书,其中104名学员获得高级证书,380名学员获得中级证书,鉴定合格率达到95.6%,培训总人数和学员通过率均较去年有较大提升。2012年5月民政部职业技能鉴定指导中心通过严格的职业技能鉴定工作,共有23人获得养老护理员技师资格[1],这是我国首批技师级养老护理员[2]。

国家连续出台政策推进养老专业人才的培养。2013年国务院出台的《国务院关于加快发展养老服务业的若干意见》,提出要加快发展养老服务相关专业[3],不断扩大养老人才培养规模[4]。2015年民政部等10个部委联合出台的《关于鼓励民间资本参与养老服务业发展的实施意见》,提出要积极培养老年学、人口与家庭、人口管理、老年医学、中医骨伤、康复、护理、营养、心理和社会工作等方面的专业人才,允许符合条件的医师到民办养老机构医疗机构开展多点执业。2013年北京市民政局共举办高级养老护理员职业技能培训班2期、初中级养老护理员职业技能培训班4期、养老服务机构护理管理培训班2期,培训养老护理员1200余名,全市养老护理员持证上岗率达到85%以上[5]。2014年,上海市民政局印发《关于调整本市社区居家养老服务相关政策实施意见》的通知,提出"确实需要留在社区接受上门服务的重度老年人,社区服务机构须安排具备初级以上养老护理等级证书的服务人员为其提供上门服务"。这些养老护理人才在养老服务体系的各个领域为老年人提供了专

---

① 潘跃:《民政部首次鉴定养老护理员技师》,《人民日报》2012年05月23日,第6版。

② 这是民政部职业技能鉴定指导中心首批鉴定的养老护理员技师。养老护理员是对老年人生活进行照料、护理的服务人员,共设有初级、中级、高级和技师4个职业等级。民政部自2010年起,从福利彩票公益金中拨出专款,开展养老护理员培训工作,用于培训中高级养老护理员、养老护理员培训师资、养老护理员职业技能鉴定考评员。

③ 加快培养老年医学、康复、护理、营养、心理和社会工作等方面的专门人才。

④ 要在养老机构和社区开发公益性岗位,吸纳农村转移劳动力、城镇就业困难人员等从事养老服务。

⑤ 段柄仁主编:《北京年鉴(2013)》,北京:北京年鉴社,2013年,第520页。

业的养老服务，从而提高了老年人的生活质量。

小　结

在创新社会治理体制的背景下，我国继续坚持社会化和市场化的养老服务体系发展理念。这一时期，我国社会养老服务体系的框架进一步完善，特别是"十二五"期间，我国出台了第一个社会养老服务体系发展专项规划，此后养老服务体系发展进入了一个快速发展时期。这一时期的发展主要呈现出三个方面的特点：其一，适度普惠发展。这一时期我国养老服务体系的服务对象从"重点"逐步向"普通"、从"城市"逐步向"农村"延伸。其二，融合发展。将医疗、互联网、健康、金融等服务与技术融入养老服务体系的发展框架，进一步扩大了养老服务体系的服务范围，提高了其服务质量。其三，引入社会力量发展。在创新社会治理体制的背景下，我国积极培育社会组织参与养老服务，发挥市场机制作用，通过政府购买社会服务的方式转变政府职能，进一步推动国家与社会"分工与合作"格局的形成。

下编

第五章 养老服务体系变迁的原因：
人口结构的变迁

　　新中国人口结构的变迁使传统的家庭养老功能不断弱化，甚至无法承载愈发加剧的养老需求。这种变化造成了传统家庭养老功能外化的趋势，养老服务体系在承接外化的养老服务过程中迅速发展起来。可以说我国养老服务体系发展动力与原因之一就是我国人口结构的变迁。随着人口老龄化程度不断加深，整个社会养老负担加重，传统养老方式已经无法承载，需要统筹整个社会的养老资源；家庭结构呈现小型化、核心化的发展趋势，传统家庭养老功能不断弱化，需要发展社会养老服务体系承接不断外化的养老服务需求；人口流动促使家庭代际结构简单，传统子女的"床头尽孝"已经无法实现，需要发展社会养老服务体系弥补传统家庭养老的缺失。

　　人口结构①的测量指标一般是性别、年龄、收入、教育程度、民族、职业、宗教、人种、家庭、户籍等。但从养老服务体系发展的角度出发，本文选取影响养老服务体系发展效度较高的年龄结构和家庭结构进行研究。并且基于现实考虑，当代中国自改革开放以来人口出现了大规模的社会流动，所以特别选取人口流动结构对养老服务体系的影响进行研究。

---

　　① 人口结构，又称人口构成，是指将人口以不同的标准划分而得到的一种结果。其反映一定地区、一定时点人口总体内部各种不同质的规定性的数量比例关系。人口结构可以从各种角度来考察，如人口的家庭人数、职业结构、教育结构、城乡结构、民族结构等。其中最根本的是人口的年龄性别婚姻家庭结构。2010年我国第六次人口普查显示，人口结构性矛盾凸显，主要表现为人口老龄化提速，未富先老；少子化日趋严重。根据测算，到21世纪中叶，我国每不到两名劳动力就要抚养一位老人，中国人口的中位年龄将达45岁以上。结合我国现实，本文主要关注中国人口的年龄结构、家庭结构、代际关系与人口迁移结构对于养老方式变迁的影响。

第一节　养老服务体系变迁的原因分析（人口结构角度）

人口结构变迁对养老服务体系的影响主要表现为：人口老龄化增加了家庭、社会养老负担；家庭结构变迁消解了传统的家庭养老方式；人口流动阻隔子女参与日常养老。

一、人口年龄结构的变迁

在人口学中，人口年龄结构通常指在一定时间节点，一定地区的各年龄组人口数分别占全部人口的比例，也被称为人口年龄构成。人口年龄结构的类型是依据不同人群人口在总人口中的不同比例来区分的。通常被分为年轻型、成年型和老年型等三种。由于人类预期寿命的延长和经济社会发展水平的提高，特别是随着老年年龄标准的不同，对人口年龄结构的划分标准也是不断变化的，因而年龄标准只是一个相对的标准。联合国1956年界定的标准是根据一个社会65岁及以上老年人口占总人口比例的差异，将人口年龄结构类型划分为年轻型、成年型和老年型三类。即65岁及其以上人口比重在4%以下时，为年轻型；比重在4%—7%时，为成年型；比重大于7%时，为老年型[1]。

我国前两次人口普查人口结构[2]属年轻型[3]。但是第五次人口普查时，65岁及以上人口占总人口7.0%，中国已经进入了老龄社会（见表5.1）。

---

① 姚静:《中国人口老龄化的聚类分析》,《西北人口》2000年第2期。

② 第一次人口普查时,65岁及以上人口是0.26亿,占总人口比重4.4%;第二次人口普查时,65岁及以上人口是0.25亿,占总人口比重3.6%。根据国际标准,这个时期的中国人口结构尚属年轻型。

③ 吴玉韶、党俊武主编:《中国老龄产业发展报告.2014》,北京:社会科学文献出版社,2014年,第188页。

表5.1　中国65岁及以上人口概况（1953—2010年）

指标	1953年	1964年	1982年	1990年	2000年	2010年
65岁及以上人口（万人）	2593	2510	4991	6368	8811	11883
总人口（万人）	58796	69458	100818	113368	126583	133972
占总人口比重（%）	4.4	3.6	4.9	5.6	7.0	8.9

资料来源：根据新中国六次人口普查数据整理。

人口老龄化一般由两种原因导致：其一是人口年龄金字塔顶部老年人口加速增长，会产生顶部型老龄化；其二是人口年龄金字塔底部的少儿人口增速减慢，一般会形成底部型老龄化。

依据联合国的一般标准，我国人口年龄结构年轻型在1964年前后，向成年型转化在1982年前后，向老年型转化大约在1990—2000年期间。截止到2013年底，我国60岁及以上人口已达2.02亿，占总人口的14.9%。65岁及以上老年人口已达1.31亿，占总人口的9.7%[1]。据预测，我国60岁以上老人在2020将达到2.43亿，到2025年将突破3亿（见表5.2，表5.3，图5.1）[2]。

表5.2　联合国1956年界定的老龄化标准

	少儿人口比重(0—14岁)	老年人口比重(60岁以上)	老年人口比重(65岁以上)
年轻型社会人口	40%以上	5%及以下	4%及以下
成年型社会人口	30%—40%	5%—10%	4%—7%
老年型社会人口	30%及以下	10%及以上	7%及以上

资料来源：（法）皮撒（B.Pichat）：《人口老龄化及其社会经济后果》，纽约：联合国人口委员会，1956年。

表5.3　我国人口年龄结构情况（1953—2015年）　　　　（单位：%）

年龄	1953年	1964年	1982年	1990年	2000年	2010年	2015年
0—14岁	36.3	40.7	33.6	27.7	22.9	16.6	16.5
15—64岁	59.3	55.7	61.5	66.7	70.1	74.5	73.0
65岁及以上	4.4	3.6	4.9	5.6	7.0	8.9	10.5

资料来源：根据新中国六次人口普查数据整理。

---

[1]《2013年社会服务发展统计公报》。
[2]《国务院关于加快发展养老服务业的若干意见》。

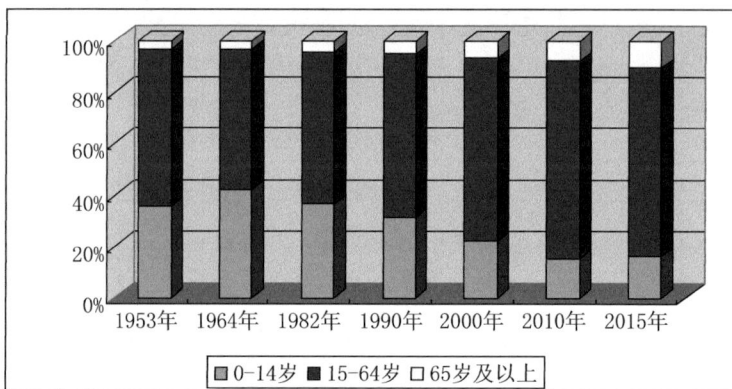

资料来源：根据新中国六次人口普查数据整理。

图 5.1　我国人口年龄结构变化情况（1953—2015 年）

　　我国的人口年龄结构呈现出明显的老龄化加速发展的趋势，并且将持续到 2050 年，直至进入重度老龄化阶段。国际社会一般认为老年人口占总人口的 10%、20%、30% 以上分别标志着该社会进入了轻度、中度和重度老龄化阶段。按照此标准我国人口老龄化大致有以下三个阶段：第一阶段是从 2013 年到 2021 年进入老龄化快速发展阶段，该阶段中国人口处于轻度老龄化阶段；第二阶段是从 2022 年到 2030 年进入中度老龄化阶段，老年人口增长到 3.71 亿人，老龄化水平 20.3%；第三阶段是从 2031 年到 2053 年进入重度老龄化阶段，人口进入负增长阶段，老年人口增长到 4.87 亿人[1]。老年人口比重明显上升以及劳动年龄人口比重随之下降，这将会对我国养老保险制度的可持续发展产生严峻的挑战。特别是对养老服务体系的发展具有重要影响的老年抚养比[2]和老少比[3]，在人口老龄化的背景下，都是呈持续增长趋势（见图 5.2，图 5.3，图 5.4）。为了积极应对养老服务的需求，国家对社会服务的财政投入力

---

[1] 吴玉韶、党俊武：《中国老龄产业发展报告.2014》，北京：社会科学文献出版社，2014 年，第 36 页。

[2] 人口抚养比指总体人口中非劳动年龄人口数与劳动年龄人口数之比。说明每 100 名劳动年龄人口大致要负担多少名非劳动年龄人口。主要分为少儿抚养比和老年抚养比。据测算，我国人口总抚养比将在 2027 年达到 50% 的临界点，在 2029 年老年抚养比将达到 27.4%，它度量了劳动力人均负担赡养非劳动力人口的数量。老年抚养比＝老龄人口/劳动年龄人口×100%。

[3] 老少比是指老年人口数与少年儿童人口数的比值，用百分数表示。计算公式是：老少比＝（65 周岁及以上人口数÷0~14 周岁人口数）×100%。老少比的值越大，人口老龄化越严重。

度不断增加，社会服务事业费支出从2005年的718.4亿元增加到了2014年的4404.1亿元。

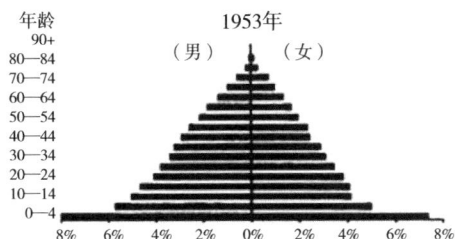

资料来源：根据1953年我国人口普查资料整理。

图5.2　我国人口年龄结构金字塔（1953年）

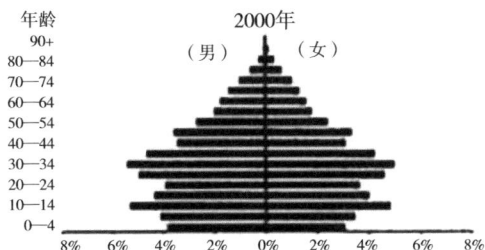

资料来源：根据2000年我国人口普查资料整理。

图5.3　我国人口年龄结构金字塔（2000年）

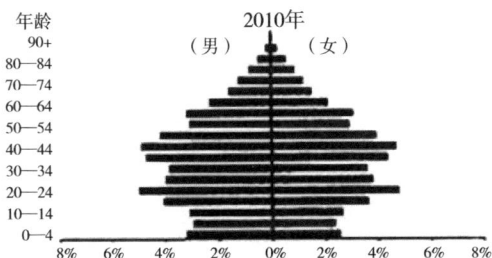

资料来源：根据2010年我国人口普查资料整理。

图5.4　我国人口年龄结构金字塔（2010年）

具体来说，人口年龄结构变迁对养老服务体系变迁的影响主要体现在以下几个方面。

（一）老年人口抚养系数提升，降低了社会养老服务能力

从世界人口年龄结构变动的发展过程来看，人口年龄结构的不同与劳动力的抚养负担程度之间存在着密切的联系。由于死亡率和出生率的变化在速度与时间上的差异，人口年龄结构一般有高少儿负担、高劳动力人口比、高老年人口负担三个发展阶段。具体而言，在年轻型人口年龄结构的社会中，社会少儿抚养比较高；在成年型人口年龄结构的社会中，少儿人口抚养比降低；在老年型人口年龄结构中，老年人口比重逐渐提高，老年人口抚养比增加。一般而言，从年轻型人口年龄结构向老年型人口年龄结构的转变过程中，少儿抚养系数与老年抚养系数[1]呈相反方向的变化态势[2]。1953年我国老年抚养比为7.4%，1964年为6.4%，1982年为8.0%，1990年为8.3%，到2000年我国社会整体进入老龄化社会以后，老年抚养比迅速增长到9.9%，到2015年老年抚养比增长到14.3%（见图5.5）。

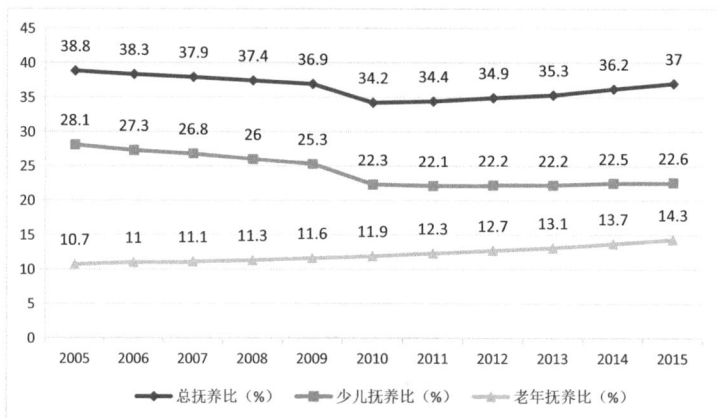

资料来源：智研咨询：《2016年中国人口老龄化现状：老龄化加速，中国成世界老年人口最多国家》，2016年10月15日，http://www.chyxx.com/industry/201610/457005.html，2016年12月21日。

图5.5　我国人口总抚养比、少儿抚养比、老年抚养比变化情况（2005—2015年）

---

[1] 老年抚养系数又称负担老年系数=老年人口/15—64岁人口×100%。2002年全国平均老年抚养系数为11.6%，以上海为最高，达17.7%，浙江15.4%，天津14.4%，北京13.9%，江苏13.9%，湖北12.9%，重庆12.8%，广西12.5%，在12%以上的还有安徽、四川、湖南；以青海、宁夏为最低，在8%以下。

[2] 少儿抚养系数又称少儿人口抚养比，以反映每100名劳动年龄人口要负担多少名少年儿童。

劳动力负担影响经济发展，影响社会养老的经济供给，从而影响老龄人口养老方式的选择和社会养老方式的发展。以上海市为例，据历年《上海统计年鉴》上海自1979年进入老龄化社会，2016年老龄化率为30.2%，预计到2020年老年人口将超过540万，老龄化率将超过36%，老龄化程度居于全国前列。随着人口老龄化程度的加深，少儿负担比重较为稳定，而老年负担比重日益加重。这势必会对于经济发展造成负面影响，进而减弱社会养老服务能力；另一方面社会需要更加丰富的养老资源供给。（见表5.4，表5.5）

表5.4 上海市人口负担系数基本情况（2000—2010年）（单位：%）

类型	2000年	2004年	2005年	2006年	2007年	2008年	2010年
少儿负担系数	11.5	12.1	11.6	11.5	11.9	11.9	12.3
老年负担系数	20.6	26.8	27.2	28.1	29.4	30.8	34.4
总负担系数	32.1	38.8	38.8	39.6	41.3	42.7	46.7

资料来源：依据《上海统计年鉴》与上海市人口普查资料整理绘制。

注：少儿是指0—14岁；老年是指60岁及以上。

表5.5 上海市各类抚养系数[①]（2008—2015年）

类型	2008年	2009年	2010年	2011年	2012年	2013年	2014年	2015年
少儿抚养系数(0—14岁)	11.9	12.1	12.3	12.8	13.5	14.2	15.2	16.0
老年抚养系数（60岁及以上）	30.8	32.6	34.4	36.6	39.3	42.4	46.6	50.2
总抚养系数（0—14,60岁及以上）	42.7	44.7	46.7	49.3	52.8	56.6	61.8	66.2

资料来源：根据2008—2015年上海市人口和老龄事业监测统计信息整理。

就2015年上海情况来看，老年抚养系数为50.2%。随着该比重的逐渐增大，劳动力数量相对减少，会直接影响企业生产的劳动力供给，导致产能不足，最终会影响社会养老能力、养老资源的供给以及社会养老事业的发展。

---

① 总抚养系数又称总负担系数(即赡养率)=(老龄人口+未成年人口)/劳动力人口=老龄人口抚养比+未成年人口抚养比。

（二）老龄化程度加深，增加了社会养老服务需求

随着人口年龄结构的变迁尤其是老龄化程度的加深势必会对养老服务体系的服务能力提出新的要求。

人口的老龄化影响老年负担系数。目前，随着社会保障制度的日益完善，我国越来越多的居民被纳入制度养老的范围，从1989年的5710.3万人增加到了2013年的81968.3万人（见表5.6），并且我国社会保障制度内的赡养比也在逐年提高，这将会导致养老金支出增加的速度大大快于养老基金收入增加的速度。而未来相当长时间内，我国用于养老服务体系建设的社会事业财政支出也必将面临更大的压力，进而导致养老资源供给压力进一步加大。

表5.6　全国参加社会养老保险人数基本情况（1989—2015年）（单位：万人）

类型	1989年	1990年	1995年	2000年	2005年	2010年	2013年	2014年	2015年
参保职工	4816.9	5200.7	8737.8	10447.5	13120.4	19402.3	24177.3	25531	26219
参保离退休人员	893.4	965.3	2241.2	3169.9	4367.5	6305	8041	8593	9142
参加城乡居民基本养老保险人数	—	—	—	—	—	10276.8	49750	50107	50472
参加社会保险的人口总数	5710.3	6166	10979	13617.4	17487.9	35984.1	81968.3	84231	85833

资料来源：《中国人力资源和社会保障年鉴》（1990—2016），北京：中国劳动社会保障出版社，1990—2016年。

人口老龄化的逐步加深增加了基本养老金的支出。社会养老金是依靠社会养老的老年人最主要的经济来源，随着我国人口老龄化程度的加深，退休人口数量不断提高，基本养老金的支出也呈现出明显的上升趋势。2014年5月发布的《2013年度人力资源和社会保障事业发展统计公报》显示：全年基本养老保险基金收入比上年增长13.3%，支出比上年增长18.6%，支出增长比例大于收入增长比例5.3个百分点。以上海市为例，2012年养老金支出总额比2001年翻了4.31倍（见表5.7）。但是，《中国家庭发展报告2014》显示，在我国农村，仍有47%的老人认为钱

不够花，在城市也有37%的老人有相同的感受①。

表5.7　上海市养老金支出情况（2001—2012年）

类型	2001年	2003年	2004年	2005年	2007年	2012年
养老金支出(亿元)	236.20	281.50	310.41	346.60	488.46	1018.79
GDP(亿元)	4950.84	6250.81	7450.27	9164.10	12188.85	20181.72
占GDP比例(%)	4.53	4.50	4.17	3.78	4.01	5.05

资料来源：《上海统计年鉴》（2002—2013），北京：中国统计出版社，2002—2013年。

　　此外，养老方式的转变增加了社会养老服务的需求。随着老龄化程度的加深，越来越多的老年人选择社会化的居家、社区和机构养老等形式。《中国家庭发展报告2014》显示，老年人最强烈的养老需求是医疗保健服务需求，并且希望自身的养老需求通过社会化的方式得以实现，其中42.3%的老年人认为病痛较多。这要求社会一方面要提高社区卫生服务站的医疗保健服务能力，另一方面要提供大量的"医养结合"型的养老机构。

（三）家庭养老负担增加，限制了社会养老消费能力

　　家庭养老方式仍然是我国当前最主要的养老方式，而且会存续相当长时间。家庭养老的负担情况是研究家庭养老方式的重要内容，因此本研究基于家庭老年抚养比指标从微观上探究我国家庭抚养老年人的负担变化情况。家庭老年抚养比是指家庭中65岁及以上老年人口与家庭中15—64岁劳动人口的比值。其中每户家庭中65岁及以上老年人口数≈65岁及以上老年人口总数/家庭户总数；每户家庭中15—64岁劳动人口数≈15—64岁劳动年龄总人口/家庭户总数。依据现有的人口变化动态模型，预测上海市家庭老年抚养比的变动情况（见表5.8）。

———————

　　① 以上海市为例,随着人口老龄化程度的不断加深,上海市退休人数也在逐年提高。从2001年的239.87万人,此后逐年增加,增加到2012年的378.4万人。与此同时,基本养老金的支出也在不断地上升,2001年的236.2亿元,此后逐年上升,2012年上升到1018.79亿元。随着享受社会养老金待遇的人数在不断地提高,养老金支出总额占GDP的比重也在不断增加,虽然2004—2005年比例有所下降,但总的来说,上升的趋势还是很明显的。

表5.8　上海市居民家庭老年抚养比现状及预测情况（2010—2050年）

类型	2010年	2015年	2020年	2025年	2030年	2040年	2050年
每户家庭65岁及以上老人(人)	0.44	0.53	0.68	0.72	0.76	0.73	0.79
每户家庭劳动力(人)	1.94	1.82	1.66	1.53	1.49	1.49	1.43
家庭老年抚养比	0.21	0.26	0.36	0.47	0.51	0.49	0.55

资料来源：参见《上海统计年鉴》（2011—2021），北京：中国统计出版社，2011—2021年，进行预测。

通过对上海市老年抚养比的预测发现，家庭老年抚养比总体呈现持续上升的趋势，单个家庭劳动力的养老负担与日俱增。

另外，老年人作为家庭中的纯消费者，老年人口数量的变化会影响家庭中人均可支配收入情况。随着家庭中老年人口数量的增加，家庭用于支付老年人养老的费用也将必然提高，这必然也会影响家庭对其他方面的消费支出，从而影响家庭生活质量的提高，同时也限制了家中老人在社会化养老方面的消费支出，不利于社会养老服务体系的发展。

（四）老龄化呈现"乡高城低"，需要统筹发展城乡养老服务

1958年1月全国人大通过了《中华人民共和国户口登记条例》，从此我国政府对于人口流动实行严格的管制。城乡差别化，"二元"体制逐步形成，特别是政府对于城乡养老服务公共事业的投入和人民的福利待遇也是差别化对待。从1982年开始，我国老龄化就开始呈现"乡高城低"的态势（见表5.9），这就需要坚持统筹城乡养老服务体系的发展原则。由于历史的欠账，需要加大财政投入尽快完善农村养老基础设施；另外由于城乡社会福利水平差异较大，需要完善政策尽可能提高农民养老福利待遇水平[1]。

---

[1] 2010年各级财政共发放农村五保供养资金98.1亿元，比上年增长11.4%，其中中央财政首次安排五保对象临时物价补贴3.5亿元。截至2014年底，全年各级财政共支出农村五保供养资金189.8亿元。截止到2010年底，全年共发放农村低保资金445.0亿元，比上年增长22.6%，其中中央补助资金269.0亿元，占总支出的60.4%。截至2014年底，全年各级财政共支出农村低保资金870.3亿元，其中中央补助资金582.6亿元，占总支出的66.9%。参见民政部2011年、2014年《社会服务发展统计公报》。

表5.9　我国城乡老龄化率对比（1982—2010年）　（单位：%）

区域	1982年	1990年	1999年	2000年	2010年
城市	4.56	5.16	5.97	6.30	7.8
农村	5.00	5.74	7.02	7.35	10.06

注：按照65岁人口计算。

资料来源：《中国人口和就业统计年鉴》（1983—2011），北京：中国统计出版社，1983—2011年。

二、家庭人口结构的变迁

家庭是社会的细胞，家庭是由家庭成员构成的生活共同体。人口学界认为，家庭结构是指家庭成员之间的组合状态，包括了家庭的人口结构、规模结构以及长期形成的家庭关系。研究家庭结构问题有利于分析家庭人口结构变化的规律，从而可以从家庭层面探究我国养老服务体系的发展原因、动力和方向。

家庭结构是家庭研究中最重要的内容和最基本的要素，本文从家庭的代际关系、婚姻数量和子女数量来划分家庭的类型。我们将家庭划分为四种类型：核心家庭、主干家庭、联合家庭和特殊家庭①。

自改革开放以来，我国家庭数量逐渐增加，但家庭户规模不断缩小，呈现核心化趋势。2010年，我国人口总数有133281万人，比1953年多74485万人，家庭户数多26782万户，平均每户人数为3.09人，平均每户比1953年少1.24人（见表5.10，图5.6，图5.7）。

---

① 核心家庭，由夫妻二人及未婚子女组成；主干家庭，一般是由父母和一对已婚子女组成；联合家庭，一般是由父母和其已婚兄弟姐妹或者两对以上的已婚子女等组成的家庭；特殊家庭，即以上三种类型以外的家庭类型，如空巢家庭、失独家庭、残缺家庭、丁克家庭和独居家庭等。

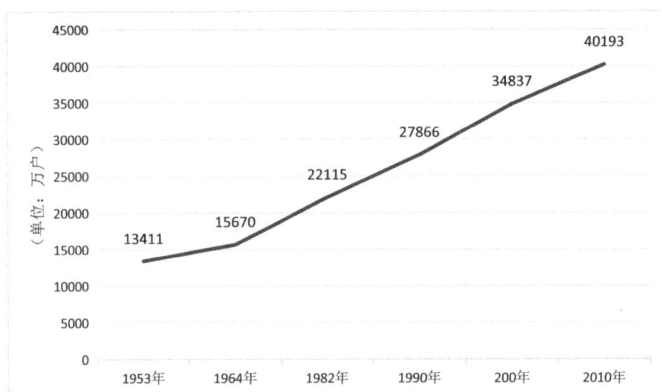

资料来源：作者依据历次人口普查资料整理绘制。

图5.6 我国家庭户数（1953—2010年）

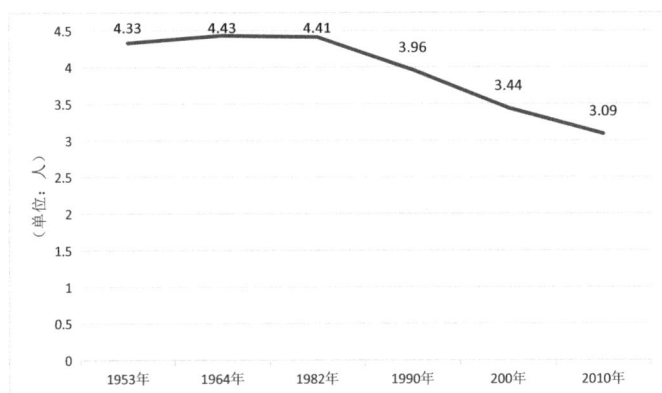

资料来源：作者依据历次人口普查资料整理绘制。

图5.7 我国家庭平均每户人数（1953—2010年）

表5.10 中国家庭户均人数（1953—2010年）

时间	1953年	1990年	2010年
家庭户均人数(人)	4.33	3.96	3.09

资料来源：《中国人口和就业统计年鉴》（1991—2016），北京：中国统计出版社，1991—2016年。

养老是家庭的基本功能之一，家庭是养老的基本载体。养老服务体系的发展与家庭结构的变动密切相关。随着我国经济的发展和社会的转型，家庭结构也随之发生了巨大的变动，养老服务体系也在家庭结构的变迁中产生了新的时代内容和变化规律①。就我国目前情况而言，中国家庭结构变迁呈现出规模小型化、代际关系简单化、类型多样化、成员年龄老龄化等特征②。

具体来说，家庭结构对社会养老方式影响主要体现在以下四个方面：

（一）家庭规模小型化，超过了家庭养老负担的能力

家庭的规模和结构直接会影响到老年人的养老质量及其家庭养老负担程度。计划生育政策实施以来，我国家庭的规模在不断缩小，家庭中原来承担养老责任的子代、孙代的人数在不断地减少。家庭规模的不断缩小，总和生育率③也在持续下降（见图5.8），致使家庭养老负担不断增加。并且随着我国生活水平的提高和医疗卫生条件的改善，人口平均寿命持续提高，老年期相对更长，对于养老的需求也相应地增加。

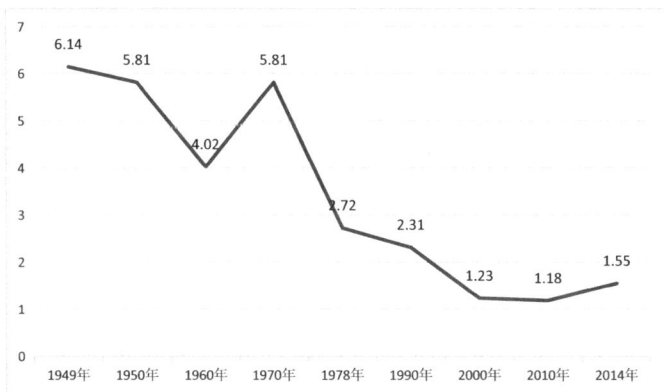

资料来源：根据历年人口统计年鉴整理绘制。

图5.8　我国历年总和生育率变化情况（1949—2014年）

传统的多子女时代家庭养老责任都是子女共同分担，计划生育使得目前我国约有1.5亿个独生子女家庭，计划生育使得"4-2-1"家庭结构

---

① 胡亮：《由传统到现代——中国家庭结构变迁特点及原因分析》，《西北人口》2004年第2期。

② 参见《中国家庭发展报告（2015年）》。

③ 国际上通常将总和生育率低于1.3称为"低生育率陷阱"，2010年第六次人口普查时，我国总和生育率下降为1.18。

中的"独生父母"在我国至少有千万个，并将成为社会主流，而随着经济和科技的发展，甚至可能出现"8-4-2-1"的家庭。这样家庭中的养老问题就落在了一对独生子女的夫妇身上，养老负担逐步加重。随着老年人年龄的增长，生理机能不断地下降，老人自我照顾能力也会随之减弱，特别是我国目前还有4600万人是失能、半失能的老人，其中重度失能老人约500万，80岁及以上高龄老人有3000万[①]。这些老人都需要有子女或者他人的照顾。

根据全国人口普查数据统计，近30余年我国家庭户人口规模呈缩小趋势，从1982年的4.41人下降到2010年的3.09人（见表5.12）。《中国家庭发展报告（2015年）》显示，家庭平均规模为3.35人，其中，农村家庭平均规模为3.56人，城镇家庭平均规模为3.07人；家庭户平均规模为3.02人，其中，农村家庭户平均规模为3.14人，城镇家庭户平均规模为2.84人；户平均规模仅有2.72人，其中，农村户平均规模为2.79人，城镇户平均规模为2.63人[②]（见表5.11）。

表5.11　家庭人数分布表（2015年）

家庭人数(人)	1人	2人	3人	4人	5人	6人	7人及其以上
比例(%)	6.4	21.9	31.7	21.0	11.5	5.3	2.2

数据来源：《中国家庭发展报告（2015年）》，2015年5月13日，http：//news.xinhuanet.com/edu/2015—05/14/c_127800298.htm，2015年11月19日。

调查显示，我国有90%的老年人会选择在家中养老，传统家庭子女承担养老责任。然而随着人口平均寿命的延长，同时期内的代际数量势必增加，就会出现一个家庭中可能同时存在两代及以上都是老年人的情况，但是家庭规模和年轻人口数量并没有相应增多。所以家庭规模在缩小，老年人口数量不断增加，寿命不断延长，这将会增加家庭中的老年人口比重，也必然增加了养老负担。依据2010年第六次人口普查资料，

①参考吴玉韶：《中国老龄事业发展报告(2013)》,北京:中国社科文献出版社,2013年。与《中国老龄事业发展统计公报(2014年)》,2014年7月25日,http://www.cncaprc.gov.cn/,2015年9月26日。

②家庭成员包括父母、子女和其他共同生活的亲属；家庭户是指以家庭成员关系为主、居住一处共同生活的人组成的户。户人口则包括调查时共同居住生活的家庭成员。

安徽省人口总数达到5950万人，比1990年增加331.9万人，而家庭户规模却从1990年的4.1人下降到了3.1人。在此基础上，安徽省老年人口抚养比从1990年的8.7%增加到了2013年的17.68%（见表表5.13，图5.9）。

表5.12 我国人口年龄结构变化和家庭户人口结构变化情况（1982—2010年）

	人口年龄结构(%)				户均人口规模(人)			
	1982年	1990年	2000年	2010年	1982年	1990年	2000年	2010年
0—14岁	33.6	27.7	22.9	16.6	1.48	1.1	0.79	0.51
15—64岁	61.5	66.7	70.1	74.5	2.71	2.64	2.41	2.18
65岁以上	4.9	5.6	7	8.9	0.22	0.22	0.24	0.41
合计	100	100	100	100	4.41	3.96	3.44	3.09

资料来源：根据1982—2010年全国人口普查数据整理。

表5.13 安徽省总人口及家庭户规模（1953—2010年）

指标	1953年	1964年	1982年	1990年	2000年	2010年
总人口（万人）	3066.3	3124.1	4966.6	5618.1	5900	5950
总户数（万户）	713.2	765.2	1052.2	1337.7	1650.5	1932.2
家庭户规模（人/户）	4.3	4.1	4.6	4.1	3.5	3.1

资料来源：《安徽统计年鉴》，北京：中国统计出版社，1989—2015年；1953—2010年六次安徽人口普查数据整理。

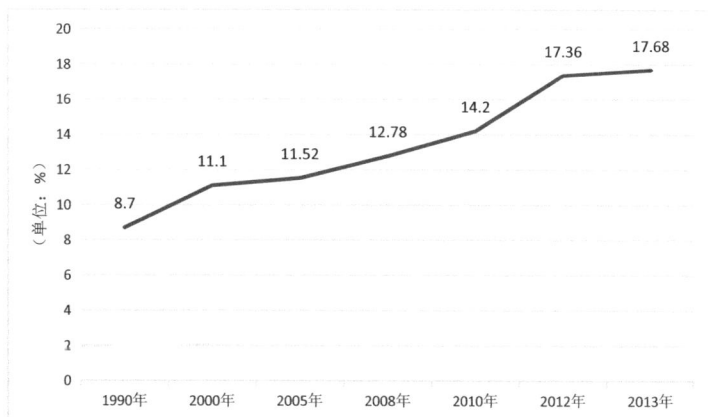

资料来源：《安徽统计年鉴》，北京：中国统计出版社，1989—2015年；1982—2010年安徽省人口普查数据整理。

图5.9 安徽省老年人口抚养比（1990—2013年）

（二）家庭代际结构简单化，弱化了家庭养老功能

改革开放以来，我国联合家庭所占比重不断下降，核心家庭所占比重不断上升。《中国家庭发展报告（2015年）》显示，我国目前家庭2—3人的规模成为家庭类型主体，核心家庭占六成以上，单人家庭、空巢家庭也占一定的比例。首先，家庭代际结构简单化，老年人对于家庭养老的依赖程度有所降低。其次，家庭代际权力关系下移、老年人家庭地位趋于边缘化[①]。再次，我国空巢、留守老人家庭急剧上升[②]。根据中国国民经济发展统计公报显示，截至2014年底，我国空巢老年人口突破1亿人，农村留守老人约有5000万（见表5.14）。空巢和留守家庭是我国工业化背景下人口外出务工的必然结果。父母和子女被空间距离长期阻隔，必然会弱化代际之间的联系，家庭的养老功能进一步弱化。

表5.14　中国老年人居住方式情况（2014—2015年）

居住方式	独居老人	空巢老人[③]	仅与配偶居住
比例(%)	10	50	41.9

资料来源：根据《中国家庭发展报告》（2014、2015）整理所得。

注：选项有交叉。

（三）子代单独居住比例增加，忽略了对于老人的精神慰藉

家庭在中国老年人生活中占据着重要的位置。调查显示，绝大多数老年人愿意与亲人生活在一起，享受天伦之乐。亲情的交流与沟通，能使老年人获得精神上莫大的满足和安慰。然而，由于家庭规模的小型化以及住房方式的改变，成年子女与父母常常处于分开居住的状态，空巢

[①] 家庭代际权力关系下移影响了代际间支配经济资源的能力，直接影响了老年人的生存质量和生活水平。传统的以父子关系为权力核心的家庭内部关系转变为以子代夫妻关系为权力核心，导致了代际权力关系的下移。这种代际关系的下移，使年轻的夫妻双方的大部分注意力转向了其子女而削弱了对老年父母的赡养的重视程度。

[②] 《中国家庭发展报告(2014年)》显示，对50岁及以上且有子女的老人进行调查，其子女及子女配偶均不在本户居住的空巢家庭约占40.3%，留守老人占农村老人的23.3%。

[③] 空巢老人主要是指父母与子女不在一起共同生活，子女与父母不在同一县及其以上区域。独居主要是指无子女和无配偶，或者长期不与子女和配偶一起生活。独居与空巢两种形式有交叉。

老人增多，这在无形之中为代际间的沟通设置了障碍。年轻子女为追求
自身的事业也常常无暇顾及与老年父母的情感沟通，老年人的孤独感较
为强烈。一项在上海开展的调查显示，子女与老人不交谈或较少交谈的
分别占23%、41%；老年人与子女的关系处于和睦状态的仅为41%[1]。亲
情交流的缺乏使老年人倍感孤独，对生活的满意度降低。

（四）家庭赡养传统存续，保证了养老资源的供给

在社会化养老资源并不能负担所有老年人养老需求的现阶段，传统
家庭养老的资源供给方式是一个有效补充，这也可能成为我国社会养老
服务体系发展本土化的特色。在家庭生命周期中，传统社会子女对父母
的经济支持成为父母在晚年生活质量保障的重要手段。随着我国现代养
老保障体系的建立和完善，代际关系中的养老经济支持由家庭逐步外化
到社会。传统社会在一个家庭的范围内，由成年子女供养老年父母，而
当前已经逐步转化为由在职的年轻人口供养领取养老金的老年人口。

调查显示，我国老年人口的恩格尔系数[2]较高，60—64岁的城市老
年人的恩格尔系数为63%，80—84岁的城市老年人更是高达68.9%（见
表5.15）。由此可见，我国大部分老年人的生活水平仍处于贫困状态。
老年人的经济供养能力总体水平较低。所以就目前我国社会保障实际水
平来看，家庭依然是很多老年人养老资源来源的重要依靠，子女仍需承
担很多老人养老的经济支持责任。调查显示，我国城市有七成以上老人
主要依靠养老金生活，农村有七成以上老人已经享受养老金待遇，但是
不到两成可以依靠其生活[3]。我国养老保障水平总体较低，研究表明我
国基本养老保险总体替代率[4]只有42%，缴费35年以上的也才达到

---

[1] 王树新主编：《社会变革与代际关系研究》，北京：首都经济贸易大学出版社，2004年，第
13页。

[2] 按照国际上通行的标准，恩格尔系数在59%以上为贫困，50%—59%为温饱，40%—50%为小
康，30%—40%为富裕，低于30%为最富裕。

[3]《中国老年社会追踪调查2014》显示，我国超八成城乡老年人领取了养老金，比例总体达到
85.9%，其中城市老年人有91.2%可以领取养老金，且有71.9%的老年人最主要的生活来源是养老
金；农村老年人中有70.8%领取养老金，但仅有17.2%能够依靠养老金生活。

[4] 替代率是国际上通用的衡量养老金水平的一个指标，简单说就是养老金与工资的比例。

65%[①]，而且农村老人领取的新农保一般每月只有60元—100元（见表5.16），很难依靠社会养老保险生活。

表5.15　中国城乡老年人口恩格尔系数（2000年）

区域	60—64岁	65—69岁	70—74岁	74—79岁	80—84岁	85岁及以上
城市	63%	60.5%	65.4%	64.3%	68.9%	64.4%
农村	57.6%	62.6%	67.3%	60.8%	65.9%	66%

资料来源：《中国城乡老年人口状况抽样调查》（2000年）、《中国家庭追踪调查（CFPS）》数据整理。

表5.16　上海市浦东新区曹路镇域农民养老金情况表（1993—2002年）

年份	顾路地区			龚路地区		
	养老人数（人）	月发养老金（元）	年发养老金总数（万元）	养老人数（人）	月发养老金（元）	年发养老金总数（万元）
1993	2104	25	82.10	3242	25	109.05
1994	2094	30	94.70	3239	35	147.96
1995	1864	35	96.70	3209	40	162.84
1996	1875	40	124.40	3195	45	179.99
1997	1893	40	126.80	3086	50	197.90
1998	1904	45	139.60	3068	50	196.75
1999	1884	45	142.20	3177	50	206.32
2000	1905	50	160.00	3048	50	204.26
2001	2129	60	218.00	3123	60	290.52
2002	2275	70	240.30	3097	70	348.00
合计	19927		1424.80	31484		2043.59

资料来源：《曹路镇志》，上海：上海辞书出版社，2007年，第176页。

　　总之，家庭养老功能弱化，亟待发展社会养老。随着年龄的增高，老年人体质日趋下降，健康问题变得突出，需要代内或代际之间提供日常生活照料，传统上家庭是提供生活照料的重要来源。然而，随着家庭结构的变迁，家庭规模小型化，家庭中能够为老年人提供生活照料的成员数量减少，而且随着越来越多的年轻子女离开父母在异地就业或单独居住，客观上很难为老年人提供日常生活照料，这就需要发展更多的社

_____

　　① 参加城镇职工养老保险的职工缴费年限达到35年，替代率才可以达到65%。实际上，很多职工普遍缴费只是达到最低缴费年限15年。

会化养老服务组织以弥补因家庭结构变迁带来的养老功能缺失。

三、流动人口结构的变迁

我国人口流动①是基于户籍制度而产生的独特现象，其测量的标准主要是户籍的变动。人口流动会造成人口数量、人口密度、家庭关系等发生变化。从本质上看，人口流动反映了人口与社会经济之间的内在联系②。改革开放以来，我国流动人口规模不断增加③。《中国家庭发展报告（2015年）》显示，流动家庭已成为我国家庭模式的重要形态，户主居住地与户籍地不在同一地的流动家庭，占比17.2%。在流动家庭中，2人户中夫妻共同流动占81.7%，3人户中夫妻携子女共同流动占84.7%，流动家庭平均户规模为2.59人。

当前我国流动人口结构主要表现为农村流入城市和小城市流入大城市，俗称"农民工""漂族"④。"农民工"群体是我国独特的流动人口群体，是随着改革开放和农村生产力的提高，大量剩余劳动力到城市务工而出现的⑤。

在人口年龄结构与家庭结构对养老服务体系产生影响的同时，人口流动结构进一步对其产生更为深刻的影响：

（一）子女外出务工，提高了对老年人的供养水平

调查显示，老年人经济来源排在前三位的分别是：家庭成员供养、劳动收入和养老金（见图5.10）。城市老年人主要靠养老金和家庭成员

---

① 在人口学中，人口迁移是指人口在两个地区之间的地理流动或者空间流动，这种流动通常是指迁出地到迁入地的变化。人口流入地与户籍地的平均距离叫流动幅度，单位时间内流动的次数叫做流动频率。人口流动可分为跨省流动、跨市流动和跨县流动；可分为长期性流动、季节性流动、临时性流动和钟摆式流动。

② 郑家亨主编：《统计大辞典》，北京：中国统计出版社，1995年，第60页。

③ 根据人口普查和1%人口抽样调查的数据，1982年我国流动人口数为657万人，占全国总人口0.66%，2015年我国流动人口数为2.47亿人，占全国总人口18.03%。

④《中国流动人口发展报告2015》显示，2014年年底我国流动人口已达2.53亿人。根据城镇化、工业化和城乡人口变动趋势进行预测，到2020年，我国流动人口将逐步增长到2.91亿。

⑤ 段成荣、杨舸、马学阳：《中国流动人口研究.2011》，北京：中国人口出版社，2012年，第44—77页。

供养①，农村老年人主要靠劳动收入和家庭成员供养。

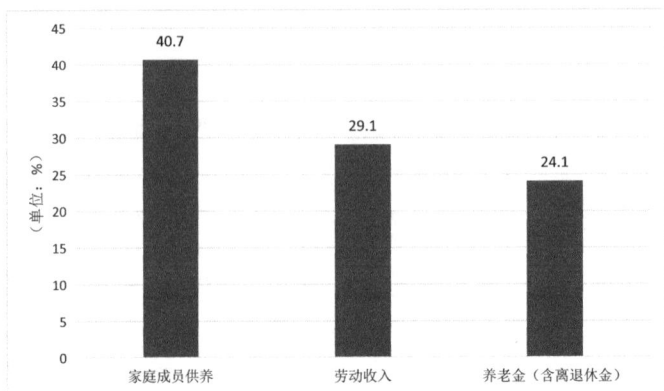

资料来源：作者依据《中国城乡老年人生活状况抽样调查》（2012年）数据整理绘制。

图5.10　我国老年人收入来源情况（2012年）

调查表明，在流动群体中，家中有需要赡养的老年人是影响汇款的重要因素，考虑到要赡养老人，外出务工群体对家庭的汇款数额往往会有所增加②。调查显示，2008年在汇款的农民工中，约占80%的汇款数额在10000元以下，平均汇款数额是5314元。追踪调查显示，随着社会经济的发展，2013年外出务工人员对老人的汇款金额达到6827.23元③（见表5.17，表5.18，表5.19）。

表5.17　外出务工人员对老人经济供养水平（1999年）

金额（元）	0—99	100—999	1000—2499	2500—4999	5000—9999	10000及以上
占比(%)	29.70	10.00	23.80	16.70	11.20	8.60

资料来源：李强：《中国外出农民工及其汇款之研究》，《社会学研究》2001年第4期。

表5.18　外出务工人员对老人经济供养水平（2008年）

金额（元）	1000以下	1000—1999	2000—3999	4000—5999	6000—7999	8000—9999	10000—19999	20000及以上
占比(%)	33.95	9.83	19.15	13.31	6.09	3.48	10.82	3.36

资料来源：李强、毛学峰、张涛：《农民工汇款的决策、数量与用途分析》，《中国农村观

① 丁志宏：《中国老年人经济生活来源变化:2005~2010》，《人口学刊》2013年第1期。
② 李强、毛学峰、张涛：《农民工汇款的决策、数量与用途分析》，《中国农村观察》2008年第3期。
③ 姚懿桐、王雅鹏、申庆玲：《劳动力外出务工对农户家庭收入的影响——以湖北省4个县(市)为例》，《浙江农业学报》第2015年第4期。

察》2008年第3期。

表5.19　外出务工人员对老人经济供养水平（2009年）

金额(元)	4999及以下	5000—7999	8000—9999	10000以上
占比(%)	12.00	70.15	10.85	7.00

资料来源：陈铁铮：《农村留守老人生存状况及社会支持体系研究》，湖南师范大学硕士论文，2009。

伴随着务工子女收入增加，家庭整体经济状况得到改善，虽然可能不是直接给予老年人金钱，而是通过间接地生活条件的改善来提高养老生活水平。子女外出务工收入的增加会对老年人生活质量产生有利影响，并且，家庭收入的增加，是购买社会化养老服务的前提条件。

（二）家庭生活照料功能弱化，促成了社会化转向

人口流动势必造成家庭成员间空间距离拉大，家庭成员之间居住方式趋于分散，而且多数是跨越省份，子女对老年人的近身照顾变得难以实现。从流动人口的性别构成来看，流动人口的男性明显多于女性。农村家庭中的留守妇女的家务负担必然增加，可能会忽略对于老年人的日常照料。除此之外，老年人在主干家庭中往往还需要承担照顾孙子女，以及更多的农业劳动。改革开放以来，我国农村人口流动和家庭结构之间有着密切的联系。2010年我国平均家庭户规模为3.09人，2015年下降为3.02人。

人口流动造成子女照料的缺位，促进了家庭养老的社会化转变。家庭养老的社会化转向弥补了子女由于流动而无法长期照料老年人的不足。随着养老服务体系的发展，越来越多的家庭可以通过社会化的方式购买养老服务。家庭原有的养老功能逐渐转向由社会提供和补充。

（三）"养儿防老"无法实现，推动女儿养老新方式的出现

传统"养儿防老"观念明确了儿子是老人养老的主要承担者。由于我国计划生育政策①的实施，使得社会上出现了大量的独生子女家庭，当然会有独女户家庭，这些家庭中的女儿同样要承担父母的养老责任；随着生产方式的改变、文明程度的提高，特别是女性地位的提升，父母对于儿子和女儿会给予同样的培养，父母对于女儿的付出并不比儿子少，家庭中子女在享受父母的付出方面是平等的，当然也逐渐形成了在赡养方面平等的责任。人口的流动提升了女性的社会地位，提高了女性的养老能力。主要是因为丈夫长期"缺位"，妻子成为"新"的一家之主。另外，外出务工增加了家庭可供分配的资源总量，并且女性分配家庭资源的自主权提高②。

伴随着人口流动，社会风气、观念和家庭结构也发生了很大的变化，人们生育的子女数普遍减少，家庭规模缩小，而传统所奉行的"养儿防老"也越来越难与我国现阶段的家庭结构相适应，特别是难以满足农村老人的养老需求。老年人子女中的男性大量外出打工，难以履行生活照料等养老义务，女性子女成为留守妇女，所以在一些农村地区出现了女儿参与原生家庭养老的现象，参与度呈现出越来越高的趋势。在一些家庭中，女儿与儿子同样承担着父母的养老责任，而且女儿在生活照料和精神慰藉方面还更加细致。特别是近些年，农村出现了"女儿养老"③现象。调查发现，女儿养老已受到大多数人的认可和接受，认同情况受个体特征影响。随着社会转型的发展，女性的家庭地位和社会地位提高，社会性别关系改善。女儿这个被传统社会忽略的角色对于娘家的"工具性"意义不断提升。女儿养老观念逐渐被大众认可和接受。这种认同与个体特征有很强的相关关系。总的来说，现代性越强，即年龄较小的，经济状况较好的，从事非农行业的农村居民对女儿养老认同度较高。

女儿养老是由于人口结构变化造成的一种家庭养老的新形式，是社

---

① 因计划生育政策而产生的计划生育家庭,主要包含独女户家庭、独子户家庭、双女绝育户家庭等类型。

② 夏焱:《农村劳动力外流对女儿养老的影响》,《当代经济》第2011年第1期。

③ "女儿养老"是指在我国农村地区,实行嫁娶婚,且婚后从夫居的出嫁女儿积极赡养娘家父母的现象。

会进步的表现。同样反映出养老功能的弱化，女儿养老更多地体现在精神慰藉方面，而其他养老服务则需要家庭之外的养老服务系统供给。

（四）空间阻隔了家庭养老，转向自我与互助养老

随着我国的产业转型，大量农村剩余劳动力开始迁移到城市务工，具体表现为从乡村、小城市①向大城市的工业区聚集，再由非中心城市向特大城市集中。我国社会的人口流动结构呈现出青年人口向特大城市和中心城市集中。另一方面由于现代社会生活方式、观念逐步改变，特别是青年人对于自由的渴望，导致代际间传统的居住方式改变，青年夫妻与父辈分开居住成为当前社会主流的居住方式。

人口流动结构与家庭结构的变化致使传统家庭代际关系出现松动、疏离，目前社会出现了6000万的农村留守老人、7000万的空巢老人家庭、3000万独居老人、100万的失独家庭②。由于社会服务体系覆盖面不够，特别是农村地区无法享受社会化的养老服务，所以这些家庭中的老年人不再依靠传统社会的代际反哺养老，而是大量出现了自我互助养老方式，生活照料靠自己、老伴与互助团体，经济支持主要靠积蓄和较低的③养老金、精神需求往往只能靠自我消遣或与互助团体成员互动。当然在社会化养老较为发达的少数大城市④，随着社会福利水平的提高，自我养老可以借助社会化养老服务来提高养老需求的满足水平。

---

① 根据《国务院关于调整城市规模划分标准的通知》，我国城市分为五类：城区常住人口50万以下的城市为小城市；城区常住人口50万以上100万以下的城市为中等城市；城区常住人口100万以上500万以下的城市为大城市；城区常住人口500万以上1000万以下的城市为特大城市；城区常住人口1000万以上的城市为超大城市。

② 目前官方没有相关统计数据，学术界观点差异较大。有人认为目前全国约有100万个"失独"家庭，上海有3.9万个，而且以每年7.6万个持续增加。（《新民晚报》2015年05月09日）另一数据是人口学专家、美国威斯康星大学学者易富贤指出，根据2013年人口数据推断，中国现有的2.18亿独生子女中，会有1009万人或将在25岁之前离世，不久之后的中国，预测会有1000万家庭成为失独家庭。

③ 我国2006年实施的新型农村养老保险制度规定，年满60周岁的老人，每月领取60元的养老金。虽然该制度要求地方财政补贴，但大都补贴水平也不高，一般只是5元—20元，甚至有些县没有配套。

④ 在中国也只有北京、上海、广州和深圳等经济较为发达的地区社会化养老发展较快。

四、养老服务发展的原因

从新中国人口的年龄结构、家庭结构和流动结构三个维度对人口结构进行了变迁分析。从人口结构变迁对于养老服务体系发展的影响角度研究新中国养老服务体系发展的原因与动力，分析发现我国养老服务体系发展的原因主要有以下三个方面：

其一，人口老龄化程度不断加深，整个社会养老负担加重，传统养老方式已经无法承载，需要统筹整个社会的养老资源发展体系化的养老服务体系。其二，家庭结构呈现小型化、核心化的发展趋势，传统家庭养老功能不断弱化，需要发展社会养老服务体系承接不断外化的养老服务需求。其三，人口流动促使家庭代际结构简单，传统子女的"床头尽孝"已经无法实现，需要发展社会养老服务体系弥补传统家庭养老的缺失。

第二节　人口结构变迁对发展养老服务体系的启示

新时期，人口结构变迁在广度和深度上都在加深，我国养老服务需求逐渐增加，养老服务领域的矛盾依旧存在并愈发突出，养老服务体现的不足现状没有得到根本的改善。为更好地适应当前与今后一段时期我国老龄事业的新形势、新要求，需要从年龄结构、家庭结构、人口流动等变迁的角度逐步完善我国养老服务体系的发展。

一、养老服务体系要积极应对人口发展新态势

据国务院印发的《"十三五"国家老龄事业发展和养老体系建设规划》，预计2020年，我国老年人口近2.5亿，老龄化率近20%，其中，有1.18亿独居和空巢老人，近3000万高龄老人，老年抚养比近28%，这是我国老龄化发展的最新局面。发展我国养老服务体系首先需要积极面对我国人口老龄化新态势，从而积极采取措施应对。

其一，要清醒地认识到我们已经进入了一个老龄化社会，这是一个

全社会都应该关注的社会问题。当然，人口老龄化的社会影响不仅仅是老年人养老需求增多，但是满足老年人的养老需求是目前最为迫切，最需要面对和解决的。所以，要动员一切可以动员的力量积极参与我国社会养老服务体系的建设，它是一个长期而艰巨的任务。

其二，积极开发养老服务体系中的老年人力资源。随着人口素质的提高，60—70岁的老年人可以胜任一些工作，国家应将开发老年人力资源纳入国民社会和经济发展规划，从政策和法规上给予支持和保证，比如延迟退休年龄、返聘、从事公益岗位等。要逐步构建生产型老龄化社会，从而解决社会养老服务体系中的人力资本不足的问题。

其三，转变经济增长方式，提高社会对养老资源的供应能力。我国的人口老龄化与发达国家最大的不同在于，我国是在经济尚不发达时就迎来人口老龄化，即"未富先老"。1999年进入老龄化社会时人均GDP只有1000美元，仅为发达国家进入老龄化社会时人均GDP的一半。随着人口红利的消失，我国要积极转变经济增长方式，减少人力成本，提高生产效率才可能在老年抚养比不断提高的情况下，将老年人养老与社会的整体运行统一起来。所以需要不断提高生产率才能够有效地节约人力和物力，使更多的人力、物力和时间投入养老服务产业，并随着财富的增加，增加社会养老的公共投入，从而提升社会养老服务体系的服务数量与质量。

二、养老服务体系要积极衔接外化的家庭养老

首先，加快居家养老服务网络的形成。随着家庭养老功能的逐步弱化，要积极发展最适合中国人的养老方式——居家养老①。当前，在养老服务体系的转型过程中，一方面，家庭养老的功能逐步弱化但没有消失；另一方面，目前我国居家养老只能为重点老年人提供基本的服务。二者还不能够有效地实现对接，所以居家养老要在家庭功能弱化最为明显的生活照料、紧急救援、社区参与等方面优先发展，以期逐步提高居

---

① 居家养老实现了家庭养老与社会养老的完美结合，既可以享受家庭的养老支持，又可以享受丰富多样的社会化养老服务。

家养老服务的水平，将家庭养老升级为居家养老。

其次，积极开展社区养老服务。社区是家庭养老的延伸，老年人可以在自己熟悉的环境中享受到社会养老服务，这对于居家养老的老年人是一种理想的补充。我国从1987年开展社区建设，社区养老已经积累了一定的发展经验和养老资源，这为社区开展养老服务提供了有利条件。大力发展社区服务，也有利于居家养老的发展，可以逐步形成多层次的社会养老服务体系。

再次，发展多层次的养老保障体系。我国养老保障体系主要是由社会保险、社会救助和社会福利等构成。目前，我国养老保障体系属于"保基本"阶段，养老保险的替代率较低，不能解决老年人基本的养老经济需求。因此，就已有的养老保障体系来看，需要优先关注重点人群，逐步提高社会养老保险水平，加大对于老年人的养老补贴和优待政策，积极推行养老护理保险试点，逐步建立多层次的社会保障体系。

三、养老服务体系要积极对接转型的传统养老

其一，促进养老服务业的发展。人口流动造成子女与父母之间的空间距离拉大，子女无法亲力亲为对老年人进行生活照料，这必然会促使老年人向养老服务市场购买养老服务，这样可以满足老年人缺失的生活照料、精神慰藉、患病护理等需求。同时，居家养老服务业也可以拉动内需，创造更多的就业机会，也有利于我国第三产业结构和劳动力结构的调整和优化[1]。

其二，大力发展志愿者，构建老人社会支持网络。由于人口流动而出现的大量留守、空巢、独居老人，他们养老中最为缺乏的就是陪伴。社区作为基层群众性社会组织，应该积极组织社区力量组建养老志愿服务网络。让志愿者成为留守、空巢、独居老人最亲密的陪伴者，为老人提供生活照料、精神慰藉等服务，实现家庭养老向多元社会养老转化。

其三，加强社区老年文化建设。随着我国生活水平的提高，老年人忙于家务的时间缩短，老年人需要丰富多彩的闲暇生活，用于发展自身

---

[1] 促进居家养老服务业的发展,对缓解我国就业压力和促进就业有积极的作用。

兴趣爱好。特别是由于青壮年人口流动，导致大量的留守、空巢、独居老人缺乏精神生活，社区应该增加老人社交活动的机会，扩大社交网络，让老年人老有所学、老有所为，帮助老年人保持年轻的健康的心态。

其四，实施居家养老支持政策。从我国养老传统出发，居家养老已经被公认为最适合我国的养老方式，需要进一步落实居家养老补贴办法，逐步扩大补贴范围。补贴方式可以是直接的货币补贴，也可以是服务补贴。例如，政府通过向老年人家属提供居家养老方面的咨询和指导，从而提高家庭成员照料技能，对于老年人在家庭中得到科学的照料和专业的护理具有极大的积极作用。

其五，要统筹城乡养老服务体系的发展。从1982年开始，我国老龄化就开始呈现"乡高城低"的态势，而且农村老龄化程度的增速也超过城市。面对我国城乡人口结构特点，要坚持统筹城乡养老服务体系的发展，需要财政加大投入尽快改善农村养老基础设施；此外，由于制度设计原因，我国城乡社会福利水平差异较大，需要坚持公共养老服务"均等化"原则，不断提高农民养老待遇水平。

总之，随着我国人口结构的改变，客观上传统的家庭养老会逐步延伸到社会层面，发展完善的社会养老服务体系来弥补和充实老年人的养老生活需求迫在眉睫。

小　结

通过研究我国人口结构的变迁过程，探明养老服务体系发展的动力与原因，是本章研究的基本思路。由于我国人口的年龄结构、家庭结构和流动结构的改变，使得传统的养老方式无法满足日益增长的养老需求，亟待建立社会养老服务体系来衔接养老需求。基于人口结构的变迁分析，我国养老服务体系发展的原因主要有以下三个方面：其一，人口老龄化程度不断加深，整个社会养老负担加重，传统养老方式已经无法承载，需要统筹整个社会的养老资源。其二，家庭结构呈现小型化、核心化的发展趋势，传统家庭养老功能不断弱化，需要发展社会养老服务体系承接不断外化的养老服务需求。其三，人口流动促使家庭代际结构简单，传统子女的"床头尽孝"已经无法实现，需要发展社会养老服务体系弥补传统家庭养老的缺失。我国人口的年龄结构、家庭结构和流动结构是一个不断变动的过程，所以发展养老服务体系需要持续地分析人口结构变迁的特点。当前发展养老服务要积极应对人口发展新态势、积极衔接外化的家庭养老和积极对接转型的传统养老。

第六章　养老服务体系变迁的原因：
养老资源的变迁

　　传统社会，老年人选择家庭养老，家庭就成为其养老资源的基础。现代社会，由于社会结构发生变化，家庭养老资源供应弱化，老年人转而寻求国家、社会资源供其养老。养老资源①的供给状况是我国养老服务体系发展的基础。随着我国社会主义市场经济体制的建立与完善，"大社会、小政府"的改革方向不断推进，国家正多渠道开发养老资源，多元化供给养老资源，特别是企业与社会组织参与养老服务体系的发展已经成为我国解决养老资源短缺的重要途径。

　　养老资源供给的主体主要包括个人、家庭、国家、企业、组织等；养老资源供给的内容主要包括资金、设施、人力、政策、文化等。从养老资源供给的主体看，社会力量的参与状况会对养老服务体系的发展产生重要影响；从养老资源供给的内容看，资源的供给质量与数量对养老服务体系的发展有着显著影响。所以本文结合以上两个角度，选取了内容上的经济资源、政策资源以及主体上的社会资源的变迁状况，开展其对养老服务体系的影响研究，以期探明当代中国养老服务体系变迁的原因与动力。

---

　　① 本文结合我国养老资源实际，认为养老资源是指一国或一定地区内拥有的能够用于养老事业的物力、财力、人力等各种物质要素的总称。养老资源是静态的，但在具体的社会实践中养老资源的供给是动态的，这就涉及社会供给或是养老资源供给问题。社会供给是指依托社会公共设施、社会力量、个人和公共部门或公共资源的，以满足社会成员需求为目的，为社会成员提供的一般性或者普遍性的物品、服务及其社会政策制度等。养老资源通过供给(机制)从而满足老年人的各类需求。我国城市居民养老资源来源渠道主要有家庭成员供养、劳动收入、个人储蓄、养老金和社会救助等。农民的养老资源来源渠道主要有财产性收入(土地养老)、家庭成员供养、劳动收入(务工)、养老金和社会救助等五个方面构成。

第一节　养老服务体系变迁的原因分析（养老资源角度）

一、养老服务体系的资源类型

养老资源是养老主体所拥有的能够对养老服务体系的发展带来实际效用的一切资源[1]，即老年人生活中基于需要并运用其消费的各种资源。养老资源是可以用来进行养老保障并能产生保障效果的物质与政策要素。它既可以是资金、物品，也可以是服务、文化、机会和支持政策等。当前社会养老资源主要包括经济资源、制度资源、社会资源以及文化资源等。

（一）养老服务体系发展的经济资源

养老经济资源是指家庭、个人、社会组织、企业、集体和政府等主体为满足老年人各类养老需求而提供的资金、物品与服务等。它直接关系到老年人养老服务的选择，关系到老年人的生活质量。具体包括两个层次，一方面是国家为社会养老服务体系的发展而投入的建设和保障资金等，主要有基础设施的建设、基本养老保险、特殊补贴等。另一方面是个人、社会组织和企业等提供的养老资金，当前我国正积极鼓励社会组织和企业参与养老服务体系的发展，成为养老服务业的发展主体。

以安徽省为例，安徽是国内较早进入老龄化社会的地区，安徽省的经济发展程度与养老事业的发展呈现着相互影响，相互作用的特点。2010年安徽省全年生产总值12359.3亿元，按可比价格计算，比2009年增长22.8%，连续7年保持两位数增长，增幅比2009年提高9.1个百分点，也是1995年以来最高水平。截止到2014年，安徽省的生产总值已达到了20848.8亿元，人均生产指数达到了108.4（见表6.1，表6.2）。

---

[1] 柴效武:《养老资源探析》,《人口学刊》2005年第2期。

表6.1　安徽省国民生产总值（1978—2014年）

年份	1978年	1990年	2010年	2011年	2012年	2013年	2014年
国民生产总值(亿元)	112.9	658.1	12359.3	15300.7	17212.1	19229.3	20848.8

资料来源：《安徽统计年鉴》，北京：中国统计出版社，1989—2015年。

表6.2　安徽省人均生产总值及指数（1978—2014年）

年份	1978年	1990年	2010年	2011年	2012年	2013年	2014年
人均生产总值(元)	240	1182	20888	25659	28792	32001	34425
指数	100.4	102.9	118.8	112.6	111.8	109.9	108.4

注：指数是指以上一年度为100为标准。

资料来源：《安徽统计年鉴》，北京：中国统计出版社，1989—2015年。

在经济快速发展的基础上，截至2013年底，安徽省拥有机构养老床位近30万张。这表明经济发展是养老服务体系发展的基础，也是老年人自主选择社会养老服务的前提。

（二）养老服务体系发展的政策资源

养老的政策资源是指国家和地方出台的专门指导和规范养老服务体系发展的文件、法律和条例等。经过梳理发现，新中国成立以来国家出台的专门指导我国养老服务体系发展的政策文件有100多份，其中典型的有老龄事业规划、养老服务体系规划、社区服务规划、养老服务业发展意见、高龄老人优待办法、社会福利机构管理办法、养老保险管理办法、社会保险法、老年人权益保障法等文件、法律等。政策资源反映了国家对老年人的一种养老态度，可谓是我国养老服务体系发展的保证，也是构建适应中国特色的养老服务体系的根基所在。

建立健全养老方面的政策、法律等制度是社会养老服务体系健康发展的重要保障。在各国社会养老服务体系发展进程中都把相关法律法规制度建设放在突出位置，着力促进社会养老服务体系沿着法制化、规范化的正确轨道发展。我国自新中国成立以来就十分注重养老事业的制度化建设，从1951年《中华人民共和国宪法》到1956年《高级农业生产合作社示范章程》对农村五保制度的规定，再到1978年第五届全国人民代表大会第一次会议通过的《中华人民共和国宪法》决定重设民政部，都为我国养老服务事业的发展提供了制度保障。

近些年来，政府通过出台实施一系列法律法规和相关政策，使得我国的社会养老服务经历了从无到有、从少数到多数、从局部到整体的全面发展。如我国农村地区老人养老问题不断得到重视，民政部于2006年颁布实施新的《农村五保供养工作条例》进一步规范了农村五保供养对象管理，科学制定并公布了农村五保供养标准，保证农村五保供养资金的落实，妥善解决了农村五保供养对象的突出困难。我国老人居住的社区服务设施也得到不断完善，至2014年底，我国社区服务机构增加至31.1万个[①]。

（三）养老服务体系发展的社会资源

养老社会资源是指从事养老事业的社会资本，具体表现为大量民间资本进入养老服务产业等。在社会主义市场经济体制不断完善的背景下，企业和社会组织可以充分发挥自身的优势，发展和繁荣我国的养老服务体系。

随着社会福利社会化的推进，社会力量较早地进入了民办养老机构的发展领域，成为机构养老发展的新动力。2006年2月国务院办公厅转发全国老龄委等10部委的《关于加快发展养老服务业的意见》，提出积极支持以公建民营、民办公助等多种方式兴办养老服务业。养老机构成为我国社会资本最早投资养老服务体系的领域。随着我国社会资源对社会养老事业尤其是机构养老的投入不断增加，我国养老机构数量不断上升，尤其是我国农村地区。在2010年到2013年期间，中国养老机构总床位数不断增加，入住老人数也随之增加（见表6.3）。

表6.3　中国养老机构床位数（1979—2013年）

指标	1979年	1990年	2005年	2010年	2011年	2012年	2013年
床位数（万张）	16.3	78.1	158.1	316.1	369.2	416.5	493.7

---

① 民政部：《2014年社会服务发展统计公报》。

续　表

指标	1979年	1990年	2005年	2010年	2011年	2012年	2013年
增长率(%)	—	5.72	13.5	7.7	16.8	12.8	18.5
每千老年人口养老床位数（张）	0.17	—	10.97	17.79	19.96	21.48	24.39

资料来源：依据历年《中国民政统计年鉴》整理绘制。

随着社会资源投入的提高，机构养老也将越发完善。以养老机构中的人力资源为例，近年来，随着我国社会投入的增加，我国养老机构专业化队伍越来越完善。人力资源中专业护理人员增多，管理规范化程度提高，整体护理质量不断提升，养老服务更加周到，老人生活质量也在不断提升。

（四）养老服务体系发展的文化资源

传统文化深刻影响着中华民族每个成员的思想与行为，特别是以"孝"为核心的传统文化深刻地影响了中国老年人的养老方式选择，成为我国家庭养老服务的依托。"孝道"是中华传统文化的精华，"孝"是儒家伦理思想的核心，是维系家庭关系的准则。历代统治者非常重视尊老、敬老、助老的思想，使得"孝"成为中国传统中最重要的养老文化。即使是在今天，"孝"文化依然是养老的重要思想，国家和社会都高度关注老人的养老问题，在经济上给予了支持，并给老人以精神慰藉。

一方面，"孝"文化直接影响到家庭内部的代际关系。在孝文化的约束下，自古以来，我国就有父辈有义务养育子女，为其提供各方面的帮助，子女为了回报，在父辈年老的时候承担起赡养老年人的责任。子女和父母通过融洽的代际之间关系而形成了代际互助，这也是一种双向交流、均衡互惠的代际交换模式。使得家庭成为老年人养老的载体，它为老年人提供物质和精神方面的帮助，保障老年人老有所养。从而形成我国古代父母抚养子女，子女赡养老人的"反馈"式养老模式，这也是我国家庭养老的传统所在①。另一个方面，我国自古的崇老文化传统促进了家庭养老方式的发展。崇老文化是由老年人的"老则贵"，子女们"唯父是从"和社会上"以老为尊"等观念组成②。崇老文化对家庭养老具有强大的正功能③。

中国传统养老观念发生转变。"养儿防老，积谷防饥""老吾老以及人之老，幼吾幼以及人之幼"，这是中国传统社会中人们的共识，说明养老在社会中占据着重要的地位。受到传统儒家思想的影响，老人都希望在家里养老，对"家"的眷念之情，对家庭的情感归属特别强烈，经济上也依赖着子女的供养，而子女也希望老人留在家中，侍奉长辈，"养儿防老"是中国老人传统的养老观念。但是随着我国改革开放的深入和市场经济体制的建立，养老观念也在改变，老人的经济支持也逐渐从子女们的供养转向离退休金、积蓄和老人的劳动收入等。老年人对于家庭尤其是子女的经济依赖逐渐降低，"养儿防老"的传统观念已经发生了明显的改变，这为开展养老服务体系建设营造了社会氛围。限于篇幅关系，本文对养老文化资源的变迁历程及其对于养老服务发展的影响并未展开研究。

二、养老服务体系的基石：经济资源变迁

从社会系统论的角度看，包含养老服务体系在内的社会事业发展都同人口、环境、技术、经济、政治制度等因素密切相连，因而研究我国养老服务体系的变迁原因就要放在我国整体经济发展的轨迹上考量。从社会发展的过程上看，各国经济的发展与社会的进步都为社会福利事业的进步即人的全面发展提供物质基础和前提，当然包含社会养老服务体系的建设与进步。但是国家过度的投入养老保障又可能给政府带来严重的财政负担，可能会阻滞整个社会经济的发展。

---

① 张岱年、方克立主编：《中国文化概论》，北京：北京师范大学出版社，1994年，第268—284页。

② 姚远：《对中国家庭养老弱化的文化诠释》，《人口研究》1998年第5期。

③ 崇老文化将崇老观念和价值观赋予中国的家庭养老，因而使家庭养老的家庭行为转变为社会行为。

（一）国家宏观经济是养老服务体系发展的基础

在资源供给上，自新中国成立以来直到20世纪90年代，资源供给不足和资源短缺是我国经济、社会发展的主要特点，人民日益增长的消费需要与供给不足是社会基本矛盾的主要方面。经过30多年的改革开放，我国国民经济高速发展，经济发展水平持续提高，社会供给[①]逐步充足。1978年我国GDP只有3678.7亿元，人均GDP只有384.7元，到2015年，我国全年GDP已经达到689052亿元，全年人均GDP已经达到4.99万元。按照世界银行的标准，人均GDP达到1万美元即大致为进入中等发达水平。到2014年，全国除京津沪三大直辖市外，还有江苏、浙江、内蒙古、辽宁、广东、福建、山东等人均GDP超过1万美元。这样，全国将有10个省级单位人均GDP达到1万美元，充分显示了中国局部（涉及中国5亿以上的人口）已经率先进入中等发达水平的状态（见图6.1，图6.2，图6.3，图6.4）。

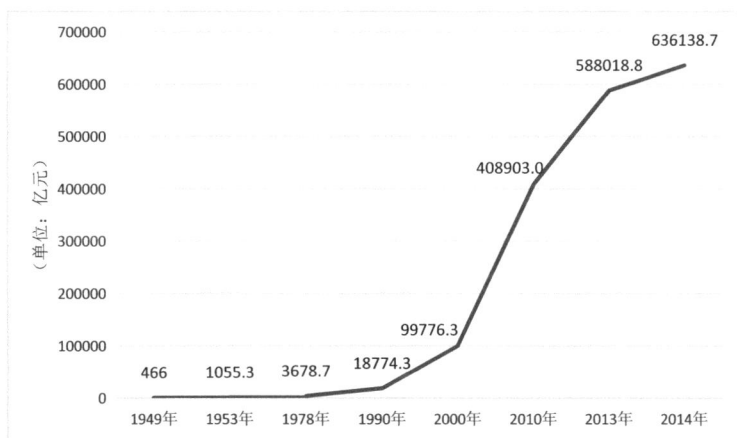

资料来源：依据历年《中国统计年鉴》整理绘制。

图6.1 我国国内生产总值（1949—2014年）

[①] 社会总供给是指一个国家或地区在一定时期内（通常为1年）由社会生产活动实际可以提供给市场的可供最终使用的产品和劳务总量。养老资源的供给当然也包含在内。

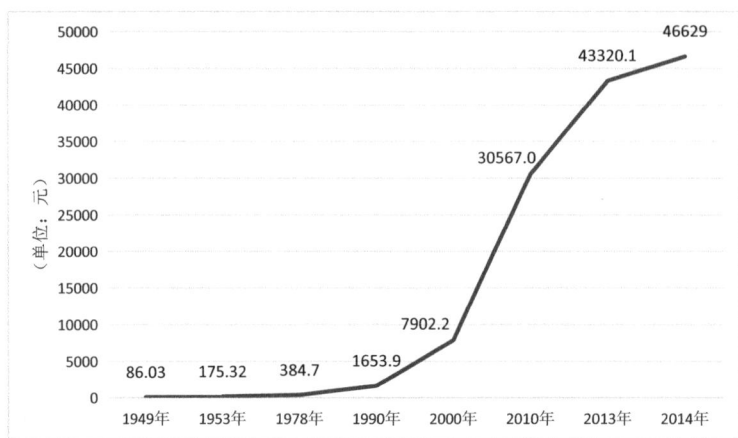

资料来源：依据历年《中国统计年鉴》《新中国50年统计资料汇编》整理绘制。

图6.2 我国人均国内生产总值（1949—2014年）

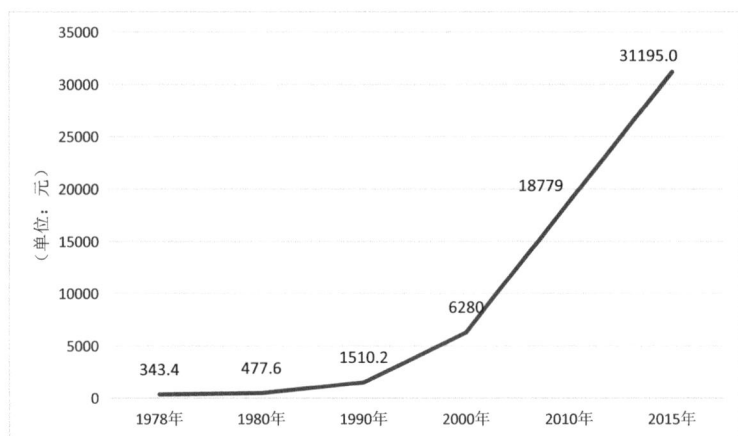

资料来源：依据历年《中国统计年鉴》整理绘制。

图6.3 我国历年城镇居民人均可支配收入（1978—2015年）

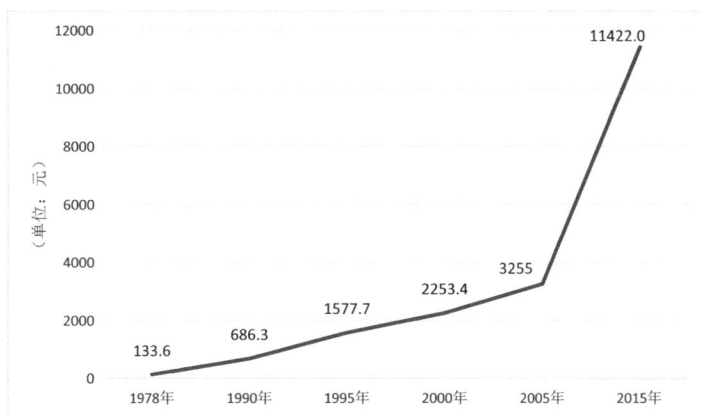

资料来源：依据历年《中国农村统计年鉴》整理绘制。

图6.4　我国历年农村居民人均可支配收入（1978—2015年）　（单位：元）

在此基础之上，我国社会服务投入的资金也逐渐增多，基本建设投资总额不断提高，社会服务机构固定资产原值不断发展，我国2014年全年社会服务事业费支出达到了4404.1亿元（见表6.4）。

表6.4　我国社会服务投入基本情况（2005—2014年）　（单位：亿元）

指标	2005年	2006年	2007年	2008年	2009年	2010年	2011年	2012年	2013年	2014年
社会服务事业费支出	718.4	915.4	1215.5	2146.5	2181.9	2697.5	3229.1	3683.7	4276.5	4404.1
基本建设投资总额	31.6	33.5	47.7	66.6	157	183	218.5	234.7	292.8	282.2
社会服务机构固定资产原值	3097.8	4066.7	3973	4592.8	5198	6589.3	6676.7	6675.4	6810.2	7213

资料来源：依据历年《中国民政统计年鉴》整理绘制。

在我国经济不断发展的条件下，我国社会养老服务体系也得到发展，呈现出养老服务体系的发展与经济发展保持同步的特点。以安徽为例，安徽是国内较早进入老龄化社会的地区，安徽省养老事业的发展与经济发展保持同步的特点。如表6.1所示，2010年安徽省全年全省生产总值12359.3亿元，比2009年增长22.8%，连续7年保持两位数的增长。

到 2014 年，安徽省的生产总值已达到了 20848.8 亿元。截至 2012 年底，安徽省 60 岁及以上老人已达 1035 万人，占总人口的 15%，但养老床位仅 27 万张。至 2013 年底，全省拥有机构养老床位近 30 万张，2015 年底，全省养老机构床位数已增至 43 万张。这表明经济发展是养老事业得到发展的基础，是进行社会建设的首要前提。

（二）财政收支状况直接影响到养老服务体系的发展

上海是中国大陆最早进入老龄化社会的地区。1979 年，上海市 65 岁及以上户籍人口占总人口 7.2%，符合超过 7% 即为老龄化社会的国际通用标准。老龄化程度的加深，对上海的经济社会发展产生了巨大影响。

在"八五"规划期间，上海地方财政收入增速较低，但从"八五"到"十一五"期间，上海市财政收入增速均高于全国平均增速。而从"十二五"开始，上海市全市财政收入与经济增速保持同步，逐步转向经济与财政收入的中低速增长时期，这已经成为"新常态"。增速的放缓给主要依靠政府财政支持的养老服务体系的发展带来了巨大的压力。

总体上，进入改革开放新时期后，上海市经济社会不断得到发展，一般公共服务、社会保障和医疗卫生等事务方面的支出额和其在上海地方财政支出总额中的比例都在逐年增加。但在进入 21 世纪后，上海市公共事务项目在上海地方财政支出总额中所占比例呈现下降趋势。2011 年上海公共事务（一般公共服务、社会保障和就业、城乡社区事务）财政支出相比较于 2008 年的 39.20% 下降到了 31.50%。反映了我国经济社会较为发达的上海市也面临着养老社会保障和福利救助事业发展的压力（见表 6.5）。

表6.5　公共事务项目在上海地方财政支出总额中所占比例（1978—2011 年）

年份	1978年	1985年	1990年	2000年	2006年	2008年	2009年	2010年	2011年
比例(%)	27.41	25.67	28.61	24.03	35.00	39.20	38.20	32.20	31.50

资料来源：依据《上海统计年鉴》，北京：中国统计出版社，2005—2014 年，整理绘制。

在"十二五"期间，全国范围来看，因为经济增长速度与地方财政收入增长速度的下降，包括养老服务体系等在内的社会事业支出面临着巨大的财政束缚。在"十三五"乃至未来更长一段时期内，在经济"新常态"的前提下，以财政支出为基础的养老事业发展也必将面临更大的压力。

养老财政预算制是养老方式资金来源的制度保证。政府增加社会养老的财政预算有利于扩大养老服务的总体覆盖面，从而提高受惠老年人比例，促进养老服务产业的发展。随着社会化养老服务事业的推进，很多政府已将居家养老等社会养老服务资金纳入常规的财政预算体系内，这样可以在很大程度上保证社会养老资金支出的稳定性和规范性，也可以保证居家养老服务资金支出的时效性和高效率，从而推动社会养老服务工作的常规化。

另一个方面，将养老服务资金纳入政府的财政预算内，可明确各个政府机关在养老服务工作中的资金投入责任，保证政府的资金投入与其所承担事务责任相匹配，实现"费随事转"的改革目标。由于不同的社会养老方式有着不同的资金来源渠道，从而形成养老专项资金，这也利于减少社会损耗，减少资金使用成本，从而提高资金使用的效率。同时也是体现政府重视民生工程，提高社会福利水平的重要举措。

（三）养老资金结构影响养老服务体系的发展

养老资金结构是否合理，会影响养老服务体系发展的稳定性和持续性。在资金来源方面可以引入市场机制，从而吸引更多的社会力量参与养老服务事业。在资金投入过程中，政府可以通过购买养老服务的形式发展养老事业，这种方式可以促进老年福利工作的公平性。由于我国在养老服务的资金投入上，由市、区县和街道三级政府共同负担养老事业的建设费用和运营费用，在每个项目的资金运作上都有这三级部门的参与，进一步明确资金投入结构可以帮助不同级别政府承担相应的养老服务责任，可以有效调动各级政府对养老服务工作的积极性，从而提高资金的运作效率。

适宜的资金投入比例可保障养老服务体系的稳定发展。形成政府资金在社会养老服务上的长效投入机制，形成相对稳定的政府资金投入比例，可以明确不同级别政府在养老服务体系上的工作职责和工作目标，逐步引导养老服务事业向常规化的方向发展。同时，稳定的资金投入比例有助于明确不同级别政府在不同养老服务项目上的资金责任，突出各级政府在财权和事权上的匹配。另一个方面，稳定的资金投入比例可以保障社会养老服务的稳定发展，也可使得社会养老服务业获得更多的资金支持，从而更快更好地发展社会养老服务事业，促进养老服务体系的发展。

（四）社会分化影响养老服务体系的发展

随着我国改革开放的深入，社会分化逐渐明显，居民收入贫富差距与城乡发展差距逐步拉大。由于我国居民的收入差距较大，所以应构建多层次的养老服务体系与之匹配。在改革开放政策指引下，30余年的快速发展客观上已经形成了城乡差距、城市阶层分化，在经济收入维度，社会已经出现了明显的阶层分化，甚至有阶层固化的趋势。2015年全年城乡居民人均收入倍差为2.73[①]。2015年全国居民收入基尼系数为0.462。基于居民收入差距拉大的客观现状，社会应该构建多层次的养老服务体系来满足不同阶层的养老需求。一方面应有个性化高档养老服务体系；另一方面也应有普惠型、大众性养老服务体系。社会养老保障水平城乡差异极大，多数农村老人仍需依靠家庭养老。2015年城镇居民每月平均可支配收入2599元，农村居民每月平均可支配收入951元，农村居民全年人均纯收入每月平均897元[②]。

2009年9月国务院发布的《关于开展新型农村社会养老保险试点的指导意见》提出，从2009年起开展新型农村社会养老保险（以下简称

[①] 国家统计局：《2015年国民经济和社会发展统计公报》。

[②]《2015年国民经济和社会发展统计公报》显示，2015年城镇居民人均可支配收入31195元，每月平均2599元；农村居民人均可支配收入11422元，每月平均951元；全年农村居民人均纯收入每月平均897元。

新农保）试点。

按照该意见的缴费与发放标准，举例说明：

该地区于2010年7月开始实施新农保制度，张某某，男，1950年6月出生。张某某缴纳1年养老保险费。张某某从2010年7月开始领取养老金，月标准为55.9元[①]。

举例说明北京地区的林某养老金的收入情况。

林某今年52周岁（1964年出生），20岁起一直在北京某国有企业工作，1997年7月开始缴纳养老保险，2011年缴费基数为2000元[②]，北京2011年在岗职工月平均工资为4672元[③]。假设林某55周岁退休，那么她的缴费年限按35年整计算[④]。再假设35年间缴费基数和当地在岗职工平均工资水平与2011年相同，请计算3年以后她退休每月养老金能够拿多少钱？

平均缴费工资指数=2000/4672=0.4281；

本人平均缴费工资指数=（0.4281×35）/35=0.4281；

本人指数化月平均缴费工资=4672×0.4281=2000元；

基础养老金=（4672+2000）/2×35×1%=1167.6元；

个人账户养老金=［（2000×20%+2000×8%）×12×35]/（35×12）=560元；

每月养老金=1167.6+560=1727.6元。

城镇居民养老金收入（见表6.6）与全国城镇居民人均可支配收入总体水平差距不大，然而农民养老金收入与全国农村居民人均可支配收入、全年农村居民人均纯收入差距近20倍，养老金无法承担起其老年

---

① 我们设定：缴纳养老保险费：100元；政府补贴：30元；个人账户储存额：130元。月养老金=基础性养老金+个人账户养老金；基础性养老金=55元；个人账户养老金=个人账户储存额÷139；月养老金=基础性养老金(55元)+个人账户养老金(130÷139)=55元+0.9元=55.9元。

② 按照《北京市城乡居民养老保险办法》规定，2011年养老保险缴费最低缴费标准960元，最高7420元，多缴多得。

③《北京市人力社保局和统计局关于联合发布2011年北京市职工平均工资的通知》，2012年4月7日，http://www.docin.com/p-534000621.html，2015年10月12日。

④ 根据国务院《关于深化企业职工养老保险制度改革的通知》规定，个人缴费制度前，职工的连续工龄视同缴费年限，视同缴费年限可以与实际缴费年限合并计算发放基本养老保险金。

期的生活需求。

表6.6　部分省（直辖市、自治区）企业退休人员养老金调整情况（2013—2014年）

序号	省(市)	行文日期	平均养老金(元/月)	调整文号
1	上海市	2013年12月27日	2936	沪人社发〔2013〕58、60号
2	天津市	2014年2月	2295	不详
3	北京市	2014年3月7日	3050	京人社发〔2014〕48号
4	陕西省	2014年3月5日	2126	陕人社发〔2014〕17号
5	广东省	2014年3月6日	2300	粤人社发〔2014〕51号
6	浙江省	2014年3月6日	2561	浙人社发〔2014〕45、46号
7	河北省	2014年3月10日	2106	冀人社发〔2014〕5号
8	贵州省	2014年3月10日	2954	黔人社发〔2014〕2号
9	青海省	2014年3月12日	2593	青人社发〔2014〕24号
10	西藏自治区	2014年3月12日	3262	藏人社发〔2014〕31号
11	新疆维吾尔自治区	2014年3月17日	2298	新人社发〔2014〕13号
12	山西省	2014年3月17日	2255	晋人社发〔2014〕21号
13	江苏省	2014年3月18日	2027	苏人社发〔2014〕61号
14	甘肃省	2014年3月24日	2065	甘人社发〔2014〕110号
15	云南省	2014年3月24日	2000	云人社发〔2014〕42号
16	湖南省	2014年3月26日	1820	湘人社发〔2014〕21号
17	河南省	2014年4月10日	1940	豫人社养老〔2014〕号
18	内蒙古	2014年5月17日	2100	内人社发〔2014〕55号

资料来源：根据《中国人力资源和社会保障年鉴.2015》（北京：中国劳动社会保障出版社、中国人事出版社，2016年）和中华人民共和国人力资源和社会保障部网站的相关文件整理。

　　虽然我国积极倡导养老保障制度的城乡一体化，各地已经将城镇居民养老保险制度与新型农村养老保险制度进行了合并，统称为城乡居民养老保险制度，各地财政也逐年加大补贴力度，但是养老保障水平仍然很低。与城市相比，农村老龄问题的压力更大。调查显示，2000年我国农村老龄化程度比城镇高，且至少有四成是留守老人[1]。

　　从经济支持角度出发，城乡养老服务体系应分开设计。对于生活自

---

　　[1]《中国人口老龄化发展趋势预测研究报告》显示，2000年，我国农村老年人口为8557万人，占老年人口总数的65.82%，且农村老龄化程度比城镇高1.24个百分点。

理能力较好的农村老人，只要保证他们已有的农耕生活，他们就不会"退休"，会长时间处于"自养"状态。对于该群体，在积极倡导家庭养老的同时，要提高社会养老与医疗的"补贴"水平。对于高龄且生活自理能力较差的农村老人，就需要从农村社会发展水平和传统养老文化出发，构建社会化的村集体养老。村集体养老又以上门服务和亲邻互助为主，以托老服务为辅。同时，养老保险、医疗保险、社会救助等社会保障制度也要加以配合，并以机构养老为补充。

（五）养老资源供给增加，丰富了养老服务内容

随着我国养老资源供给水平不断提高，特别是养老金水平的提升，老年人的物质需求不再依靠家庭的子女的供给，家庭中的养老供给内容从全面提供养老服务[①]到侧重精神抚慰。在福利水平和社会养老服务水平较高的城市地区，家庭不再是承担老人经济来源的地方，而是老人获得精神抚慰的重要场所。

在农村社会保障水平不高的地区，家庭养老中的子女仍然主要提供养老需求的全部。但在一些女儿参与养老的地区，儿子与女儿的家庭养老资源供给出现了分工。通过调查参与娘家父母养老的女儿在过去一年里所提供的经济支持、生活照料、精神慰藉的频率差异来研究女儿养老的主要内容（见表6.7）。

表6.7　女儿养老的内容情况

频率	经济支持		生活照料		精神慰藉	
	频数（人）	百分比（%）	频数（人）	百分比（%）	频数（人）	百分比（%）
经常	73	33.8	87	40.3	129	59.7
有时	97	44.9	79	36.6	64	29.6
很少	40	18.5	44	20.4	21	9.7
没有	6	2.8	6	2.8	2	0.9
合计	216	100.0	216	100.0	216	100.0

资料来源：笔者2015年3—6月在安徽农村开展的田野调查所得。

---

　　① 对于老年人来说，要保证晚年的幸福生活，必须满足三个基本需求：经济支持、生活照料和精神慰藉。

由表6.8可以看出，在女儿为父母提供经济支持方面，回答频率为"有时"的人数最多，占总人数的44.9%。在女儿为娘家父母提供生活照料方面，回答"经常"和"有时"的人数相差不大。而在女儿为父母提供精神慰藉方面，回答"经常"的人数占比重较重，近六成（59.7%），远高于其他项。在对有女儿参与养老的老年人的调查中也发现，有50.2%的老人表示自己的女儿经常回娘家看望自己，为自己排忧解难。从以上统计结果可以看出：农村女儿养老最主要的体现是在对老年人的精神慰藉方面，而在经济支持方面相对较少。访谈中不少参与娘家父母养老的女儿表示，如果娘家父母跟兄弟一起生活，父母的养老好像有一套默认的分工规则，即儿子主要负责为父母提供经济支持和生活照料，女儿主要负责为父母排忧解难，提供精神支持。而女儿对于娘家父母的经济支持主要视自身的经济状况而定。

三、养老服务体系的保障：政策资源变迁

在我国，政府始终是养老事业发展的主导，政府通过制定社会政策来引导和规范养老服务体系发展的内容与目标，所以社会政策特别是养老政策往往会直接影响我国养老服务体系的发展。通过梳理新中国养老政策发展历史，从而了解我国养老服务体系发展的基本脉络，进而把握我国养老服务体系发展的政策方向。

我国养老政策主要由民政部门具体起草、实施。从1949年新中国成立到1968年，由内务部管理民政业务工作。根据1954年9月施行的《中华人民共和国国务院组织法》第二条的规定，中央人民政府内务部改为中华人民共和国内务部，由国务院领导并接受国务院政法办公室的领导。受到"文革"影响，1970年6月22日撤销了内务部。1978年3月，第五届全国人大一次会议决定，设立中华人民共和国民政部。此后，我国由民政部门专门研究和制定各类养老政策，指导解决我国老龄问题。

从1954年我国第一部宪法规定"中华人民共和国劳动者在年老、疾病或者丧失劳动能力的时候，有获得物质帮助的权利。国家举办社会保险、社会救济和群众卫生事业"开始；到1956年的《高级农业生产合

作社示范章程》中对农村"五保"制度的规定；到1978年设立民政部专门负责我国养老福利事业；到1996年8月29日我国出台了第一部保护老年人权益的专项法律《中华人民共和国老年人权益保障法》；到《中共中央、国务院关于加强老龄工作的决定》提出建立以家庭养老为基础、社区服务为依托、社会养老为补充的养老机制；再到2015年10月的《中共中央关于制定国民经济和社会发展第十三个五年规划的建议》，提出"以居家为基础、社区为依托、机构为补充的多层次养老服务体系"。这些政策都明确了我国在不同老龄化时期发展养老服务体系的目标与实施路径。

这些关于养老服务体系的政策与法规的连续制定与出台，表明了我国对养老服务体系的形成与发展及发展趋势的认识是在逐步深化的，也表明了政府在提供社会养老服务方面的角色定位也越来越明晰，这正是我国养老方式发展和养老服务体系逐渐完善的重要表现。

（一）养老政策为养老服务体系的发展指明变迁方向

新中国成立60余年，初步整理国家层面涉及养老服务体系发展的政策法规有100多部，其中2000年之后，政策出台最为密集。政府通过出台实施一系列的法律法规和相关政策，使得我国的社会养老服务经历了内容上的从无到有、覆盖人数在逐步扩大、社会影响上从局部到整体的过程。

例如，我国对农村"五保"老人养老问题的重视，从新中国成立初到当前持续性地出台政策进行指导。我国从新中国成立初就专门制定政策指导农村"五保"老人养老工作，如1956年出台的《高级农业生产合作社示范章程》，提出农业生产合作社对于缺乏劳动力或者完全丧失劳动力，生活没有依靠的老、弱、孤、寡、残疾的社员，保证他们的吃、穿和柴火的供应，使他们生养死葬都有依靠；之后民政部于1994年正式出台《农村五保供养工作条例》规范农村五保老人养老工作，2006年修订了《农村五保供养工作条例》，进一步规范了农村五保供养对象管理，科学制定并公布了农村五保供养标准，保证农村五保供养资金的落实，妥善解决了农村五保供养对象的突出困难，我国农村五保

（主要是老人）人数从1980年的290.4万人增加到了2014年底的529.1万人（见图6.5）。

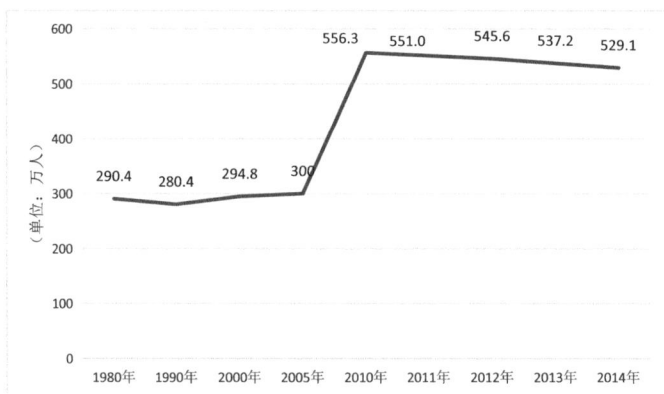

资料来源：作者依据《中国农村统计年鉴》整理绘制。

图6.5　我国农村五保人数（1980—2014年）

为配合社会化养老的推进，城市社区建设发展迅速，城市社区服务设施也得到长足的进步，截止到2014年底，各类社区服务设施增加至31.1万个（见图6.6）。

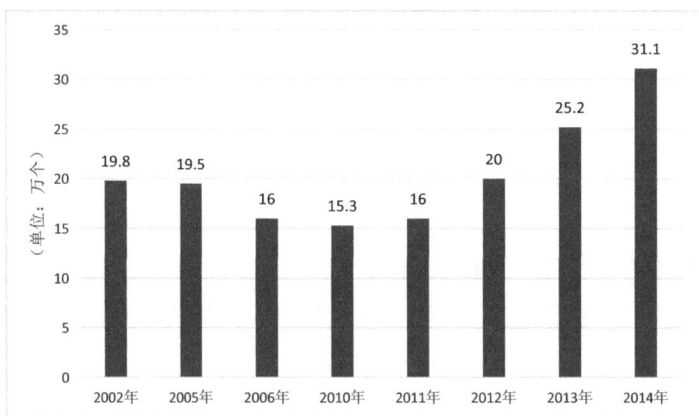

资料来源：作者依据历次《社会服务发展统计公报》整理绘制。

图6.6　我国社区服务设施建设情况（2002—2014年）

（二）养老政策为养老服务体系的发展提供改革策略

2012年民政部、财政部出台了《关于政府购买社会工作服务的指导意见》，通过购买第三方社会服务，促进养老服务体系的社会化发展方向。2013年国务院办公厅出台了《关于政府向社会力量购买服务的指导意见》，文件明确提出发挥市场机制作用，向社会力量购买服务。2013年十八届三中全会通过的《中共中央关于全面深化改革的若干重大问题的决定》提出，"推广政府购买服务，凡属事务性管理服务，原则上都要引入竞争机制"。这将政府购买公共服务的改革提到了国家层面，政府向社会力量购买服务正在迈向制度化、常态化。2014年财政部出台《关于做好政府购买养老服务工作的通知》，文件再次明确提出"凡适合市场化方式提供、社会力量能够承担的，应按照转变政府职能要求，通过政府购买服务方式提供方便可及、价格合理的养老服务"。此后中央和地方政府向社会购买养老服务的投入不断加大。

通过政府"购买"养老服务，实现了政府从直接供给到间接供给养老服务的转变。政府购买公共服务的方式促进了社会组织等社会力量的发展，有利于整合社会资源参与养老事业，有利于降低政府的成本，有利于提高财政资金的使用效率。政府购买养老服务是政府为了履行养老的社会公共职能，从公共财政中拿出经费，通过公开招标等形式向社会服务组织购买养老服务，从而保证了养老服务的供给质量。随着我国经济的发展，我国对社会养老服务的购买力度也逐渐增大（见图6.7）。

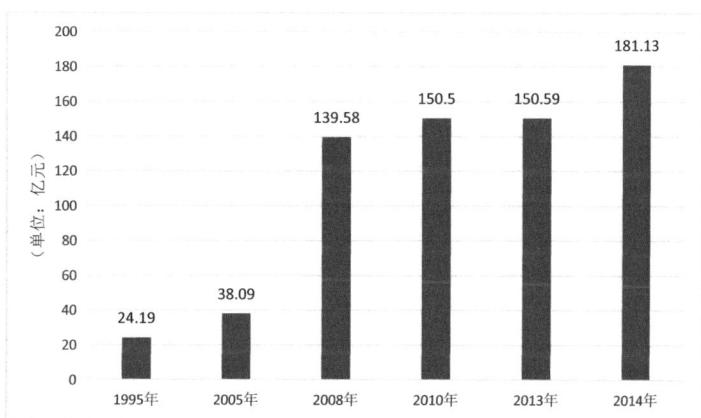

资料来源：依据《中国民政统计年鉴》《中国经济普查年鉴》等整理绘制。

图6.7　中国社会养老福利补助金额（1995—2014年）

当前我国政府购买的社会养老服务机制主要涉及购买主体、承接主体、购买服务和服务对象等（见表6.8）。

表6.8　政府购买养老服务主体构成

购买主体	承担养老服务供给职能，并由财政负担的行政机关、事业单位以及群团组织等
承接主体	民办养老机构、公办养老机构、社区日间照料中心、其他社会养老服务组织以及养老企业等
购买内容	生活照料、精神慰藉、紧急救援、社会参与、养老专业护理人员培养、养老规划与评估等
服务对象	重点是"三无"老年人、城乡低保对象、失能老人、残疾老人、空巢老人、失独老人和独居老人等以及普通60周岁以上的老年人

资料来源：根据"政府向社会力量购买服务"（详见表4.2）的相关文件整理。

在政府购买社会养老服务的形式上，我国主要有公建民营、民办公助、服务外包、服务券等四种形式（见表6.9）。

表6.9　政府购买养老服务主要类型

购买形式	购买类别	机构所有权	购买内容	购买方式	受补贴方
公建民营	机构养老服务	政府	机构运营+服务项目	资金支持	生产者
民办公助		民间机构	机构开办+机构运营	资金支持	生产者
服务外包	社区居家养老或机构养老服务	政府	服务项目	资金支持	生产者
服务券		政府	服务成本	代金券	使用者

资料来源：李铁静：《我国政府购买养老服务模式研究——以北京市为例》，北京交通大学硕士论文，2015年，第17—24页。

社会力量以及其他组织在提供社会养老服务中发挥了政府所承担不了的功能。如安徽省目前各类养老机构中共有护理人员15714人，其中一线护理人员数12116人，这些专业化的人才能够有效地弥补政府在提供公共服务设施方面的不足和缺陷。因此，通过购买社会服务可以更好地提高老年人的生活质量，促进社会养老服务体系的发展。

为规避购买过程中的风险，我们应该采取积极措施：在政府方面，加强对机构成立申请的审核，产生真正有志于开展专业服务的社会组织；完善在购买服务中的监督机制，做到公平公开公正，促进社会组织机构的良性竞争；简化财政审批程序并完善评估机制，加快培养成熟的专业的评估机构，使机构服务的稳定性和连续性得到保障，同时减少社会组织机构将过多的精力用于应付评估上；明确社会组织的服务定位，统一认识，避免出现各行其是，发展混乱的现象。在从业者方面，增强专业价值认同，提升专业实务能力，转变培养方式，使社会组织专业人才的培养与政府购买对人才的能力要求更加契合。

（三）养老政策为养老服务体系的发展提供规范保证

健全的养老政策是社会养老服务体系持续稳定发展的重要保证。从发达国家社会养老服务体系的发展历史可以看出，他们都把完善政策法规制度建设放在突出位置，着力促进社会养老服务体系沿着法制化、规范化的轨道发展。

2011年国务院办公厅出台的《社会养老服务体系建设规划（2011—2015年）》提出，到2015年，基本形成监管到位、可持续发展的社会养老服务体系。2013年10月，国务院印发了《关于加快发展养老服务业的若干意见》，提出了加快发展我国养老服务业的总体要求、主要任务和政策措施。2014年，财政部等四部门联合出台《关于做好政府购买养老服务工作的通知》，提出到2020年，我国将基本建立比较完善的政府购买养老服务制度，推动建成养老服务体系。这些养老政策有力地保障了我国社会养老服务体系的健全和完善。

通过出台社会养老服务体系建设的政策法规，我国已经基本形成了比较全面的社会养老服务政策支持体系，为更好地发展我国养老服务事业营造了良好的社会氛围。

四、养老服务体系的主体：社会资源变迁

公共养老资源，是指由家庭之外的政府、企业和社会组织向老年人提供经济帮助、服务照料以及精神安慰的养老满足要素。公共养老资源具有直接满足老人生活、生存与发展需求和使老人受益或享受的特点，可以进一步区分为政府公共资源和社会养老资源。政府公共资源，是指老年人依据法规、法律等法定制度所赋予的权利从国家和集体获取的资源。这类资源包括政府拥有的资金、工作人员、政府制定的养老政策与

法规条例及创建的养老体制和相关保障制度等。社会养老资源（简称社会资源）是社会上非政府组织（社会组织、民间资本、社会力量、非营利组织等）和企业依法为发展养老事业提供的各种资源，可以是资金也可以是服务。社会资源变迁对于养老服务体系发展的影响是本部分研究的重点。

当前，激发和动员社会力量①或者民间资本参与养老服务体系的发展是推动养老产业市场化、社会化发展的重中之重，所以社会养老资源对养老服务体系的影响主要表现为社会力量基于市场规则参与养老服务的领域、机制、程度与内容等。随着养老服务体系的社会化趋势明显，政府已不再是养老服务供给的唯一部门，各类社会组织已成为重要的参与者。2000年以来，我国连续出台鼓励社会力量参与养老服务业的政策意见②，社会力量的逐步参与，对养老服务体系的发展产生了重要影响。

（一）社会力量参与，促使养老服务多样化与层次化

社会力量参与养老服务体系的发展，促使养老服务体系多样化与养老服务标准层次化。改革开放以来，我国家庭结构发生了显著的变化，部分家庭已经无法满足养老功能，从而促使其向市场购买各类养老服务，从而推动了我国养老服务产业的快速发展。老年人最为迫切的需求是医疗需求，近年来，在国家的倡导下，一些社会力量积极兴办医养结合式养老机构或医疗机构，从而更好地解决了老年人医疗保健方面的需求。为了解决传统养老机构生活的单调和老人心理上的压抑感问题，一些社会力量兴办了开放式养老机构，例如通过兴建农庄，发展养老服务机构，吸引向往田园、自由的老年人选择此种养老方式。还有社会力量

---

①社会力量一词的涵义较为复杂,最早是由美国古典社会学家沃德提出的,他认为社会力量指鼓动社会中众多成员采取社会行动,使社会发生变化的力量。从"政社合作,政府购买"角度看,其涵义是指"依法在民政部门登记成立或经国务院批准免予登记的社会组织,以及依法在工商管理或行业主管部门登记成立的企业、机构等"。2013年出台的《国务院关于加快发展养老服务业的若干意见》提出,发挥市场在资源配置中的决定性作用和更好地发挥政府作用,逐步使社会力量成为发展养老服务业的主体。

②《关于加快实现社会福利社会化的意见》《关于支持社会力量兴办社会福利机构的意见》《关于政府向社会力量购买服务的指导意见》《关于鼓励民间资本参与养老服务业发展的实施意见》。

与旅游业相结合，兴办"候鸟式"养老机构。此类机构不再固定于一个地方养老，而是像候鸟一样有规律的迁移，从而满足老人的气候、审美等需求。金融机构的介入出现了"以房养老"的新型养老方式。为了实现部分老年人养老资源的转化即将房产资源转化为分散的、长期的、连续的养老资源，部分金融机构开展了"以房养老"的新型养老服务。目前中国智慧养老还处于萌芽探索阶段，它是以互联网、物联网为依托，集合运用现代通信技术、计算机网络技术、老年服务业技术和智能控制技术，为老年人提供安全、便捷、健康、舒适服务的现代化养老模式①。这些新型的养老方式大都是针对较高收入水平的老年人服务的，这也使得我国养老服务体系具有了层次性。

社会力量参与养老服务体系的发展，促使养老服务内容多样化。社会力量的参与使养老服务的内容更加丰富和具有层次性。传统的养老产业多是围绕满足较低层次的养老需求，如经济保障、生活照料。现阶段，社会力量参与的养老产业多为新型服务项目，如社会参与、精神慰藉、康复护理、法律维权、紧急救援等，这使得我国的养老服务内容更加多样、立体和层次化。

（二）社会力量参与，促使养老资源筹集多元化

政府实行购买社会服务的机制，促使传统养老方式发生了改变。2013年国务院办公厅出台《关于政府向社会力量购买服务的指导意见》，提出政府向社会力量购买服务，就是通过发挥市场机制作用，交由具备条件的社会力量承担。该文件不仅是一个新的"制度"，它更是一个社会治理的全新"理念"。一方面有利于实现政府管理方式的转变；另一方面有利于推动养老资源的多元化。十八届三中全会通过的《中共中央关于全面深化改革的若干重大问题的决定》首次提出"政府购买服务"，要求"凡属事务性管理服务，原则上都要引入竞争机制，通过合同、委托等方式向社会购买"。2014年财政部出台了《关于做好政府购买养老服务工作的通知》文件明确提出"凡适合市场化方式提供、社会力量能

① 朱勇：《智能养老》，北京：社会科学文献出版社，2014年，第96—99页。

够承担的，应按照转变政府职能要求，通过政府购买服务方式提供方便可及、价格合理的养老服务"。《中共中央关于制定国民经济和社会发展第十三个五年规划的建议》提出"创新公共服务提供方式，能由政府购买服务提供的，政府不再直接承办"。这实际上是将社会事业改革提到了国家理念层面，政府向社会力量购买服务正在迈向制度化、常态化①。

社会力量投资我国养老服务体系建设仍有较大的空间。截止到2014年底，我国共有提供住宿的各类社会服务机构3.7万个，每千人口平均拥有社会服务机构床位4.5张（见表6.10）。2011年国务院办公厅印发《社会养老服务体系建设规划（2011—2015年）》，再次明确"社会养老服务体系建设应以居家为基础、社区为依托、机构为支撑"，按照主流观点，三者的比例分别为90%、7%、3%②。

表6.10　全国社会养老服务机构发展变化情况一览表（2010—2014年）

年份	单位数/个	床位数/万张	收养人数/万人	床位利用率/%
2010	36885	281.6	218.8	77.7
2011	40868	353.2	260.3	73.7
2012	44304	416.5	293.6	70.5
2013	42475	493.7	307.4	62.3
2014	33043	577.8	318.4	55.1

数据来源：中华人民共和国民政部历年《社会服务发展统计公报》。

企业等社会力量基于市场规则开展投资养老产业。养老产业被公认为21世纪的朝阳产业，部分企业着眼养老服务业，直接投资养老产业，使得我国的养老产业蓬勃发展。部分国有企业在转型发展中，主动转向养老产业，一方面发挥了国有企业的优势资源；另一方面拓宽了我国养老服务业发展的资金来源渠道，从而推动了我国养老服务体系的发展。

此外，政府还应出台优惠政策鼓励社会力量积极参与到社会养老服

① 自民政部、财政部2012年出台了《关于政府购买社会工作服务的指导意见》后，关于政府购买社会服务的政策陆续出台，例如《关于政府向社会力量购买服务的指导意见》《关于做好政府购买养老服务工作的通知》《关于政府购买服务有关预算管理问题的通知》《政府购买服务管理办法（暂行）》等。这些政策对于购买的领域、资金和监督等作出了更为明确的规定。

② 林丽鹏：《同是养老，居家在家不一样》，《人民日报》2015年07月24日，第17版。

务中来。

首先，政府对社会组织参与养老服务体系的发展优先审批。进一步降低准入门槛和简化登记程序，积极鼓励社会组织参与养老服务体系的发展。其次，实施优惠的税收政策。包括对一些福利性、非营利性的养老服务机构给予免征营业税的优惠政策，激发社会服务机构的活力和积极性，也在一定程度上节约了社会养老服务机构的运营成本，间接提高老年人的福利。再次，实施医养结合的优惠政策。为了推行医养结合政策，在各类养老机构中设置医疗机构，在申请医疗保险定点时，给予优先的审批，这样能够减少社会养老服务机构的时间成本，也能够使机构有更多的时间来提升为老年人服务的质量。

在我国相关政策的激励下，我国养老服务体系的发展取得了长足进步，至2014年底，我国已建成养老服务机构33043个，社区养老服务机构和设施18927个，互助型的养老设施40357个。各类养老床位577.8万张，比上年增长17.0%（见表6.10）。社会力量兴办养老机构的数量逐渐加大。公共养老资源中相关养老服务设施是否完善，适龄老人居住地是否拥有健身器材、社区医院、老年活动中心、老年日托所等一些基本的物质资源都会对养老服务体系的发展产生影响，特别是养老机构的物力配置状况会直接影响到收养的老年人人数[①]。自21世纪以来，我国养老机构数量不断增加，尤其是我国农村地区。在2010年到2013年期间，我国养老机构总床位数不断增加，入住老人数也随之增加。一方面，在人口老龄化的大背景下，政府和社会更加重视发展养老机构，尤其是医养结合型；另一个方面，社会力量兴办的养老机构规模也逐渐发展，吸引了更多的老年人入住，既有利于完善养老机构的各项软硬件设施，也有利于促进社会养老服务体系的完善发展。

（三）社会力量参与，提升了服务人员的专业化

在社会老年服务机构中，人力资源主要是管理人员、护理人员和后勤人员等。其中，管理人员主要负责整个养老机构的日常运作；护理人

---

① 曹梅娟：《养老服务机构护理人员现状调查》，《护理研究》2008年第36期。

员包括为有医疗需求的老人提供医疗护理服务的医护人员和为老年人提供日常照料服务的养老护理员;后勤人员主要是指养老机构中的洗衣工、清洁工等后勤工作人员。合理有效的人力资源配置能够提高公共养老资源的利用效率。

社会力量兴办的养老机构多为企业化运作,将效率化与专业化紧密结合。在这样的养老机构中专业护理人员越多,管理规范化程度也越高,整体护理质量越高,则养老服务就会越周到,老人的生活会更和谐。老人得到服务保障,不仅有利于老人的身心健康,还能促进整个社会公共养老资源效果的发挥。

五、养老服务发展的原因分析

从新中国养老的经济资源、政策资源和社会资源三个维度对养老资源进行了变迁分析。从养老资源变迁对于养老服务体系发展的影响角度研究新中国养老服务体系发展的原因与动力,分析发现我国养老服务体系发展的原因主要有以下三个方面:

其一,由于我国国民经济整体水平不断提升,养老服务体系的发展有了坚实的物质基础。其二,由于我国始终重视社会建设,逐步将养老服务体系发展纳入社会建设整体发展中去,从政策制度上不断指导我国养老服务体系的发展,养老服务体系的发展有了持续的制度基础。其三,由于我国不断创新社会治理方式,积极培养社会力量参与社会建设,养老服务体系的发展有了多元的社会基础。

第二节　养老资源变迁对发展养老服务体系的启示

当前我国主要的养老资源是经济资源、政策资源和社会资源。从资源变迁的角度研究发现,当前我国养老资源供给面临经济增长趋缓、政府购买社会养老服务机制不完善、公共养老资源缺乏均等化、政策资源执行力不够等问题。关于我国养老资源的发展历史研究对我国养老服务体系的发展有以下启示:

一、激发民间资本投资养老服务的热情

我国已经进入改革的深水区，正处于一个攻坚阶段，进入了转变经济增长方式的关键时期，进入经济中速增长的新常态。这也意味着我国政府财政收入的中低速增长将是常态。并且随着我国人口老龄化的加剧，养老服务需求总量不断上升，这使得主要依靠政府财政支持的社会养老事业发展面临着经济增速下降和财政预算的约束。社会经济发展也直接影响到了居民的收入，进而影响其对养老服务的选择，居民的收入是养老储备资金的主要来源，是选择养老服务的物质基础，居民收入越高越能选择多样化的、高质量的养老服务，越能够促进社会养老服务的多样化发展。由于居民养老资金的差异也会使得养老服务需求日益呈现分层化、多样化与特殊化的特点，而当前简单化的养老服务无法应对这一趋势。因此我国养老服务体系的总体水平需要进一步提升。

随着社会主义市场经济体制的逐步完善，我国养老服务体系的建设也逐步运用市场机制在发展资源配置中的作用，大量引入社会资本参与养老服务体系，从而实现政社之间的分工，政府主要提供托底式的基础性养老服务，市场提供多样化、多层次的养老服务，社会组织提供便利性的非营利性的养老服务。

二、加大政府购买社会养老服务的力度

政府购买养老服务是一种新型的公共财政投入方式，对于推进社会治理方式改革具有重要意义。近几年，各地逐步增加公共财政投入购买社会服务，致使养老服务行业呈现"井喷式"的发展。但繁荣发展的背后也出现了服务机构管理不规范、竞标程序不透明、政府购买养老服务理念与社会组织的专业价值相冲突、政府对养老服务行业发展定位不清等问题，亟需完善审查和监督机制、转变政府工作人员观念、重视一线养老服务人员的力量、明确养老服务行业本土发展方向，以期此种模式能够切实推动我国养老服务体系的发展与社会治理方式的转型，进而有效满足人民群众日益增长的个性化、多样化、专业化的养老服务需求。

三、完善基本公共养老资源均等化机制

基本公共养老服务均等化目的是让全体老年人都可以公平可及地享有基本公共养老服务，核心理念是保证获得的机会均等，让所有老年人获得基本公共养老服务的机会。在全面建成小康社会的道路上，让每个老年人公平地享受到基本养老服务，感受发展的获得感，具有重要的意义。

由于历史的原因我国养老服务体系建设城乡差异明显，当前需要从机制上加快实现养老服务均等化，重点是向农村养老服务体系建设倾斜，尽快补齐短板。当前需要在以下五个方面重点关注：其一，全面落实城乡高龄、失能等困难老年群体的补贴制度；其二，逐步推行城乡基本护理保险制度；其三，城乡医养结合养老设施建设；其四，加快城乡社区老人日间照料中心建设；其五，积极推广应用信息化的紧急呼叫监控等设备。

四、提升养老政策资源统筹执行的效力

养老服务体系往往需要多个部门联合推行，所以养老政策常常是几个甚至十几个部门联合下发文件。这种情况看似有很多部门在推进养老服务工作，但是在实际操作过程中，常常出现相互依赖、敷衍塞责的局面，政策协调性、针对性和可操作性不强，常常表现出缺乏统筹、执行力效力不高等情况。一方面，需要进一步发挥我国由32个部门组成的老龄委的统筹协调功能；另一方面，需要国务院组建我国养老服务工作小组，加强养老政策的执行力。

小　结

通过研究我国养老资源的变迁过程，探明养老服务体系发展的动力与原因，是本章研究的基本思路。我国养老的经济资源、政策资源和社会资源是我国养老最重要的三个资源，新中国成立60余年我国养老的

经济资源呈现一个不断上升的过程,为发展我国养老服务体系提供了坚实的物质基础。我国养老的政策资源从碎片化临时性的救济制度发展到体系化制度性的整体养老服务政策框架,为发展我国养老服务体系提供了规范的制度保障。构建和谐社会理念提出以来,我国政府不断创新社会治理方式,积极引入社会力量参与养老服务体系的发展,多元化的社会力量为养老服务体系的发展提供了多样化的社会基础。基于养老资源的变迁分析,我国养老服务体系发展的原因主要有以下三个方面:其一,由于我国国民经济整体水平不断提升,养老服务体系的发展有了坚实的物质基础。其二,由于我国不断重视社会建设,逐步将养老服务体系的发展纳入社会建设整体发展框架之中,从政策制度上不断指导我国养老服务体系的发展,养老服务体系的发展有了持续的制度基础。其三,由于我国不断创新社会治理方式,积极培养社会力量参与社会建设,养老服务体系的发展有了多元的社会基础。养老资源是发展社会养老服务体系的基石,所以要发展养老服务体系就必须保证养老资源持续高质的供应,目前需要进一步激发民间资本投资养老服务的热情、加大政府购买社会养老服务的力度、完善基本公共养老资源均等化机制、提升养老政策资源统筹执行的效力。

第七章　养老服务体系变迁原因：
养老需求的变迁

　　发展养老服务体系的直接目的就是为了满足老年人的养老需求，或者说满足社会养老需求是发展养老服务体系的原因与动力。本章通过梳理新中国老年人养老需求①的发展历史，研究我国养老需求的特点，进而开展养老需求变迁的类型与过程分析，从而探明我国养老服务体系的发展原因与动力。在此基础上，从养老需求与养老服务体系的互动角度，提出我国养老服务体系发展的启示。

　　从历史角度呈现老年人的需求这样一个偏向主观的概念，看似不够科学，但笔者认为养老需求与人的需求具有高级生物体的一般性，所以描述老年人的养老需求是从人类一般属性出发，从整体角度进行描述的。

第一节　养老服务体系变迁的原因分析（养老需求角度）

一、养老需求与养老服务的互动理论

（一）养老需求是人类需求的组成部分

　　马斯洛的需要层次理论包含了人生老年阶段的需求。1943年，美国

---

　　① 本文认为养老需求主要包含为满足经济支持、生活照料、康复护理、精神慰藉、紧急救援和社会参与等需要的设施、组织、人才和技术要素。

人本主义心理学家马斯洛提出人类需求有五个基本层次①。人类只有低层次需求满足之后，才能发展出高级需求；人类行为受到高级需求的影响；人类一般按照需求层次顺序从低级到高级逐项得到满足，但并不是说不同级别的需求不能在同一时间进行满足，而是在某一时刻由主导或者优势需求优先满足，并影响人类的社会行为。

马斯洛的需求层次理论并不能绝对地解释人类的所有需求规律，但是却反映了一般人的需求规律。这个规律性的认识说明了老年人养老需求的内在规律。第一层级老年人的需求，即为生理需求层次，主要包含生活照料、经济供应、康复护理、医疗保障等需要。老人可以通过基础养老服务体系获得满足，如居家养老、社区养老、机构养老、社会救助、社会保险和社会福利等。处于第一层次需求的老年人可能是低收入阶层或是失能等困难老人群体。在第二层级的需求中，老年人与第一层级需求联系较为紧密，老年人需要的是安全感，具体表现为生活照料、经济需求、紧急救援，要求在当前养老服务体系中增加紧急救援系统，从而提升老年人的养老安全感；在第三层级需求中，老年人有社会参与和精神慰藉的需求，要求完善当前养老服务体系中的社会参与机制和精神慰藉服务体系，从而逐步满足老年人的社会参与与精神慰藉需求。第四、第五层级的需求是老年人的高级养老需求，包含尊重需要、法律维权等需求，要求在养老服务体系的发展过程中，重视老年人的法律权利，弘扬尊老、敬老的社会风尚，创造老年人参与社会的机会，从而满足老年人的高级养老需求（见图7.1）。

---

① 马斯洛在1943年《人类激励理论》一书中发展性地提出了人的需要思想。该思想按照人的需求发生顺序，由低级到高级分为五个层次，即生理需要、安全需要、社交需要、尊重需要、自我实现需要。

第五级需要：自我实现需要
如胜任感、成就感（社会参与）

第四级需要：尊重需要　如自尊、
能力、权威（社会参与、法律维权）

第三级需要：社交需要　如友谊、情感、
归属（社会参与、精神慰藉）

第二级需要：安全需要　如人身安全、职业安全、
经济安全（生活照料、经济需求、紧急救援）

第一级需要：生理需要　如衣食、住房、生活保障
（生活照料、经济需求、康复护理）

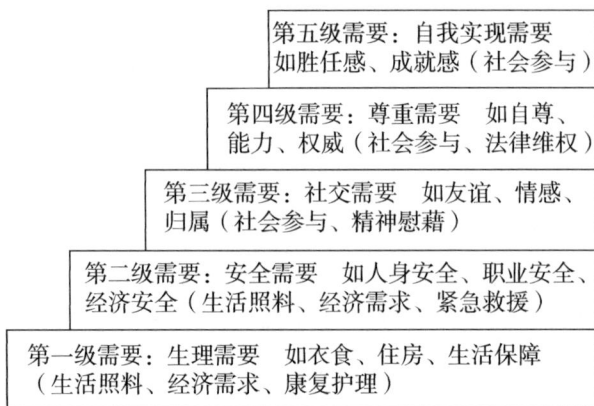

图7.1　老年人需求层次

在当代中国社会，老年人养老需求的满足客观上离不开养老服务体系的发展与完善；愈是老年群体中的弱势，就愈离不开养老服务体系的基础——"托底"服务。养老服务体系的逐步完善，正是实现了让老年人的需求获得满足，由低级向高级提升的社会发展目标。

（二）养老需求内容的变迁影响养老服务体系的变迁

养老需求内容的丰富性推动了养老服务内容的多样性。养老需求层次性的基础是养老需求内容的丰富性。其一，对于个体而言，老年人的需求会随着社会的发展而愈加丰富，特别是对于生活质量的追求；其二，对于社会而言，社会的不断发展也就是不断满足人类需求的过程。就当代中国社会而言，我国老年人的需求愈加丰富，这就决定了我国养老内容的多样化，如生活照料（经济需求）、康复护理（医疗保障）、精神慰藉、紧急救援和社会参与等。

养老需求的层次性推动了养老服务的层次性。老年人养老需求的内容具有层次性。其一，对于个体而言，老年人仍是依照需求的层次，由低级到高级逐步要求满足。选择不同养老服务方式的老年人，会匹配不同的服务来满足各自的层次需求。其二，对于社会而言，随着我国物质生产水平的提高，老年人的生理需求基本可以得到满足。依据马斯洛的需求层次理论，我国老年人已经逐步过渡到中、高级的需求阶段，养老

服务体系也应随即转向、逐渐完善，从而满足老年人的高层次养老需求。

二、养老需求整体特点

（一）养老需求总量大

我国老龄人口多，老龄化速度快，养老需求总量大。根据第五次人口普查的数据，中国已经进入了老龄社会，老龄化速度逐渐加快。由于中国人口基数大，实行计划生育的时间较晚，实行计划生育之前的那批人已经进入了老龄化阶段，老龄人口迅速聚集，老龄化现象日益严峻。虽然老年人的经济养老资源有所提高，但经济供养水平总体不高，来源渠道单一。主要依靠子女或亲属供给、自身的劳动收入和离退休金。老年人对于家庭的经济依赖呈现降低趋势。

（二）生活照料需求逐步加大

失能、半失能和高龄的老人比重逐渐加大，生活照料需求逐步加大。子女或孙子女是老人生活照顾的主体，配偶是老人生活照顾的中坚力量，而丧偶老人的逐渐增多，也给老人的生活照顾带来了难题。机构照顾是老人生活照顾的重要来源，我国的社会服务机构不论在数量还是种类上都逐年递增，但是依旧存在床位不足的问题，形势不容乐观。

（三）精神慰藉需求开始显现

城市的空巢老人、农村的留守老人、独居老人和失独家庭的老人占我国老年人的50%以上，精神慰藉需求突出。但是我国精神慰藉养老服务水平整体不高，精神需求是老年人生命需求的最高层次，精神文化生活是老人生活品质的重要内容。我国充分重视老人的精神服务，在全国范围内开展各种各样的老年文化活动，但是精神服务出现的时间较晚，有些地区还处于低层面的服务，各地区发展不平衡。

（四）医疗需求突出

我国缺乏专项老年人医疗保障和医疗护理保险制度。随着老年人身体机能的不断下降，老人对于医疗保健服务的利用程度会逐渐提高，医疗保障开支日趋提升。但是我国总体上医疗保险的待遇水平不高，老年人看病难看病贵依旧是较为突出的问题。特别是城乡的医疗保障水平差异较为明显，城镇职工基本医疗保险待遇水平相对较高，但是新农合的待遇水平总体较低，尤其缺乏门诊和日常护理项目，城乡发展不平衡。

三、养老需求变迁分析

（一）养老需求变迁的类型分析

从需求层次理论出发，老年人最为主要的养老需求包含经济需求、生活照料、医疗保健和精神慰藉四种类型[①]。从生理和心理角度分类，前三种属于生理需求，最后一种属于心理需求。把握我国老年人的需求变迁规律，可以明晰我国养老服务发展的原因，以便下一步更有针对性地完善养老服务体系。

（1）老年人的经济需求。养老经济资源是老年人养老的重要支撑。从1994年到2010年的连续调查发现，子女或亲属供给是老年人主要的生活来源，但是依靠子女或亲属供给的比重却在下降（见表7.1）；其次是劳动收入，离退休金的比重在逐渐加大，社会保险或救助的比重很小，但是却在稳步增长。同时男性老年人的主要收入依靠离退休金，而女性主要依靠子女或亲属供养。这说明老年人的经济能力已经有所增强，对家庭供养的依赖降低，而社会保障制度的改革与完善提高了老年人的经济支持，与老人的生活更紧密地联系在一起。

---

① 2008年2月全国老龄委《我国城市居家养老服务研究》报告显示：我国城市中48.5%的老年人有各种各样现实的养老服务需求，其中需要家政服务的占25.22%，需要护理服务的占18.04%，需要聊天解闷的占13.79%，需要法律援助服务的占2.25%，但是从满足程度上来看，总的满足率只有15.9%，其中家政服务满足率22.61%，护理服务满足率8.3%。

表7.1 老年人主要生活来源构成（1994—2010年） （单位：%）

主要生活来源	2010年			2004年			1994年		
	合计	男	女	合计	男	女	合计	男	女
合计	100	100	100	100	100	100	100	100	100
劳动收入	29.1	36.6	21.9	19.3	25.8	13.0	25.0	37.5	13.6
离退休金	24.1	28.9	19.6	31.5	39.3	24.0	15.6	22.5	9.4
子女或其他亲属供给	40.7	28.2	52.6	45.0	31.4	58.2	57.1	37.9	74.7
社会保险或救济	4.3	4.5	4.0	2.0	2.0	2.1	1.2	1.4	1.1
其他	1.8	1.8	1.9	2.2	1.5	2.7	1.1	0.8	1.3

资料来源：杜鹏、武超：《1994~2004年中国老年人主要生活来源的变化》，《人口研究》2006年第2期；中国第六次人口普查数据等资料的基础上整理。

（2）老年人的生活照料需求。生活照料是老年养老需求的重要内容。老年人身体状况每况愈下，生理功能下降，生活照料需求逐步提高，需要为老年人提供便利和低廉的居家养老服务。

老年人的健康状况。老人的健康状况是养老服务发展的重要影响因素，将健康状况分为健康、基本健康、不健康但生活能自理和生活不能自理4个指标，对城市、乡镇与农村进行交互分析，发现健康的城市老年人占60岁及以上的老年人比重为12.76%，不健康但是生活能自理的城市老年人占2.12%，生活不能自理的农村老年人占1.89%，生活不能自理的老年人更加需要关注。（见表7.2）

表7.2 城乡老年人口健康状况（2010年）

指标	健康状况											
	健康			基本健康			不健康，但生活能自理			生活不能自理		
	镇	城市	乡村	镇	城市	乡村	镇	城市	乡村	镇	城市	乡村
占60岁及以上老年人口比重(%)	7.97	12.76	23.09	6.80	10.07	22.47	2.11	2.12	9.68	0.45	0.60	1.89

资料来源：《中国2010年人口普查资料》和中国老年社会追踪调查相关数据整理。

老年人的生活照顾、子女、婚姻的基本状况。调查2008年老年人生活照顾状况，发现近30天生活起居需要照顾的老年人，城市的比重稍大于农村，城乡总体约13.2%；老年人生活需要照顾时，子女或孙子女提供照顾的比重最大，为59.5%，其中农村的比重大于城市，分别是64.5%、51.2%；其次是配偶提供生活照顾，亲戚/朋友/邻居提供帮助的比重占1.5%（见表7.3）。

表7.3　城乡老年人生活照料状况（2008年）　　（单位：%）

指标		城乡总体	城市	农村
近30天生活起居需要照料的老人		13.2	14.1	12.8
生活照料有谁提供	配偶	36.2	43.5	31.7
	子女或孙子女	59.5	51.2	64.5
	亲戚/朋友/邻居	1.5	1.0	1.8
	保姆	0.8	2.0	0.1
	社区	0.4	0.4	0.4
	其他	0.5	0.7	0.4
	没人帮助	1.1	1.2	1.1

资料来源：卫生部统计信息中心编：《2008年第四次国家卫生服务调查分析报告》，第107页。

对老年人希望由谁照料的调查显示[1]，超过一半的老年人认为生活照料的主要承担者应是子女，认为是政府、子女、老人共同承担的占18.9%，认为由老年人自己或配偶承担的占48.6%。说明子女在老年人生活照料中担任着重要的角色，配偶是老人最希望的生活照顾者。

健在子女的个数是家庭养老的重要资源。调查发现，老年人平均有3.0个子女，从城乡角度看，农村老人的健在子女个数多于城市老人；从性别角度来看，女性的健在子女数多于男性（见表7.4）。

表7.4　城乡老年人健在子女数情况（2014年）　　（单位：个）

指标	老人健在子女数			城市老人健在子女数			农村老人健在子女数		
	平均	男	女	平均	男	女	平均	男	女
个数	3.0	2.8	3.2	2.5	2.4	2.7	3.4	3.3	3.6

资料来源：《国家卫生服务调查分析报告》；2014年中国老年追踪调查（CLASS）数据。

---

① 数据来源：《2014年中国老年社会追踪调查(CLASS)报告》，2014年12月1日，http://class.ruc.edu.cn/index.php?r=document/quesdetail&cid=24，2015年12月3日。

根据第六次人口普查数据，60岁以上老年人口中目前无配偶的占29.4%，其中未婚老人有313.683万人，占1.8%；离婚老人有138.077万人，占0.7%；丧偶老人有4747.917万人，占26.9%。农村老人的未婚和丧偶比例远高于城市，特别是丧偶情况（见表7.5）。这些老人多数选择独居，因此，更需要借助社会养老服务满足养老需求。

表7.5　城乡老年人婚姻状况（2010年）

指标	全国		城市人口（万人）	农村人口（万人）
	人口（万人）	比重(%)		
未婚	313.683	1.8	3.0425	283.258
有配偶	12459.025	70.6	3393.775	9065.250
离婚	138.077	0.7	51.467	86.610
丧偶	4747.917	26.9	1034.738	3713.179

资料来源：依据《第六次人口普查汇总数据》整理。

在社会服务机构养老需求方面，养老床位发展与需求匹配情况是关键。国家重视养老服务体系的发展，社会服务机构逐渐增多。从改革开放到2014年底，社会服务机构稳步增长，职工人数逐年增加，大大促进了老龄事业的发展，为老年人的养老需求提供了机构养老服务（见表7.6，表7.7）。社区服务机构[①]是老年照护的重要组成部分。从2007年到2014年，社区服务机构、社区服务中心数量都实现了稳步增长，社区服务站数量波动增长（见表7.8），逐渐网络化、系统化，有利于老年人享受社区养老服务。按照我国老年人3%—5%的比例选择养老机构，我国目前大约需要600万—1000万个床位，截止到2014年底我国共有各类养老床位577.8万张，缺口巨大。

养老护理员需求情况。预计到2020年，我国需要600万养老护理员。目前持证上岗的养老护理员不足10万人。二者差距极大，供需矛盾突出。

---

① 据民政部《2014年社会服务发展统计公报》，截至2014年底，全国各类社区服务机构共有31.1万个，社区服务机构覆盖率约为45.5%。

表7.6 全国社会服务机构状况（2011—2014年）

指标	2011年	2012年	2013年	2014年
社会服务机构(万个)	129.8	136.7	156.2	166.8
增长率(%)	2.3	5.6	6.8	6.8
职工总数(万人)	1129.8	1144.7	1197.6	1251.0
每千人口床位数(张)	2.94	3.32	3.87	4.49

资料来源：《2011年社会服务发展统计公报》数据；《2012年社会服务发展统计公报》数据；《2013年社会服务发展统计公报》数据；《2014年社会服务发展统计公报》数据。

表7.7 全国收养性服务机构状况（1978—2010年）

指标	1978年	1995年	2000年	2005年	2006年	2007年	2008年	2009年	2010年
床位数(万张)	16.3	97.6	113.0	163.9	193.3	257.3	286.1	326.5	349.6
每千人口床位数(张)	0.17	0.81	0.89	1.25	1.47	1.95	2.15	2.45	2.61

资料来源：依据历年《中国民政统计年鉴》整理。

表7.8 全国社区服务机构状况（2007—2014年） （单位：万个）

指标	2007年	2008年	2009年	2010年	2011年	2012年	2013年	2014年
社区服务机构	12.9	14.6	14.6	15.3	16.0	20.0	25.2	31.1
社区服务中心	0.9	1.0	1.0	1.3	1.4	1.6	2.0	2.4
社区服务站	5.0	3.0	5.3	4.4	5.6	8.8	10.8	12.0
便民、利民网点	89.3	74.9	69.3	53.9	45.3	39.7	35.9	30.9

资料来源：依据《2014年社会服务发展统计公报》整理。

（3）老年人的医疗保障需求。老年人慢性病患病率是随着年龄而增长，老人的身体机能逐渐下降，患病率也逐渐增高。调查发现，老人慢性病排在前五位的是高血压、脑血管、糖尿病、慢性阻塞性肺病、类风湿性关节炎（见表7.9）。

表7.9 老年人慢性病患病率（‰）状况及疾病前5顺位（2008年）

次序	城乡合计			城市			农村		
	疾病名称	患病率	构成	疾病名称	患病率	构成	疾病名称	患病率	构成
1	高血压	197.2	36.7	高血压	302.7	38.3	高血压	141.6	28.7

次序	城乡合计			城市			农村		
	疾病名称	患病率	构成	疾病名称	患病率	构成	疾病名称	患病率	构成
2	脑血管	38.5	7.2	糖尿病	80.6	10.2	类风湿性关节炎	36.7	7.5
3	糖尿病	36.8	6.9	缺血性心脏病	53.9	6.8	脑血管病	33.6	6.8
4	慢性阻塞性肺病	34.2	6.4	脑血管病	47.7	6.0	慢性阻塞性肺病	37.8	7.7
5	类风湿性关节炎	30.7	5.7	慢性阻塞性肺病	27.5	3.5	胃肠炎	21.8	4.4

资料来源：《第四次国家卫生服务调查分析报告》（2008 年）。

老人的两周就诊率。"两周就诊率[①]是反映居民对门诊服务利用的主要指标"[②]。从 1993 年到 2003 年再到 2008 年，65 岁及以上老年人的两周就诊率在稳步增长，1993 年至 2003 年城市老年人的就诊率大于农村老人，但是这种趋势在 2008 年发生了转变，城乡老人的两周就诊率趋于一致。说明老人逐渐提高对卫生服务资源的利用，且城市老人与农村老人对其利用程度逐渐趋同（见表 7.10）。

表 7.10　65 岁及以上老年人两周就诊率状况（1993—2008 年）（单位：‰）

指标	1993 年			2003 年			2008 年		
	合计	城市	农村	合计	城市	农村	合计	城市	农村
两周就诊率	169.5	198.8	159.7	133.8	118.1	139.2	145.4	127.2	151.9

资料来源：依据历年《中国卫生统计年鉴》整理。

城镇居民医疗保险与新型农村合作医疗。2009 年城镇居民的基本医疗保险制度就已经实现了全覆盖。由表 7.11 显示，从 2008 年到 2012 年，城市居民医疗保险的参保人数逐年增加，向广度、深度发展。新农合覆盖的县（市、区）实现波动增长，参合率已经达到 98.26%，补偿收益人次快速增长。

---

① 两周就诊率=调查居民中两周内就诊人次数/调查总人数之比，以反映居民的卫生服务需求。

② 缪宏建、蓝绍颖、朴松林：《江苏省海安县农村居民两周就诊率及影响因素分析》，《中国农村卫生事业管理》2006 年第 12 期。

表7.11 城居保与新农合的覆盖情况（2008—2012年）

年份	城居保	新农合			
	参保人数(亿人)	县(市、区)(个)	参合人数(亿人)	参合率(%)	补偿受益人次 (亿人次)
2008	3.1822	2729	8.15	91.53	5.85
2009	4.0417	2716	8.33	94.19	7.59
2010	4.3263	2678	8.36	96.00	10.87
2011	4.7343	2637	8.32	97.48	13.15
2012	5.3589	2566	8.05	98.26	17.45

资料来源：依据历年《中国卫生统计年鉴》整理。

（4）老年人的精神慰藉需求。2000年中共中央、国务院出台《关于加强老龄工作的决定》中提出广泛开展老年文体活动，不断丰富老年人精神文化生活。2009—2010年，老年文体活动不断增多，主要类型有文化活动、体育活动、教育活动、群众活动。老年文体活动的增多，可以丰富老人的精神生活，实现老有所教、老有所乐的目标。

（二）养老需求变迁的过程分析

随着时代的发展，新中国成立以来我国老年人的养老需求也在不断地变化，本文将老年人的养老需求发展历史分为三个阶段进行分析。

第一阶段（1949—1977年）：传统养老需求阶段。

新中国成立初期，受到传统的"孝"道思想影响，老年人是家中的权威，是家庭中权力的核心，年轻的晚辈们都围着老人们转。20世纪70年代，一些年轻人响应"上山下乡"的号召，城市子女们纷纷离开了家。据统计，全国1967年底至1979年初就有1700万知青被下放到农村[①]。这使得原本有多名子女的城市老年人身边一般只留一个孩子，老年人的养老具有了"时代特色"，同时这些老人的养老也面临着诸多困境。而在农村，由于缺乏社会保障制度的供给，部分老人实际上是自我养老和家庭养老，很多老年人即使到了70岁的生活还是日出而作，日

[①] 贾美艳:《退休回沪知青的老年贫困度及养老保障研究》,上海工程技术大学硕士论文,2013年,第51—62页。

落而息，为家庭贡献一份力量，这些农村老人的养老需求层次很低。

第二阶段（1978—2020年）：轻度老龄化养老需求阶段。

改革开放初期，老人主要还是以家庭养老为主，老人的养老需求主要体现在生活照料和经济支持上。随着社会的发展，老人更加注重医疗保障和精神慰藉，养老需求呈现多样化。老人对医疗卫生服务需求、康复护理需求和精神文化服务需求快速增长[①]。

随着人口老龄化和高龄化趋势的加强，失能老人的不断增多，康复护理的需求不断增多。随着社会医疗保险保障水平的提高，老人的医疗支出负担得到减轻。老人的精神文化需求也在不断提高，国家也在不断发展老人文体活动，丰富发展老人的精神世界。

第三阶段（2021—2050年）：中重度老龄化养老需求阶段。

专家预测，到2020年老年人口将达到2.43亿，老龄化率17.17%，我国进入中度老龄化阶段，到2050年老年人口将达到4.3亿，老龄化率30%以上，到达重度老龄化阶段。

随着人口老龄化的加剧，养老服务中的健康服务是老年人的主要养老服务需求。政府在满足人们基本医疗卫生服务需求的同时，充分调动社会力量，使养老服务往纵深方向发展。老人更加注重养老服务的内容和质量，基本的医疗服务和精神文化活动也不再是老年人养老服务的全部目标；同时随着科技信息化水平的提高，智能化和信息化服务也将成为养老服务体系的重要组成部分。

四、养老服务发展的原因

从养老需求变迁对于养老服务体系发展的影响角度研究新中国养老服务体系发展的原因与动力，分析发现我国养老服务体系发展的原因主要有以下两个方面：其一，我国养老需求总量大。主要包含养老需求的绝对数量大和增长幅度大两个特点，所以迫切需要发展社会养老服务体系来积极应对。其二，我国养老需求类型多样。主要包含需求内容种类

---

① 吴玉韶、党俊武：《中国老龄产业发展报告（2014）》，北京：社会科学文献出版社，2014年，第121—124页。

多和需求标准的层次多两个特点。我国的社会阶层、区域、贫富差距，决定了我国养老服务体系需要向多类型、多层次方向发展。

第二节　养老需求变迁对发展养老服务体系的启示

第五次全国人口普查时，我国65岁及以上老年人口占总人口的7.1%，中国已经进入了老龄化社会，且随着时间的推移，中国人口老龄化越来越严重。有学者预测我国老年人口以每年1000万的速度增长，到2050年我国老年人口将达到4.3亿，占全国人口的三分之一[①]。人口老龄化常常伴随着老年人口的高龄化，同时高龄人口往往是最需要照看的人群，其患病率也是高于一般的低龄老年人。所以我国人口老龄化进程具有进入晚、规模大、发展快的特点，且呈现出"未富先老"的趋势[②]。

我国人口老龄化与经济发展不同步，是中国面临的巨大挑战之一。同时中国应对老龄问题，已经在经济支持、生活照料、精神慰藉、医疗保障方面都取得了一定的成就，但是这种成就是低水平的、不全面的、发展很不平衡的。养老服务体系要实现全面的可持续性的发展，使每一位老年人都获得满意的养老服务，我国社会面临着极大的压力。同时，人口老龄化也为老龄事业和老龄产业提供了巨大的发展空间。

满足养老服务需求是我国养老服务体系发展的动力与原因。基于新中国60余年养老需求对养老服务体系的影响，从社会转型的视角，提出我国养老服务体系现代转型的五点建议：

一、养老方式的多样化转型

随着改革开放的深入，我国老年人的养老需求已经渐渐地发生了变化，单纯的居家养老已经无法满足老年人的养老需求。老年人不再满足于生活照料和有足够的经济支持，而是在注重满足物质生活的同时，要

---

① 杜鹏、翟振武、陈卫:《中国人口老龄化百年发展趋势》,《人口研究》2005年第6期。

② 凌文豪:《人口老龄化对养老保障体系的挑战及对策》,《求索》2009年第10期。

求拥有充实的精神世界。据调查，我国老年人最乐于接受的养老模式是既有居家养老的照料服务和亲情维系，又能享受医疗与养护。同时，老人的社会参与不断加大，老年人更多的走出家门，要求社交与自我实现也不能少。在满足了基本生存需求之后，我国老年人开始寻求尊重和自我实现的需求。老人不再满足于简单的生存需要的养老，而更加注重多层次的养老服务内容和质量，要求身心都能够得到满足。家庭养老是我国传统的养老方式，但是随着社会的转型，家庭养老已经无法完全满足老年人的需求。社区养老是将家庭养老延伸到社区，是针对社会转型期面临的老龄化问题所提出的一种新型的养老方式。社区养老吸取了家庭养老和机构养老的优点，既可以居住在家中获取亲情和归属感，又可以享受机构的专业医疗保健服务。机构养老是让老人在专业养老机构中享受养老服务。除了这三种主要的养老方式外，社会上还出现了以房养老、家庭式互助养老等养老方式，以满足老年人不同的养老需求。

养老方式的多样化还包含养老内容的多样化，特别应加强医疗服务与精神服务，坚持医养结合发展方向，加强老年心理健康专业人才的培养。

二、家庭养老的社会化转型

家庭养老是农耕文明的产物，"孝"是家庭养老的制度保证，传统的儒家思想文化强调尊老、敬老、助老，老人在社会稳定中发挥着重要的作用[①]。传统的养老方式中家庭是老人养老的中坚力量，而老人对家庭的强烈的情感归属和"恋家"情节，也使老人对家庭非常依赖。

随着社会的转型，家庭养老方式作为农耕文明的产物，逐渐不能适应当前社会的养老，所以不可避免地转向社会养老。家庭养老在社会变迁中面临着挑战，但这并不是说家庭养老毫无可取之处。家起着维系家庭成员感情的作用，促进人际间的交流，在家庭观念如此浓厚的中国老人心中，家庭不可能被摒弃。但是要想发挥家庭养老的"功效"，政府的作用不容忽视，要把倡导"孝"文化与社会化转型同步推进。通过社会转型逐步向社会层面链接优质养老资源，从而满足老年人多样且多层

---

① 戴卫东：《家庭养老的可持续性分析》，《现代经济探讨》2010年第2期。

次的养老需求。

三、机构养老的生活化转型

机构养老与家庭成员之间的联系大大降低，与居家养老的模式大相径庭，但是在逐渐个性化、平等化的社会，随着家庭模式的变迁，原有的家庭结构趋向瓦解，在家中养老的模式并不适合每一位老人[①]。机构养老可以雇佣专业的护理人员和使用专业的护理设备，满足不同老人个性化的需求，这是社区养老和居家养老都不能实现的优势。目前部分老年人在思想上还不能完全接受机构养老，毕竟机构养老与传统的养老方式不同。许多人也认为将老人送进养老机构是不孝的行为，子女并没有承担应尽的"服侍老人"的责任，缺乏人情味，因此，很多老人碍于面子和为了子女在外的名誉，也不愿意去机构养老。反观国外机构养老的历史进程和当今社会国情的需要，机构养老会慢慢地被更多人接受。

当前机构养老也面临着养老机构数量少、床位利用率低，且机构养、护、医、送的四大功能分离的问题[②]。机构养老应当更加注重机构的数量和质量，同时解决好价格和效率的问题。解决养老机构的核心理念应该是将其建设成温馨、开放、完善、真实的现代化生活情趣的养老公寓。

四、提升居家养老服务质量

居家养老是以家庭为中心，以社区为依托，为老人提供生活照料、精神慰藉、日常护理等社会化的服务[③]。一般以上门服务为主要形式。居家养老以家庭为基础，是传统观念与现代价值观的融合[④]。居家养老依靠家

---

① 屈群苹、许佃兵：《论现代孝文化视域下机构养老的构建》，《南京社会科学》2016年第2期。

② 周翔、张云英：《湖南省长株潭地区农村机构养老的问题与对策探析》，《社会福利》2015年第11期。

③ 丁建定：《居家养老服务：认识误区、理性原则及完善对策》，《中国人民大学学报》2013年第2期。

④ 于涛、张爱莲、常青等：《老年服务人才培养培训的必要性探析》，《淄博师专学报》2008年第2期。

庭成员为老人提供服务，老人不离开家庭，既可以享受到子女照顾，又可以从家庭成员那里得到精神支持和慰藉，同时社区和机构为养老进行辅助。这种养老方式既符合在家养老的传统理念，又符合随着时代变迁的现代价值观。居家养老作为现代养老方式的"主力军"，是社会养老服务体系中的基础，以家庭为核心，以社区为依托，以机构为支撑，个人、家庭、社区、机构、政府和企业组织等都向老人提供具体的养老服务，实现了养老服务主体的多元化[1]，而居家养老也体现了其社会化的一面。

居家养老既可以使老人得到照料，在精神上得到慰藉，又可以减轻子女的负担。但是居家养老也存在一系列的问题，与机构养老"一条龙"服务不同的是，居家养老的服务处于"分散化的状态"[2]。由于主管养老的民政部门指挥协调作用弱，难以发挥高效的协调作用；部门之间的合作缺乏长效机制，部门之间缺乏明确的制度安排和责权划分，甚至依靠"私人感情"推动进程，部门之间缺少联动，给居家养老带来了不便。甚至有些现有的社区硬件设施难以支撑居家养老，许多社区在设计之初，没有考虑到住宅对于老年人舒适度的影响，还有无法解决老年人的安全保障，缺乏系统专业的服务等[3]，不能够满足多样化的养老需求。

当前居家养老亟待从内涵上提升质量，一方面要不断完善居家养老相关制度，亟待出台相关行业标准，从发展初期就要规范其运行过程；另一方面要从其整体服务体系上进行完善，从配套服务网点与服务质量上保障其高效运行。

---

① 冯晓娟：《我国城市居家养老模式的发展》，《社会科学家》2012年第4期。

② 宋言奇：《居家养老中资源整合问题——基于苏州的实践》，《苏州大学学报（哲学社会科学版）》2015年第1期。

③ 王波：《居家养老：问题与模式创新——以上海亲和源老年公寓为例》，《华东理工大学学报（社会科学版）》2009年第4期。

五、精准定位社区养老功能

社区养老①将家庭养老与机构养老的最佳结合点集中在社区。老人不仅能够住在家里，社区还能为老人提供家庭养老之外所需的社会养老服务。这既可以解决家庭养老的后顾之忧，又可以提供家庭养老缺失的服务。

但是社区养老也存在着问题，如服务供需不匹配，资源配置不优化等，但根本问题在于社区养老在"中介者"与"提供者"之间角色定位模糊。这些问题制约着社区养老的进一步发展②。老人有需求将需求反馈给社区，等待社区人员上门服务，但是社区中介在这中间不能及时地调配，导致服务供需不平衡；同时社区内资源整合程度低，社区服务的质量和效果都不佳，使社区服务的效果大大降低。此外社区养老服务的法律法规不健全，一些非营利性机构的社会地位尚未得到确认，相关的政策不够完善，且社区为老年人提供的活动过于单一，社区的老年活动缺乏系统的组织，活动内容单调，社会的专业人员不足③等，这些问题都在社区养老服务中存在。

这些问题的出现主要是因为社区养老功能定位不准，将社会养老与居家养老混淆发展。我们应该将社区养老定位于整合社区居民养老需求与养老服务主体间的中介平台，而不是养老服务主体自身，它应扮演"资源链接者"的角色。

小　结

积极发展多元化、多层次的养老服务体系，从而满足老年人多样化、多层次的需求。家庭养老是小农经济的产物，是传统的养老方式，

---

① 社区是老人在家庭之外的主要社交和活动场所，社区养老以社区为载体，政府、志愿者、社会组织、企业等成员为老人提供养老服务，是社区中的居家养老，让老人可以在熟悉的地方居住。

② 潘峰、宋峰：《互联网+社区养老：智能养老新思维》，《学习与实践》2015年第9期。

③ 陈淑君：《黑龙江省社区养老服务问题探析》，《商场现代化》2010年第19期。

在现代社会具有其局限性,但是它所特有的亲情维系的特点,也为现代养老服务体系建设提供借鉴。居家养老、社区养老、机构养老等养老方式都有各自的优点,但是也存在各自的问题。建立多层级养老服务体系,可以使三大养老模式互为补充,弥补居家养老的不专业、设施不足的问题,弥补社区养老精神文化活动过于单一等问题,弥补机构养老各功能分离等问题。三大养老模式互为补充,相辅相成。除了这三大养老模式外,还存在其他的养老模式,如以房养老型养老模式,可以满足不同老人的养老需求。从当前的养老需求出发,考虑到老年人多样化的养老需求,为不同的老人提供不同的养老需要,养老服务多元化的趋势不可避免①。通过研究我国养老需求的变迁过程,探明养老服务体系发展的动力与原因,是本章研究的基本思路。基于养老需求的类型与过程分析,我国养老服务体系发展的原因主要有以下两个方面:其一,我国养老需求总量大。主要包含养老需求的绝对数量大和增长幅度大两个特点,所以迫切需要发展社会养老服务体系来积极应对。其二,我国养老需求类型多样。主要包含需求内容种类多和需求标准的层次多两个特点。我国的社会阶层、区域、贫富差距,决定了我国养老服务体系需要多类型、多层次的发展。老年人的需求会随着社会的发展而产生新的需求特点,目前从我国老年人的需求特点出发,发展养老服务体系需要从以下五个方面进一步完善:养老方式的多样化转型、家庭养老的社会化转型、机构养老的生活化转型、提升居家养老服务质量、精准定位社区养老功能。

---

① 多元化、多层次的养老服务体系需要社会力量的广泛参与。政府、社会与企业在养老服务体系的发展过程中要实现分工与合作。只有让社会力量成为我国养老服务体系的主体,才能实现满足老年人养老需求的目标。

第八章　养老服务体系发展调查[①]

对于老年人的需求，可以简单地区分为物质层面和精神层面。我国养老服务体系现代转型的目标之一就是实现身心共养的综合性养老服务。从当代中国发展实际出发，我们不仅需要重视老年人的物质供给，而且也需要关注老年人的精神需求满足状况，即当代中国养老服务体系服务老年人精神需求状况。本章以老年人精神健康水平（精神需求满足状况）为研究视角，养老服务体系为自变量，老年人精神健康水平为因变量，开展实地调查研究，以期探明当前养老服务体系发展中影响精神健康水平的薄弱区域，从而为构建我国精神慰藉养老专项服务提供经验性的借鉴。

第一节　调查背景

一、政策背景

2011年3月全国人大四次会议通过的《国民经济和社会发展第十二个五年规划纲要》，提出"拓展养老服务领域，实现养老服务从基本生活照料向医疗健康、辅具配置、精神慰藉、法律服务、紧急援助等方面

① 部分研究内容由安徽省哲学社会科学基金规划项目：安徽养老机构发展模式研究（AHSK11–12D130）和安徽省高校省级人文社会科学研究重大项目：安徽省老年人精神健康与社会养老服务体系研究（SK2014ZD032）资助，特别感谢黄伟、周璇、宋一墨、陈丽雯、赵前和菅晓菲等同学的参与与支持。

延伸"。《社会养老服务体系建设规划（2011—2015年）》指出，社会养老服务体系应当提供精神慰藉等养老服务。《中华人民共和国老年人权益保障法》增加了家庭成员应当关心老年人的精神需求，应当经常看望或者问候老年人的规定。被社会称为"常回家看看"。2016年12月国家卫生计生委、全国老龄办、民政部等22个部委联合出台《关于加强心理健康服务的指导意见》，明确提出通过培训专兼职社会工作者和心理工作者、引入社会力量等多种途径，为空巢、丧偶、失能、失智、留守老年人和计划生育特殊家庭提供心理辅导、情绪疏解、悲伤抚慰、家庭关系调适等心理健康服务。从"十二五"开始，老年人的精神养老服务逐渐成为养老服务体系发展的重点。

本次调查的区域安徽省①也非常重视养老服务体系的发展，尤其是近些年，养老服务体系网络逐步完善，在中部省份中具有一定的代表性。安徽省民政厅在2013年发布了《安徽省城乡养老服务体系建设实施办法》，对安徽省养老服务体系的实施内容、保障措施、资金筹措等方面进行了规定。又在2014年发布了《安徽省社会养老服务体系建设实施办法》，该办法结合了安徽省实际，对发展养老服务体系的具体办法进行了明确。随着养老服务体系的不断发展，精神慰藉养老服务体系构建也备受关注。

二、研究设计

（一）研究缘起

2014年3月与2015年7月笔者的两次访谈，引发就老年人精神慰藉养老服务体系开展实地调查研究。

----

① "十二五"以来安徽省养老服务体系主要政策:《安徽省"十二五"民政事业发展规划》《安徽省老龄事业发展"十二五"规划》《安徽省"十二五"社会养老服务体系建设规划(2011—2015年)》《安徽省人民政府关于加快推进养老服务体系建设的决定》《安徽省社区服务体系建设规划(2011—2015年)》《安徽省实施〈中华人民共和国老年人权益保障法〉办法》《安徽省人民政府关于加快发展养老服务业的实施意见》《安徽省人民政府关于2016年实施33项民生工程的通知》《安徽省人民政府关于2017年实施33项民生工程的通知》。

在T市Z镇一个自然村的访谈：一对年过七旬的老夫妇坐在院子里发呆，院子里的花花草草长得很好，笔者走进院子，他们竟然没有一丝抵触的行为，老奶奶笑着问我"你来干什么呀"。那是我的一个个案访谈，足足聊了40分钟，得知这对老人有两个儿子，一个在外地打工，一个在隔壁县里做公务员，都不能时刻陪在他们身边。"他们过年会回来看看"，这句话真的让我们很难过，从眼神中能发现，这对老人的两个儿子或许"只在过年时回来看看"。

另一个在H市S镇的某家养老院：笔者提着几个大西瓜走进养老院大门时，晒太阳的老人都站了起来；笔者和养老院的工作人员说明此行目的的时候，听到消息的老人竟都从楼里走了出来，围着笔者看，"看这个年轻人"！进入到养老院的大楼，配套设施是崭新的，服务项目是全面的，但笔者还是能感觉到他们真的很需要精神上的关怀，一位老人呆呆地拉着我的手不放，还有几位老人叫我陪他们下中国象棋。"我孙子也应该有你这么大了吧"，谁知道这个问题的答案呢。访谈得知，这个老人被送到养老院之后就很少接触到子女，他也不知道自己的孙子在读哪个年级、长了多高。

（二）研究假设

本次调查将老年人精神健康作为研究养老服务体系的视角，并选取养老服务体系作为自变量、老年人精神健康为因变量，探讨老年人精神健康养老服务的发展。

根据学术界对社会养老体系概念界定及综合考察，本次研究将养老服务体系操作化为经济保障、生活照料、社会参与、精神慰藉、康复护理、紧急救援、法律维权等7个维度；对老年人精神健康设置了自评生理健康、心理健康、生活理想状况、个人能力发展认识、生活幸福度等5项主要的衡量指标。结合社会学的专业知识，配合心理学SCL-90症状自评量表，设计了调查问卷，并通过SPSS社会统计软件录入到课题数据库（见图8.1）。

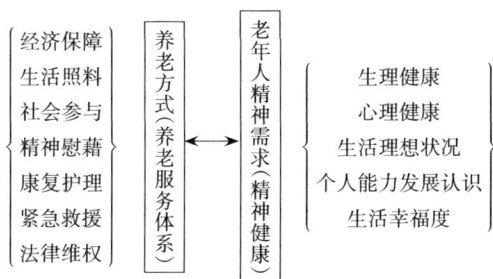

图8.1　研究思路与变量操作化

本次调查从区域位置、发展水平和可行性等方面出发，选取了安徽省①作为调查区域。根据安徽省地域差异、人口分布、经济社会发展水平的发展实际，本次调查在合肥、芜湖、安庆、宣城发放问卷各160份，阜阳、六安发放问卷各120份，其他地市各80份，覆盖全省16个地级市。调查期间，尽可能地将男女比例控制为1∶1，将机构养老与居家养老、社区养老的比例控制为1∶4，将城乡比例控制为6∶4。调查共发放问卷1680份，回收有效问卷1653份，问卷有效率为98.39%（见表8.1）。

表8.1　调查对象分布情况　　　　　　　　　（单位：%）

性别		年龄				婚姻状况		文化程度					常住地	
男	女	60—69	70—79	80—89	90及以上	有配偶同住	无配偶同住	小学及以下	初中	中专/高中	大专/大学本科	研究生及以上	城市	农村
51.36	48.64	36.84	42.95	16.52	3.70	54.26	45.74	51.00	24.14	14.88	8.05	0.85	59.95	40.05

本研究提出总假设：养老服务体系与老年人精神健康具有相关性。基于初步假设以及对安徽省现状的整体把握，本次调查将总假设操作化为三个分假设，提出明确本研究的研究假设：

假设1：生活保障与老年人的精神健康水平呈正相关关系。经济基础决定上层建筑。物质保障是老年人生活的基本前提，生活保障是老年

①《安徽省"十二五"社会养老服务体系建设规划(2011—2015年)》显示,预测到2015年,安徽省60岁以上老年人口达到1075万人,约占总人口的15.2%。安徽省处于中部地区,老龄化、城市化程度与全国水平相当,2015年在全国GDP总量排名14位,处于中等偏上位置。总体上是我国中等发展程度的区域,调查代表性较强。

人开展娱乐休闲活动的基础，二者直接影响着老年人闲暇时间的活动内容与质量，并且经济基础决定上层建筑，老年人养老保障金越多，养老储备越充分，则心里感觉越踏实，越有安全感。继而进一步影响到老年人的精神健康。

假设2：精神慰藉与老年人精神健康水平呈正相关关系。一方面丰富的精神生活能够增加老年人的社会支持，帮助老年人更好地融入社会，增强其对所在社区的归属感。另一方面，丰富的精神生活可以帮助老年人培养广泛的兴趣，以致其在退休后不会感到无用感和孤独感，促使老年人老有所乐，老有所为，从而提升老年人的精神健康水平。

假设3：制度支持与老年人精神健康水平呈正相关关系。政府及社会有关方面提供的制度支持越完备，则越能帮助丰富养老服务的内容，使养老服务体系越具有针对性，使老年人享受到的养老服务内容种类越多，以满足不同老年人的精神健康需求，提升老年人的精神状况。并且，制度支持可以通过外部环境间接影响老年人个体，从而维护老年人的合法权益，提高老年人的精神健康水平。

第二节　养老服务体系与老年人精神健康现状

一、养老服务体系的发展状况

国家持续重视养老服务的发展。老年人是国家人口的重要组成部分，老年人的养老需求日益增长，为应对人口老龄化，国家对养老服务体系发展的支持力度也逐渐提高。新中国成立伊始，就针对老龄问题出台一系列文件。20世纪50年代开始实施农村"五保"供养，敬老院开始设立；1999年提出社会福利机构是为老年人提供服务的机构，加快实现养老机构社会化发展；2000年为发展老龄事业制定五年规划；2006年强调加快养老服务业发展；2011年强调社会养老服务体系建设应以居家为基础、社区为依托、机构为支撑。国家从不同的角度，全方位、多领域地为老年人的养老需求提供更加完善的服务。经过60多年的发展，我国养老服务体系逐步完善，为老年人的养老提供多样化的服务；新农保和新农合基本实现了全覆盖，为老年人的养老和医疗提供保障；老年文体活动形式丰富多彩，不断丰富老年人的精神文化生活。养老不再只是家庭内部的责任与义务，国家重视社会养老服务的发展，社会服务机构大幅增加，社会力量逐渐参与到现代养老服务体系之中。

根据国务院办公厅发布的《社会养老服务体系建设规划（2011—2015年）》，本次研究对当前安徽省养老服务体系建设状况设置了12个指标（见表8.2）。单变量统计结果发现，选择"一般"的占总体的44%，选择"非常差"的约8%，而选择"非常好"的仅占约5%，可以发现安徽省养老服务体系的建设状况不够理想，养老服务体系的专业化、标准化、信息化建设仍有待提高。

表8.2　养老服务体系现状统计　　　　　　（单位：%）

指标	非常好	好	一般	差	非常差
提供生活照料的程度	10.0	42.5	36.2	6.5	4.8
提供康复护理的频度	5.0	31.0	45.8	11.4	6.8
提供精神慰藉的频度	5.4	28.2	41.6	17.6	7.2
进行紧急救援的效度	4.4	26.8	43.9	16.9	8.0
组织社会参与的效度	4.7	26.2	45.2	15.7	8.2
基础设施的完备程度	4.9	28.8	45.3	13.4	7.6
养老服务的组织程度	4.5	26	45.6	15.8	8.1
服务规模的稳定程度	4.7	27.0	45.0	14.8	8.5
相关技术的专业程度	4.4	21.5	44.1	21.2	8.8
配套服务标准的高度	4.9	23.3	43.9	19.7	8.2
运行机制的经办效度	4.3	22.8	45.8	18.5	8.6
监管制度的规范程度	4.4	22.8	45.8	18.5	8.6

二、老年人精神健康水平现状

本次研究对老年人精神健康设置了5项主要的衡量指标：第一类是生理健康，包括失眠频率和精力状况，旨在通过评估老年人的身体素质来衡量健康状况；第二类是心理健康，主要包括烦恼、发脾气和不被人理解的频率，旨在从老年人的日常情绪表现来探寻老年人的情感需求；第三类是生活理想状况，包括生活目标和兴趣爱好，旨在通过调查老年人的精神生活来反映其精神状况；第四类是个人能力发展，主要包括完成目标的信心、能力和兴趣爱好的安排时间，旨在通过愿望与能力的对比来反映老年人的精神现状；第五类是生活幸福度，从老年人对自身生活状况的满意程度来评估老年人精神健康程度。指标评分采用5点李克特量表，由1至5，得分越低则老年精神健康水平越高（见表8.3）。

统计结果发现，目前安徽省老年人总体精神健康水平处于中间层次，精神健康水平尚好，但老年人群体内部的精神健康水平存在着一定的差异性。从城乡角度看，在除了心理健康以外的其他四项指标上，城市均优于农村；性别上，男性优于女性；老年人的婚姻状况也对老年人的精神健康有一定程度的影响，有配偶同住的比丧偶或离婚等无配偶同住的老年人精神健康水平高；总体上看，安徽省老年人的精神健康处于中等水平。

表8.3　老年人群体内部子群体的精神健康状况得分

指标	二级指标	性别		年龄				婚姻		文化程度					常住地	
		男	女	60—69	70—79	80—89	90及以上	有配偶	无配偶	小学及以下	初中	高中	大学	研究生及以上	城市	农村
生理健康	失眠	2.30	2.44	2.21	2.36	2.69	2.54	2.20	2.45	2.53	2.28	2.07	2.23	1.57	2.35	2.40
	精力下降活动减慢	2.65	2.80	2.50	2.75	3.13	2.84	2.58	2.77	2.83	2.75	2.40	2.50	2.57	2.68	2.82
心理健康	孤独	2.31	2.49	2.19	2.40	2.76	2.74	2.12	2.34	2.50	2.33	2.22	2.20	1.93	2.38	2.41
	容易烦恼激动	2.34	2.36	2.24	2.37	2.50	2.54	2.20	2.31	2.43	2.37	2.15	2.17	1.93	2.35	2.34
	不能控制大发脾气	2.20	2.24	2.18	2.18	2.40	2.30	2.12	2.21	2.24	2.30	2.07	2.14	2.21	2.29	2.11
	感到别人不理解不同情自己	2.27	2.36	2.27	2.30	2.42	2.46	2.23	2.33	2.35	2.40	2.07	2.23	2.79	2.37	2.23

续　表

指标	二级指标	性别		年龄				婚姻		文化程度					常住地	
		男	女	60—69	70—79	80—89	90及以上	有配偶	无配偶	小学及以下	初中	高中	大学	研究生及以上	城市	农村
生活理想状况	生活目标	2.69	2.79	2.50	2.76	3.11	3.21	2.50	2.67	2.91	2.70	2.45	2.26	2.07	2.66	2.86
	兴趣爱好	2.44	2.66	2.54	2.44	2.23	2.11	2.43	2.24	2.24	2.26	2.29	2.31	2.30	2.45	2.31
个人能力发展	完成目标的信心能力	2.78	2.98	2.66	2.87	3.24	3.49	2.67	2.56	3.08	2.86	2.48	2.35	2.38	2.76	3.08
	兴趣爱好的安排时间	2.56	2.32	2.54	2.57	2.46	2.31	2.32	2.35	2.21	2.29	2.34	2.45	2.51	2.45	2.32
生活幸福度	生活幸福程度	2.28	2.41	2.20	2.37	2.57	2.38	2.14	2.66	2.46	2.25	2.20	2.08	2.07	2.31	2.38

第三节　养老服务体系与老年人精神健康的相关分析

上述研究结果表明，安徽省老年人精神健康总体处于中等水平，不同控制变量下的老年人精神健康水平内部差异相对较大。为更明确地研究老年人精神健康水平和养老服务体系的相关性，本次研究采用因子分析、线性回归及单因素方差分析进行考量，深入挖掘安徽省老年群体在其精神健康水平形成过程中的影响因素。采用均值的方式，将养老服务体系与老年人精神健康水平变为定距变量，进行了如下分析。

一、养老服务体系发展的结构分析

（一）养老服务体系的因子分析

本次研究将养老服务体系划分为经济保障、生活照料、社会参与、精神慰藉、康复护理、紧急救援、法律维权等7个维度。为更好地分析养老服务体系与精神健康水平之间的关系，先对养老服务体系进行因子分析，减少分析的维度从而降低分析的难度。如表8.4所示，在抽样度的"Kaiser-Meyer-Olkin"检验结果中，KMO的取值为0.632，大于0.6，说明数据库的数据适合做因子分析。"Bartlett's"球形检验结果Sig=0.000，小于显著性水平（0.01），即所分析变量之间有相关性，再次监测数据库的数据适合做因子分析。在进行因子结构矩阵分析时，将指定值设置为0.6（见表8.5）。

表8.4　KMO and Bartlett's检验

Kaiser-Meyer-Olkin 检验	KMO	0.632
Bartlett's 球形检验	Approx.Chi-Square	804.354
	df	21
	Sig.	0.000

通过表8.5中数据分析，养老服务体系的7个维度（指标）可以归类为生活保障、精神生活和制度支持三大公共因子，其中，生活保障因子能够反映经济保障维度0.786、生活照料维度0.632的信息；精神生活因子能够反映社会参与维度0.745、精神慰藉维度0.732的信息；制度支持因子能够反映康复护理维度0.709、紧急救援0.736、法律维权0.715的信息。

表8.5　养老服务体系的因子分析

维度	因子		
	生活保障	精神生活	制度支持
经济保障	0.786		
生活照料	0.632		
社会参与		0.745	
精神慰藉		0.732	
康复护理			0.709
紧急救援			0.736
法律维权			0.715

（二）养老服务体系对老年人精神健康的回归分析

老年人精神健康水平是一个连续变量，因此采用多元线性回归的方式，测量养老服务体系的生活保障、精神生活和制度支持三大公共因子与老年人精神健康水平的具体相关关系。具体而言，将生活保障因子、精神生活因子、制度支持因子作为自变量，老年人精神健康水平作为因变量，并将性别、年龄、婚姻、文化程度、户籍作为控制变量，从而建立影响老年人精神健康水平的多元线性回归模型（见表8.6）。

根据表8.6数据可知，在控制其他因素的情况下，生活保障因子、精神生活因子、制度支持因子均会影响到安徽老年人精神健康水平；同时，在控制变量方面，年龄、婚姻、文化程度和户籍都在一定程度上影响老年人精神健康水平，而在性别方面则基本不会影响（在$p \leq 0.05$的条件下）。

表8.6　影响老年人精神健康水平的多元线性回归模型

	变量	系数	标准误	T值	Sig.
自变量	生活保障因子	0.109	0.033	3.319	0.001
	精神生活因子	0.070	0.028	2.471	0.014
	制度支持因子	0.076	0.025	3.073	0.002
控制变量	性别(参照组:男性)	0.078	0.032	2.448	0.021
	年龄(参照组:60—69岁)	0.187	0.022	8.658	0.000
	婚姻(参照:有配偶)	0.186	0.017	11.141	0.000
	文化程度(参照组:小学及以下)	−0.074	0.014	−5.495	0.000
	户籍(参照组:农业户口)	−0.042	0.020	−2.075	0.038

在其他变量不变的情况下，生活保障因子每提高1个单位，老年人精神健康水平则提高0.109个单位，即可验证出假设1：生活保障与老年人的精神健康水平呈正相关关系。随着家庭与社会对老年人生活保障的投入加大，老年人的精神健康水平普遍提高。

在其他变量不变的情况下，精神生活因子和制度支持因子每提高1个单位，老年人精神健康水平则分别对应提高0.070和0.076个单位，即可验证出假设2：精神生活越丰富的老年人精神健康程度越高，以及假设3：制度支持越完备，老年人的精神健康水平越高。

　　安徽老年人精神健康水平与三大因子的散点图则更生动地展现出四者的联系（见图8.2）。在精神健康水平上，绝大多数普遍存在于2~3分的范围内，并且可以很明显地看出，生活保障因子和制度支持因子的得分集中区域小于精神生活因子的得分区域，也就是说生活保障因子和制度支持因子具有较大的提升空间。

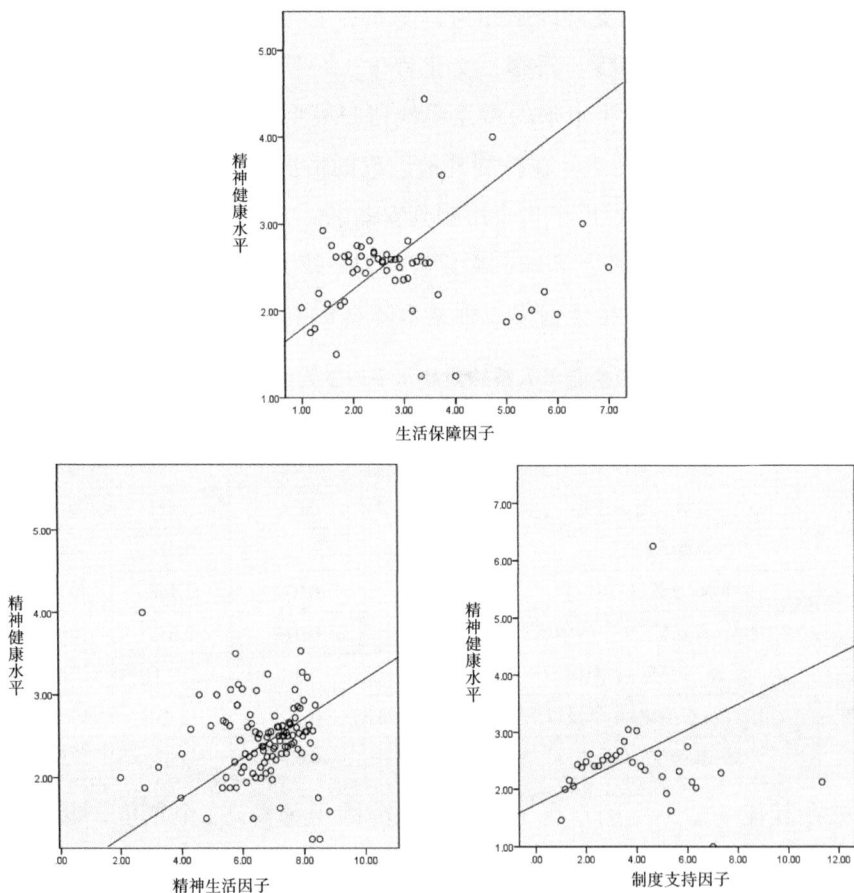

图8.2　老年人精神健康水平与三大因子的散点图

二、精神健康与养老服务相关分析

　　为了进一步研究老年人精神健康与养老服务体系中的养老方式之间的关系，采用单因素方差分析。其中检验统计量F值为14.797，显著性（Sig.）

P<0.01，由此认为选择不同养老方式的老年人精神健康水平总体均值存在差异，即选择不同养老方式与老年人的精神健康呈现相关。（见表8.7）

表8.7　养老方式与老年人精神健康水平的方差分析

	Sum of Squares	df	Mean Square	F值	Sig.
组间	15.483	2	7.741	14.797	0.000
组内	849.129	1623	0.523		
总计	864.612	1625			

通过折线图可以发现，选择机构[①]养老方式的老年人精神健康水平在2.70~2.80范围内，居家养老方式的老年人精神健康水平在2.40~2.50之间。即选择机构养老的老年人的精神健康水平最高，居家养老次高，社区养老最低（见图8.3）。一种可能的解释是，机构养老中的老年人多为"群居"方式，可以相互"陪伴"，而选择居家和社区养老的老年人中有50%以上[②]是独居，并且缺乏精神慰藉相关专业服务。

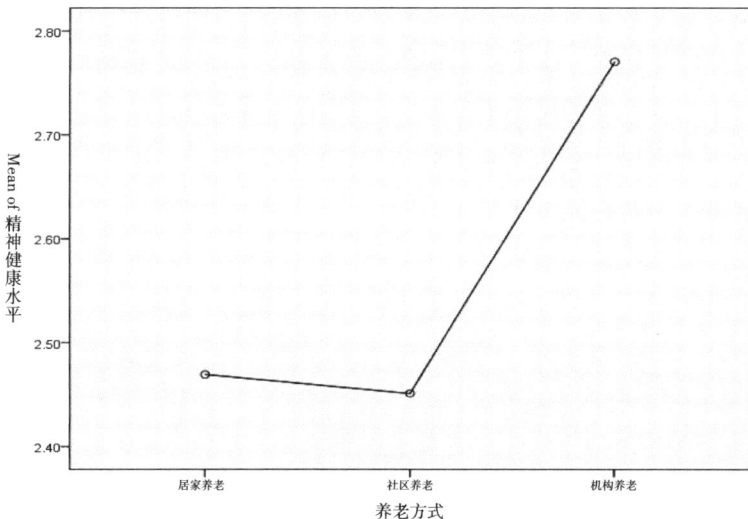

图8.3　精神健康水平折线图

① 本次调查养老机构的抽样是由各地民政部门提供，民政部门一般都会推荐条件较好的养老机构。这可能造成了本次调查对象多为养老服务质量较高养老机构中的老年人，这些养老机构会为老年人开展丰富多彩的精神文化服务活动。

② 根据《十三五"国家老龄事业发展和养老体系建设规划》等预测，截止到2016年底，我国独居和空巢老年人约1.18亿人，约占老年人总体的50%。

第四节　精神慰藉视角下养老服务体系的完善策略

本文从三个主要因子出发，基于满足老年人精神需求的角度，对调查区域安徽省乃至全国的养老服务体系建设提出发展模型与优化策略。

一、发展模型设计

本研究目标是通过完善养老服务体系，提高老年人精神健康水平。针对安徽省养老服务体系的现状，提出养老服务体系发展的预期目标与路径。

（一）实施路径的结构流程

基于调查结论与养老政策，笔者设计了提升养老服务体系的对策结构流程图（见图8.4），从多个主体出发，更有针对性地提高老年人精神健康水平。在对策结构流程图中，家庭、政府、社区、机构互补有无，社会工作者、医疗、志愿者三支队伍各有所为。养老问题的解决不能依托某一个主体，而是需要来自多方面的力量。随着时代的发展，各个主体之间联通联动，各取所需，形成良性的循环体系，从各个环节入手，提高老年人的精神健康水平。

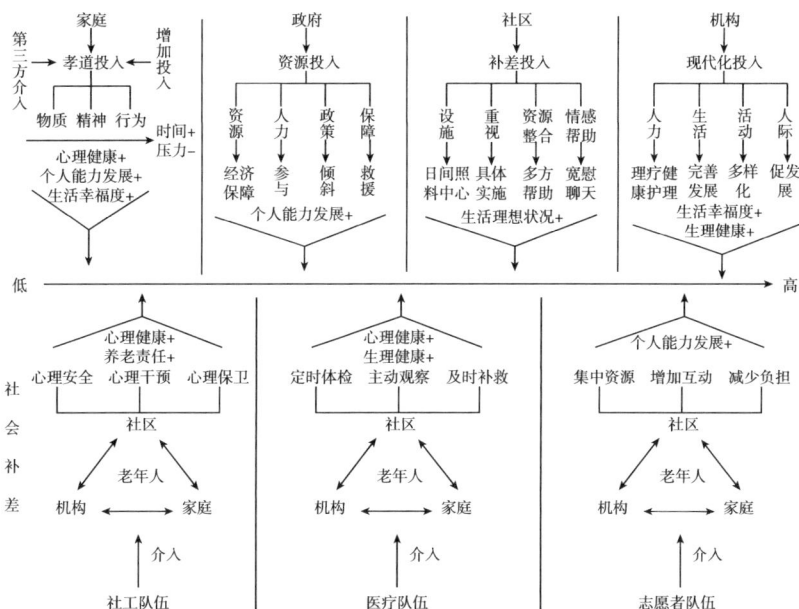

图8.4　老年人精神健康对策结构图

（二）四维提升模型

为了增强研究成果的创新性，笔者将养老服务体系操作化后的维度进行立体搭建，形成了三维模型。按照时间的推演，模型分为孵化期、构建期和完善期，不同时期、不同角度，会有不同的对策。再将三维模型置于时间轴上，构建养老服务体系的四维提升模型（见图8.5）。

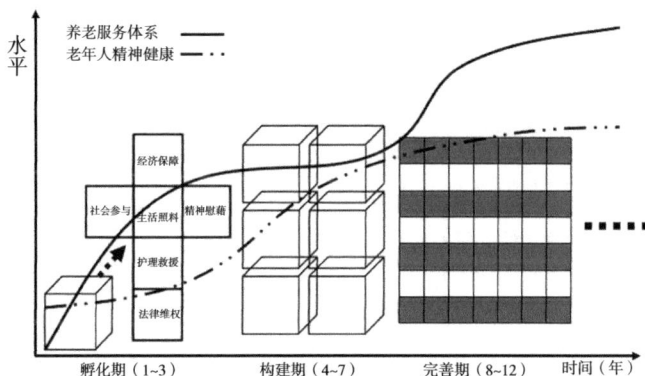

图8.5　养老服务体系（养老方式）四维提升模型

第一阶段：孵化期（1~3年）

孵化期是指在一个社区或一个乡镇选取一个试点，在试点进行养老服务体系的初级孵化。孵化期的特点是：老年人精神健康仍处于固有状态，随着试点的建立缓慢提升；养老服务体系中的精神慰藉服务从无到有，并大幅度提高。

具体实施起来可操作为：建立老年活动中心，完善管理制度，配备专业人员；试行老年家政服务产业；开设老年大学，配备相应的硬件设备及教师；搭建社区与大学生、社会工作者等专业人员的联动平台；宣传敬老爱老的孝道文化，提高社会对孝文化关注程度；建立法律援助中心，配备专业法律顾问。

第二阶段：构建期（4~7年）

构建期是指以群组形式增加试点数量，并渐渐形成一定的规模，可先从区、县开始，进一步扩展至市级范围。构建期的特点是：老年群体对养老服务体系的认知情况从陌生到熟悉，从排斥到接受，老年人精神健康水平缓慢提升，并在本阶段末期显著提升；养老服务体系进入慢发展阶段，随着群组内单位数量的增加，大体系下的发展会遇到资金不足、人员短缺等问题，体系内的相关内容会不断充盈。

具体实施起来可操作为：社区可以联系社会企业介入，提供"公共食堂""衣物清洗""水电维修站"等服务；完善老年家政服务中心；加强宣传，提高老年人的参与度；针对不同区域不同年龄老年人的需求组织开展社工服务；对子女的赡养义务进行强化，巩固"家文化"下的亲情纽带；按照不同区域特点细化各自的管理特点和老年人需求；加强宣传，提高老年人的防骗意识及维权意识。

第三阶段：完善期（8~12年）

完善期是指养老服务体系进一步扩展，在一个区域内实现网状覆盖，此阶段"区域"的概念提升至省级单位，甚至是多省联动，形成资源共享、制度完备的养老服务体系。完善期的特点是：老年人精神健康在本阶段前期快速提升，并逐渐趋于平稳，其精神健康已达到较高水平；养老服务体系再次进入快速发展阶段，随着多市互补、多省对接等工作的推进，养老服务体系的制度文件逐渐成熟化、科学化，并进入良性运行的发展轨道。

具体实施起来可操作为：设计一款 App，通过一键式呼叫等终端服务，提高老年群体与服务体系之间的互动性；老年家政服务业的监管文件出台，服务工作明确化、法制化；老年教育做出精品课程，提高老年大学的影响程度；不断壮大从事老年服务工作的社工队伍，形成一套长期有效的联系与服务机制；孝文化不再隐于心中，而显于行动；按照养老服务体系的大网络，分区域运行；老年人维权次数和成功率提高，维权问题不再是老年群体的认知盲区。

四维提升模型是本研究的大胆构想，是一个展望性发展策略。随着信息化时代的发展，还可以利用以社区为基础的社会化养老服务体系网络，构建大数据库[①]。在大数据库中利用可视化分析和数据挖掘等算法，运用数据仓库、数据集市或前端展现等开源工具进行预测性分析，并将其分析结果传至"中国大数据网站"，接受大众监督，全面完善社会养老服务体系，有效提高老年人的精神健康水平。

二、完善策略

（一）从生活保障视角出发，要大力发展老年家政服务业，倡导社会组织积极介入

调查显示，生活保障与老年人的精神健康水平呈正相关关系，社会养老服务体系中提供的生活保障越完备，老年人的精神健康状况越好。但是，当前的社会养老服务体系在生活保障方面的建设还不够完善。对课题数据库中生活保障支持因子的统计结果显示：在生活照料方面，所在居住地提供家政服务的比例仅占34.9%。随着我国家庭结构呈现出以

---

①《国务院关于积极推进"互联网+"行动的指导意见》提出"促进智慧健康养老产业发展……依托现有互联网资源和社会力量，以社区为基础，搭建养老信息服务网络平台，提供护理看护、健康管理、康复照料等居家养老服务。鼓励养老服务机构应用基于移动互联网的便携式体检、紧急呼叫监控等设备，提高养老服务水平"。

核心家庭为主的发展趋势，人口流动、就业压力等因素使得子女对老人的赡养行为不断弱化，社会养老服务体系对老年人的生活保障支持显得尤为重要。

因此，要大力发展老年家政服务业，倡导社会组织积极介入，方便老人获取相应的服务资源。《中共中央关于构建社会主义和谐社会若干重大问题的决定》提出，发展民间社会组织参与养老服务。在生活保障方面，可以以政府为主导，社区和养老机构作为中介单位，整合多方资源，大力发展家政服务业，完善家政服务系统，提供生活照顾和医疗保健等服务。

（二）从精神生活视角出发，要加强老年活动中心建设，培育专业的养老服务工作队伍

调查发现，精神生活越丰富的老年人精神健康程度越高。丰富的精神生活能够帮助老年人更好地融入社会，增强其对所在社区的归属感。对课题数据库中精神生活支持因子的统计结果显示：在社会参与方面，有72.8%的被访者表示其所在居住地有老年活动中心。老年活动中心作为老年人日常娱乐和社会交往的主要场所，有助于帮助老年人提高社会参与度、享受集体生活、丰富精神生活。但在调查过程中，很多老年活动中心沦为简单的"棋牌室""麻将馆"，环境乌烟瘴气，卫生条件较差。调查中还发现，很多社区或机构虽然设置了专职养老部门，但没有配备专业的养老服务人员，使社区虽有养老职责之名，却无养老服务之实。

因此，要加强老年活动中心建设，培育专业的养老服务社会工作者队伍。老年人有广泛兴趣爱好，可使其不会在退休后感到无用感和孤独感，而是老有所乐，老有所为。访谈发现，部分老年人有唱戏、摄影、书画等兴趣爱好，政府可以组织协调，定期举办文艺沙龙，为拥有共同爱好的老人提供分享交流的平台。专业化社工队伍的建立能提供更好的服务，进而优化社会养老服务体系。社会工作者队伍可以积极介入社区养老、机构养老、家庭养老这三种养老方式中，从专业的角度为老年人提供心理安全、心理干预、心理保卫等方面的服务，强化老年人的心理

健康，提升全社会对于养老问题的社会责任。

（三）从制度支持视角出发，要完善养老的相关政策文件，构建完备的养老服务网络

调查显示，制度支持越完备，老年人的精神健康水平越高。政府及社会有关方面提供的制度支持越完备，则越能帮助丰富养老服务的内容，使养老服务体系越具有针对性，使老年人享受到的养老服务内容种类越多，以满足不同老年人的精神健康需求，提升老年人的精神状况。

因此，要完善养老的相关政策文件，构建完备的养老服务网络。老年人收入来源窄，收入水平低，面对医疗方面的开支，养老金的不充足会让老年人感到焦虑、没安全感。完善相关政策文件、提高养老保险的保障力度、创新推出针对老年人养老金的特殊理财方式，是今后完善养老服务体系的重点。另外，养老服务体系的构建是多方面综合形成的，要形成家庭、政府、社区、机构"四位一体"的互助联动模式，四者根据自身的性质，积极扮演好自身角色，更加完备地构建养老服务网络。

小　结

调查发现，安徽省老年人精神健康总体处于中等水平，但老年人群体内部的精神健康水平存在着一定的差异性；安徽省养老服务体系建设状况不够理想，养老服务体系的专业化、标准化、信息化建设仍有待提高；影响老年人精神健康水平的生活保障因子和制度支持因子仍有较大的提升空间；选择机构养老的老年人的精神健康水平比居家养老略低，社区养老相对较低。

从老年人精神健康视角探寻我国养老服务体系发展的着力点：其一，从综合发展理念出发，全方位构建养老服务体系，不断提升服务质量，有利于老年人精神健康水平的提高；其二，从专项服务理念出发，积极发展精神慰藉养老服务体系，从人才、技术、设施和标准上不断完善，从而提升老年人尤其是独居老年人的精神健康水平。

第九章　养老服务体系现代转型的
特点、目标与路径

　　本文纵向梳理了新中国成立以来我国养老服务体系的发展历史,当代中国养老服务体系的发展历经了中国社会现代转型的两个重要时间点,即新中国的成立与十一届三中全会的召开。现代转型是一个时间的概念更是一个社会结构转变的过程,尤其是在 1978 年之后呈现出"社会体制转轨"与"社会结构转型"同步进行的特点,作为社会组成部分的养老服务体系也历经了从"计划"向"市场"体制转变和从传统向现代社会结构转变的过程①。从内容上看,养老服务体系的现代转型是指从传统的家庭养老向现代的社会养老转型;从时间上看,特指新中国成立以来,特别是社会主义市场经济体制建立以来养老服务体系的发展历史。

　　一个国家或者地区养老服务体系的形成,既是一个自然形成的过程,更是一个国家和社会基于社会发展实际情况主动设计、不断推动的过程。本章基于对新中国 60 余年养老服务体系发展历史的分析,凝练其现代转型的特点。从新中国的发展轨迹与未来走向出发,提出我国养老服务体系现代转型的目标与路径,以期尽快完成我国养老服务体系的现代转型过程,形成具有中国特色且比较完善的养老服务体系。

---

　　① 孙健:《20 世纪的中国——走向现代化的历程(经济卷 1949—2000)》,北京:人民出版社,2010年,第 2—4 页。

第一节　养老服务体系现代转型的特点

我国养老服务体系经过60余年的发展，已经取得了举世瞩目的成就。"适度普惠型"的养老服务体系的框架基本形成，回顾当代中国养老服务体系的发展历史，我国养老服务体系的发展呈现出以下六个方面的特点。

一、养老服务体系化

经过60余年的发展，我国社会养老服务体系的框架逐步形成，从单一化已经发展成体系化，从被动地采取临时性救助解决困难老年群体的养老问题逐步发展到主动地通过制度性养老服务体系来不断满足老年人群的多样化养老需求。新中国养老服务体系是从农村"五保"供养制度开始的，逐步在养老主体、养老内容和养老机制方面发展、完善，特别是1999年我国进入老龄化社会发展阶段之后，养老服务体系发展进入了"快车道"。

体系化的形成主要有三个发展阶段。第一阶段：养老服务体系化的探索阶段（1999—2005年）。2000年8月19日中共中央、国务院出台《关于加强老龄工作的决定》，该文件是我国历史上第一次全面总结和规划我国老龄事业，首次提出建立以家庭养老为基础、社区服务为依托、社会养老为补充的养老机制。第二阶段：养老服务体系化的形成阶段（2006—2009年）。2006年国务院办公厅转发全国老龄委等10部委《关于加快发展养老服务业的意见》，该意见首次明确提出逐步建立和完善以居家养老为基础、社区服务为依托、机构养老为补充的养老服务体系。第三阶段：社会养老服务体系的确定阶段（2010—2011年）。2010年3月十一届全国人大三次会议的政府工作报告提出加快建立健全养老社会服务体系①。这是官方第一次正式提出"养老社会服务体系"的概念，标志着我国"社会养老服务体系"的基本理念和发展框架基本确立。2011 年国务院出台了《社会养老服务体系建设规划（2011—2015年）》，这是我国第一个养老服务体系的专项规划，标志着我国养老服务的体系化格局正式形成。

二、养老服务社会化

随着我国从农业社会向工业社会转型，从以家庭为生产单位向社会化大生产转变，家庭从社会生产基本单元转向民众生活的社会单元。特别是随着我国改革的深入，家庭结构逐步小型化、核心化，传统的家庭养老功能逐步弱化，使得家庭养老逐渐转向社会化的养老。养老服务的社会化是当代中国养老服务体系最为显著的特征，是区别于传统养老的基本属性。养老服务的社会化是全方位的，主要表现为养老方式的社会化和运行机制的社会化。

（一）家庭养老转向居家养老

居家养老是家庭养老的社会化方式。当前我国居家养老服务具有以下几个特点：一是以家庭为基础；二是以政府主导、城乡社区和社会保障制度为依托；三是企业、社会组织、社区和志愿者多方参与；四是主要满足在家养老的"重点"老年群体②社会化养老需求。

居家养老与家庭养老方式的本质区别在于老年人的养老需求突破了家庭界限，养老需求的满足需要到社会领域寻求专业的养老服务。传统家庭养老方式从资金到具体照料老人的全过程（家庭养老服务从经济上供养、生活上照料和精神上慰藉）逐步向社会领域延伸，转而由社会提

---

① 2010 年 3 月 5 日，十一届全国人民代表大会第三次会议在人民大会堂举行开幕会，听取和审议国务院总理温家宝关于政府工作的报告，报告提出"着力保障和改善民生，促进社会和谐进步"，"加强应对人口老龄化战略研究，加快建立健全养老社会服务体系，让老年人安享晚年生活"。

② 目前主要是高龄、独居和经济困难老年人群。

供服务，从而减轻了家庭养老的人力负担①。社会化的养老服务除了政府提供的公共养老服务之外，还有营利性的专业服务机构和公益性的社会组织，在社会服务领域中政府和行业组织会引导和监督其发展。居家养老的资源来源、服务主体、服务内容和运行机制都突破了家庭界限，表现出了社会性，而且保留了家庭养老的诸多特质，特别是满足了老人对于家庭的眷恋，这种养老方式非常符合我国传统与现代转型特征，应该积极发展成为现代养老方式的主流形式②。

（二）家庭养老的社区化

我国养老的资源来源与服务主体已经随着社会生产和社会结构的转型而发生转变，传统的自我养老和家庭养老方式都无法全面满足老年人的养老需求，特别是随着我国老龄化程度的加深，出现了大量的失能与半失能老人，他们更需要专业的养老服务，目前解决的路径主要是：要么向社会购买专业养老、医疗服务，养老服务送上门，把养老主体转向社会组织；要么采用机构养老，把老人送进养老机构中，将养老实施主体转换为机构。但是，由于我国养老产业发展相对滞后③，目前专业养老服务的种类与数量还不够丰富，医养结合型养老机构还处于起步阶段，有些老年人不愿到机构进行养老④。而社区养老可以实现居家与社会化服务的最佳结合，可以有效应对我国当前养老服务所面临的困境⑤。

随着老龄化的加深，养老问题越发突出，我国希望通过加强社区服务能力建设从而解决养老问题。为大力发展社区养老服务，2000 年 11

---

① 老年人的家庭根据服务项目的性质和数量,仅需承担相应费用即可,进而提高了养老服务的专业性,解决老年人缺乏日常照料等问题。

② 有学者认为应该有 90% 老年人采用居家养老方式,但由于此种方式需要依托专业养老服务机构的发展,这在我国很多地区才刚刚起步或者只是文件上的倡导。

③ 2015 年 12 月全国人大常委会执法检查组关于检查《中华人民共和国老年人权益保障法》实施情况指出,我国养老服务业发展相对滞后,老年人难以就近享受到方便多样的社区服务,社区养老的依托地位亟待夯实,面向失能、高龄等特困老年人的护理型、医养结合型养老机构严重短缺。

④ 在“没面子、被抛弃感”“百行孝为先”的传统观念下,仍有相当比例的人(老人和青年人)排斥机构养老方式。

⑤ 在建设较好的社区,社区养老可以实现让老人住在家里,在继续得到家人照顾的同时,又可以由社区专业服务机构为老人提供上门养老服务或社区内托老服务。

月中共中央办公厅、国务院办公厅转发的《民政部关于在全国推进城市社区建设的意见》提出推动社区建设，拓展社区服务，提高生活质量。2007年国家发展改革委、民政部联合出台的《"十一五"社区服务体系发展规划》提出"完善社区老年服务体系"，大力发展社区居家养老服务，依托社区服务体系开展老年护理服务，以信息服务网络整合建设为依托，推进社区服务信息化。2014年8月财政部等发出《关于做好政府购买养老服务工作的通知》提出为老年人购买社区日间照料、老年康复文体活动等服务。通过一系列政策指导，各地以"党建带社建、社建促党建"为思路，采取"三社联动""两工互动"等举措，不断强化社区服务能力，主要表现为社区日间照料中心、社区老年活动中心的发展，发展较好的社区已经逐渐成为了社区老年人的第二个"家"。

我国逐渐形成了两种较为典型的社区养老形式，一是社区日间照料中心，二是社区老年活动中心，但是这两种养老形式的服务对象和服务内容相对有限。受西方社区照顾养老方式的影响，目前在一些建设较好的社区，社区养老主要围绕两个方面加强建设：一是以社区为中心构建老人的养老支持网络；二是不断提高社区照料中心的服务水平，拓展其服务内容。

（三）养老资源投入间接化

养老服务体系社会化的重要方面是运行机制的社会化，其中最为核心的是资源筹集与投入的方式。资源筹集多元化的发展特点已经较为清晰，在后文单独论述。因为资源投入方式的社会化目前仍然处于尝试阶段，整体特征并未完全形成，此处，作为发展趋势特征略作小结。

随着我国社会治理方式的改变，我国逐步从政府直接供给转变为政府通过向社会购买养老服务进行间接供给。政府购买养老服务是一种新型的公共财政投入方式，对于推进社会治理方式改革具有重要意义。在总结地方经验的基础上，2013年国务院办公厅出台了《关于政府向社会力量购买服务的指导意见》，提出通过发挥市场机制作用，把原来由政府直接提供的养老服务，通过一定程序和办法，交由专业的养老服务组织提供。2014 年财政部、发展改革委、民政部、全国老龄办等出台的《关于做好政府购买养老服务工作的通知》提出通过政府购买服务方式提供方便可及、价格合理的养老服务。这两个文件的出台，标志着我国政府购买社会养老服务的机制基本形成。2016 年国务院办公厅再次出台《关于全面放开养老服务市场提升养老服务质量的若干意见》，提出完善财政支持和投融资政策，鼓励各地向符合条件的各类养老机构购买服务，此文件进一步推动了各地政府购买社会养老服务工作的进度。政府实施向社会购买养老服务的办法，有利于提高财政资金的使用效率，有利于培养养老服务市场，有利于养老服务的专业化发展。

三、自我养老互助化

我国养老服务体系经过 60 余年的发展，已经形成了居家养老、社区养老和机构养老三种主流形式。但是由于各地发展不平衡，单一的养老方式无法完全满足老年人的需要，社会上就出现了一些如老年人之间相互帮助的多样化的互助养老方式。

面对传统家庭养老方式的改变，社会上出现了集中互助养老、"时间储蓄"养老、抱团养老等新型养老方式。这些互助养老方式大都依托社区（村集体）、社会组织、企业等社会力量，实际上是社会化养老发展理念的具体表现。一些子女不能陪伴左右，且自身健康程度尚可的老人，为了丰富自身老年生活，他们走出家门，有的依托村（社）、有的自由组合集中在一起，相互照顾，相互陪伴。随着家庭核心化、空巢化程度的加深，社会上出现了失独家庭、独居家庭形式，部分老年人选择了自我养老，但是随着生理机能下降，失能或者半失能的出现，有些地方政府以社区或者村居为中心集中修建供集中养老的住房及其配套设施，倡导在籍社区（村）的老年人只要主观愿意都可以申请入住到养老集中区，政府会配备少量工作人员进行管理。有些老人邀约志同道合的老年亲戚或者朋友，或者集中住在某个老年人家里，或者集中到青年时代下乡当知青时的农村，或者住在自然环境好的地区，这些老人平均分摊费用，只求相互照顾相互抚慰，这种养老方式仍然是自我养老。

集中养老、抱团养老等互助养老形式是自我养老的集中化、互助化与社会化，有利于老年人相互照应，有利于政府养老资源的整合和有效利用，有利于开发和利用我国老年人力资源。

四、机构养老层次化

机构养老是我国社会养老服务体系最早①发展的部分，起初它承担了国家最为弱势的老年群体的"托底"养老。但是，机构养老也是我国社会养老服务体系最先推行市场化的领域，在2000年前后，社会资本逐步兴建了大量的多层次的养老机构。

随着改革开放的深入，我国社会出现了明显的社会分层，养老机构供给侧也不断进行层次化的发展，已经呈现出明显的层次性。一方面，是"国有"与"私有"之间有层次。在服务标准上有层次，政府负责公益性"托底"养老机构运营，市场则根据社会上老人的实际需要兴办了多层次的养老机构，甚至是一些高档的养老公寓。新中国对于城市"三无"人群中的老年人和农村中"五保"集中供养的老年人，按照相关政策将其纳入了由国家财政支持的城市福利院和农村敬老院②。新中国养老机构的"国有"性质一直延续到20世纪90年代。随着1999年我国整体进入老龄化社会和我国社会主义市场经济体制的不断完善，国家逐渐倡导社会力量兴办社会福利机构③。产业发展类型多样，这是养老机构最为显著的特点。目前我国养老机构的类型有公办公营、民办公助、公办民营等性质，随着政府转型和市场经济的发展，需要将养老机构纳入养老产业发展框架，参与市场竞争，从而激发养老服务产业的活力。

另一方面，是民营养老机构有层次。首先是类型上有差异，老年人

---

① 20世纪50年代开始，全国各地大办农村敬老院。

② 1957年中共中央实施的《1956年到1967年全国农业发展纲要》、1982年民政部印发《城市社会福利事业单位管理工作试行办法》、1994年1月国务院公布施行《农村五保供养工作条例》、1997年3月民政部颁布《农村敬老院管理暂行办法》、1997年9月国务院下发了《关于在全国建立城市居民最低生活保障制度的通知》、1999年12月民政部颁布《社会福利机构管理暂行办法》。

③ 民政部《关于支持社会力量兴办社会福利机构的意见》，2013年国务院出台《养老机构管理办法》。

本身生理和心理特征差异较大，基于服务对象自理能力的差异，养老机构划分为自理型、助养型和养护型三种，服务对象分别以自理老人、半失能老人、失能老人为主。其次是规模上有层次，各地区基础条件和文化上存在差异，养老机构发展在规模上有小、中和大型。最后，服务标准上有差异，包括基本型与发展型两种层次。按照主流观点，居家、社区与机构养老三者的比例分别为90%、7%、3%。①

　　在"十二五"期间，我国机构养老方式的医养融合已经成为养老服务发展的新特征。调查发现，入住养老机构的老年人，医疗需求是他们第一位的需求，这就要求养老机构为老年人提供专业的医疗服务。2013年9月国务院出台的《关于加快发展养老服务业的若干意见》，首次提出要"积极推进医疗卫生与养老服务相结合"，"要促进医疗卫生资源进入养老机构、社区和居民家庭"，"卫生管理部门要支持有条件的养老机构设置医疗机构"。2015年11月国务院办公厅转发的卫生计生委等9部委出台的《关于推进医疗卫生与养老服务相结合的指导意见》提出到2020年，覆盖城乡、规模适宜、功能合理、综合连续的医养结合服务网络要基本形成。2015年10月中国共产党第十八届中央委员会第五次全体会议《中共中央关于制定国民经济和社会发展第十三个五年规划的建议》，建议稿提出"推动医疗卫生和养老服务相结合"。在快速发展医养结合型养老机构的同时，也应加强对于失能老人、临终老人的医疗介入，如增加医院的老年医学科、增加专业临终关怀医生或者社会工作者，从而提高老年人人生最后一程的质量，让他们有尊严地离开。医养结合要从机构养老向所有养老方式延伸，让每一个老年人方便可及地获得医疗服务。

五、筹资渠道多元化

　　养老资源的筹资渠道包含筹资主体与筹资方式。当代中国社会养老

---

　　① 林丽鹏：《同是养老，居家在家不一样》，《人民日报》2015年07月24日，第17版。

服务体系的资源主体从国家①单一供给，逐步发展到国家、各类企业、个人与社会组织等多元主体供给。筹资方式已经从单一的企业养老保险、集体供给发展到国家各级财政投入、覆盖全体国民的养老保险、社会力量直接投资、福彩公益金、慈善捐赠和其他社会福利专项补贴等。并且已经形成了国家与社会"分工"与"合作"的运行机制，国家主要负责"托底"型公共养老服务，社会力量负责发展多样化的养老供应市场。随着养老服务社会化程度的推进，社会力量将逐渐成为我国养老服务体系的主体。

（一）社会力量逐步参与养老服务体系建设

十七大以来，我国逐步加快社会建设步伐，特别是十八大以来，政府不断创新社会治理方式，使得社会领域有了足够的发展空间。新世纪以来，我国养老社会组织大量出现，已经在社区居家养老服务领域发挥了重要的作用。尤其是政府出台多项措施鼓励社会资本投资养老服务业，民办养老机构成为社会资本投资的优先领域，一些民办养老机构已经成为老年人养老方式的重要选择，在我国养老服务体系中已经发展成重要的组成部分。

政府逐步加大民间资本参与养老服务业的补贴力度，不断创新合作模式。2013年北京市首家符合四星级标准的民办养老机构北京太阳城银龄老年公寓改造完工，获得市民政局16万元以奖代补奖金。2015年民政部出台《关于鼓励民间资本参与养老服务业发展的实施意见》，提出要提高各级福彩公益金用于养老服务业的比例②，其中，支持民办养老服务发展的资金不得低于30%。同时，创新合作方式，吸引社会资本参与养老服务业。

政府采取多种市场化的方式与社会资本合作，发展养老服务业。

---

① 在计划经济体制中，企业基本都是国有性质，所以由企业负担的社会养老服务，也算作是国家出资。

② 民政部本级彩票公益金和地方各级政府用于社会福利事业的彩票公益金，要将50%以上的资金用于支持发展养老服务业。

2016年国务院办公厅出台《关于全面放开养老服务市场提升养老服务质量的若干意见》提出，政府可以通过国有建设用地使用权作价出资或者入股的方式与社会资本合作发展养老服务业①；为了鼓励社会资本参与养老服务业的发展，政府要继续加大补贴力度，社会资本也可以采取建立基金、发行企业债券等方式筹集资金。

（二）政府与社会"分工"与"合作"

政府在国家养老事业发展中的主要任务是政策制定与服务"托底"。社会具体负责对于全社会老年人的养老服务的提供。政府与社会的关系从只见政府不见社会，转变到政府扮演裁判员，社会扮演运动员，给予社会组织足够的空间发展养老服务产业，从而共同满足老年人的养老需求，构建具有中国特色的养老服务体系。

国家负责服务"托底"表现为对于"五保"和"三无"人员中的老年人养老的供养工作。新中国的养老事业最早关注的就是农村"五保"对象，1958年农村对五保户实行集中供养，在全国各地兴办了一批敬老院②。农村敬老院在曲折中不断发展，特别是1994年颁布的《农村五保供养工作条例》和1997年颁布的《农村敬老院管理暂行办法》，标志着我国农村五保供养制度进入规范化、制度化稳定发展的阶段。1982年民政部印发《城市社会福利事业单位管理工作试行办法》，该办法明确规定社会福利事业单位收养"三无"③人员，城市"三无"人员中的老年人可以选择入住养老福利院集中养老，这标志着我国城市"三无"人员中的老年人养老进入国家规范供养时期。

社会力量逐步成为养老服务市场的主体。养老服务市场是我国市场

---

① 政府对在养老服务领域采取政府和社会资本合作(PPP)方式的项目，可以国有建设用地使用权作价出资或者入股建设。

② 据统计，1958年底，全国办起敬老院15万所，收养300余万老人。而随之而来的"三年困难时期"使得很多敬老院的条件变差，甚至没有能力维持敬老院的发展。到1962年底，全国敬老院迅速减至3万所，收养老人仅仅55万人。随着国家经济的逐步发展和改革的深入，敬老院逐步走向稳定发展的道路，1986年到1998年，乡敬老院覆盖率由33.4%增长到69.6%，年增长率近3%。

③ 城市中无家可归、无依无靠、无生活来源的孤老残幼、精神病人。

经济的重要组成部分。养老服务在现代市场经济时代已经成为第三产业提供的一种商品，并且随着社会主义市场经济的发展，越发强调市场在资源配置中的作用，养老服务已经成为当前经济供给的重要组成，养老服务的市场化表现在服务主体、服务形式、资源来源和运行机制等方面。随着我国养老服务需求的增长，养老服务产业发展迅速，国家先后出台政策强调大力发展第三产业中的养老服务业，引入市场调节作用，开展市场化运作。2006年出台的《关于加快发展养老服务业意见》提出发展养老服务业要按照市场推动的原则。2012年出台的《财政部、民政部关于政府购买社会工作服务的指导意见》提出向社会团体、民办非企业单位、基金会、企事业单位购买社会工作服务。国务院2013年出台的《关于加快发展养老服务业的若干意见》提出充分发挥市场在资源配置中的基础性作用，满足养老服务多样化、多层次需求。在此背景下，我国养老服务主体已经在传统的国家、家庭和个人的基础上增加了企业、各类社会组织等社会力量。

六、服务体系规范化

传统观点认为养老行为是个人或者家庭的事务，无需国家政策法律法规进行规范指导。但是随着我国依法治国理念的推行和养老行为社会化的发展，国家对于养老行为和养老相关问题逐步通过出台政策法规进行规范。

（一）出台专项法律保护老年人权益

经过60余年的发展，我国基本形成了老年人权益保护的法规体系①。特别是老年人权益保障的专项法律《中华人民共和国老年人权益保障法》，随着社会的发展先后作出了 2 次修正和 1 次修订，该项法律对于保护我国老年人的权益发挥了重要的作用。各个地方也都结合自身实际出台执行此项法律的具体办法。

国家出台专项法律规定子女的赡养义务及其行为方式要求。1996 年 10 月实施的《中华人民共和国老年人权益保障法》是我国历史上第一部保障老年人合法权益的重要法律，虽然有些规定较为宽泛，但是对于老年人权益的专门保护从此进入了法制化轨道。2013 年 7 月修订后的《中华人民共和国老年人权益保障法》开始施行，该法从家庭赡养与扶养、社会保障、社会服务等七个方面明确了老年人法律权益。新修订的《中华人民共和国老年人权益保障法》明确了我国的养老服务发展的路径是"以居家为基础、社区为依托、机构为支撑。"还特别强调了家庭成员对于老年人精神需求的关心②。

各地又结合实际情况制定具体执行办法。有 2016 年 3 月 1 日施行的《安徽省实施〈中华人民共和国老年人权益保障法〉办法》。该《办法》细化了相关规定，如"与老年人分开居住的家庭成员，应当经常看望或者以电话、网络、书信等方式问候老年人"。湖南、吉林、甘肃也都颁布了老年人权益保障地方性法规。2015 年 9 月湖南省人大常委会审议通过了《湖南省实施〈中华人民共和国老年人权益保障法〉办法》。该办法增加了养老服务标准化建设、养老服务信息平台建设、医养融合等新内容，回应了社会对养老服务多样需求。同年 11 月 20 日和 11 月 27 日，吉林省、甘肃省人大常委会审议分别通过了《吉林省老年人权益保障条例》和《甘肃省老年人权益保障条例》。《吉林省老年人权益保障条例》更加突出了居家养老的地位和作用，强化了对养老服务业的政策支持力

---

① 在国家法律层面主要有：《中华人民共和国宪法》规定"成年子女有赡养扶助父母的义务"。《中华人民共和国刑法》规定"对于年老……或者其他没有独立生活能力的人，负有扶养义务"。《中华人民共和国婚姻法》规定"子女对父母有赡养扶助的义务"。《中华人民共和国老年人权益保障法》规定"赡养人应当履行对老年人经济上供养、生活上照料和精神上慰藉的义务，照顾老年人的特殊需要"。

② "与老年人分开居住的家庭成员，应当经常看望或者问候老年人。"

度,加大了对老年人的优待力度。《甘肃省老年人权益保障条例》进一步明确了老年人有获得物质帮助、社会服务和社会优待、参与社会发展和共享发展成果的权利,进一步细化了赡养者的义务、政府的职责和社会的职责。

(二)出台政策法规规范养老服务

60余年我国出台了大量的养老服务发展方面的政策法规,逐步使我国养老服务体系的发展走上了规范化的道路。从1994年开始,我国开始出台老龄事业发展规划,尤其是1999年我国进入老龄化社会阶段之后,国家更是加大政策的指导力度。2011年下半年我国连续出台了三个养老服务体系方面的规划①,特别是历史上第一次印发了专门的养老服务体系建设规划②,标志着我国养老服务体系建设进入规划时代。该项专门规划从规划背景、内涵和定位、指导思想和基本原则、目标和任务、保障措施等五个方面进行了养老服务体系发展安排。从而使我国养老服务体系的发展进入了专业化的发展道路。各个地方也都结合各自实际,纷纷出台省级、市级和县级养老服务体系发展规划。

在地方层面,各地也都通过出台养老服务体系发展政策加强指导。例如,2015年各地出台居家养老服务发展规范条例。2015年1月北京出台了《北京市居家养老服务条例》③,2015年6月上海市印发《社区居家养老服务规范实施细则(试行)》,2015年12月江苏省第十二届人大常务委员会十九次会议也审议通过了《江苏省养老服务条例》。这些条例对社区居家养老服务的各项内容及要求作了进一步细化,增强了实用性、规范性和可操作性。

---

① 2011年9月17日国务院出台了《中国老龄事业发展"十二五"规划》;2011年12月16日国务院办公厅出台了《社会养老服务体系建设规划(2011—2015年)》;2011年12月20日国务院办公厅出台了《社区服务体系建设规划(2011—2015年)》。

②《社会养老服务体系建设规划(2011—2015年)》。

③《条例》明确了居家养老服务由政府统筹、企业参与,本着自愿选择、就近便利、安全优质、价格合理的原则向老年人提供。

第二节　养老服务体系现代转型的目标与路径

经过60余年的发展，我国养老服务体系取得了举世瞩目的成就。社会服务体系的基本框架已经形成，养老服务已经达到了"适度普惠"的服务水平，老年人的生活质量有了较大的提升。但是从老年人需求满足情况来看，我国养老服务体系还存在以下八个方面明显的发展短板：其一，在服务对象方面，有效供给整体不足，服务范围仍然是以困难老年人群为主，一般老人惠及不够；其二，在发展理念方面，市场化、社会化程度推行不够；其三，在政策法规执行方面，协调性、可操作性亟待加强；其四，在资源筹集方面，社会力量参与动力有待激发；其五，在养老内容方面，精神慰藉等高层次养老服务欠缺；其六，在均衡性发展方面，农村、西部养老服务发展程度普遍较低；其七，在服务质量方面，养老服务缺乏质量评价标准，质量有待提高；其八，在养老要素方面，专业人才数量严重不足。

所以，从我国养老服务体系现代转型的全过程角度出发，仍需不懈地努力完善我国养老服务体系的发展。

一、我国养老服务体系现代转型的目标

（一）养老服务体系现代转型的目标类型

经过60余年的发展，我国养老服务体系的建设取得了举世瞩目的成就，当前正在进入"适度普惠型"的发展阶段，但是由于我国人口老龄化程度不断加深，对于养老服务体系的转型目标提出了新的要求，为了满足这些养老需求，从不同角度可以将养老服务体系进行分类：

其一，从城乡发展角度出发，养老服务体系可以分为城市养老服务体系与农村养老服务体系；其二，按照社会养老依托的主体差异，养老服务体系可以分为居家养老、社区养老、机构养老；其三，按照养老服务体系服务的社会阶层差异，养老服务体系可以分为高、中、低层次的

养老服务体系，如较高水平的养老公寓、候鸟式养老，也有公办福利性养老机构等；其四，按照老年人基本生活能力差异，机构养老可以分为供养型、养护型、医护型养老机构；其五，按照社区养老服务对象需求差异，养老服务体系可以分为日间照料中心、老年人活动中心、互助式养老服务中心等社区养老方式；其六，按照养老服务的公益性程度差异，养老服务体系可以分为政府托底型养老和社会化、市场化养老。

本文基于人口结构、养老资源和养老需求的实际，将养老服务体系的发展目标确定为直接的服务目标和间接的社会目标。

（二）养老服务体系现代转型的服务目标

服务目标又是直接目标、具体目标、近期目标，是从满足养老服务服务对象角度确定的，是当代中国养老服务体系现代转型的初级目标。当前我国养老服务体系的发展水平距离小康社会的养老服务还有一定的差距，现代转型的具体目标也就是近期目标，即在全面建成小康社会时能够实现的目标，主要表现在养老服务体系的四个方面。

第一，在养老服务理念方面。加快实现养老服务均等化，实现城乡一体化，重点是向农村养老服务体系建设倾斜。

第二，在养老主体方面。推进公办养老机构"公建民营"改革，出台优惠政策鼓励兴建民办养老机构，实行"民办公助"，不断提升社会力量参与养老服务业的程度；专项补助资金补助方式由"补床头"逐步转向"补人头"；尽快实行养老专业护理人才免费培养计划，优先满足约5000万失能老人的养老护理需求。尽快出台国家级养老服务相关行业标准，尽快实现我国养老服务体系的标准化与规范化运行。

第三，在养老资源供给对象方面。重点关注高龄、失能、空巢、留守、三无、独居、失独、贫困等特殊老年群体，完善相关制度，为1.18亿独居和空巢老人发放养老补贴和建立基本护理保险等。在此基础上不断扩大服务对象范围。

第四，在养老内容方面。按照市场化、产业化、社会化推进养老服务业的发展，加大补贴力度培养养老社会组织，推进国有养老资产和社会资本相结合，深化养老供给侧改革，不断提升养老服务质量。

综上，从我国养老服务体系发展历史出发，我国养老服务体系发展的直接目标或近期服务目标为初步建成与老龄化水平相适应、与传统养老相衔接、与社会发展水平相协调，以居家为基础、社区为依托、机构为补充，医养结合、信息化、市场化、多样化、社会化、专业化、城乡一体化的多层次社会养老服务体系。

（三）养老服务体系现代转型的社会目标

养老服务体系的发展是为了提高老年人的生活质量，构建合理的养老服务体系已然成为一个社会工程，它是和谐社会、健康社会、共享社会、小康社会建设的重要组成部分[①]。

养老服务体系发展的社会目标又称远期目标，即形成养老、敬老、助老文明的社会风尚[②]；形成"普惠型"的社会养老福利体系；形成以社会力量为主体的多元的养老服务主体；形成较高水平的、市场化的养老资源供给模式；形成多层次、可以提供高质量养老内容的养老供应市场；形成专业化的养老人才、技术、设施和标准等。

二、养老服务体系现代转型的实现路径

新中国社会养老服务体系的现代转型是一个长期的过程，是随着人口结构、养老资源与养老需求的变化不断发展的过程。新中国社会养老服务体系的现代转型是与社会转型同步进行的，但是这种转型不是自发的，而是需要政府推动、全社会广泛参与的。只有全社会参与、多方联动才能继续推动养老服务体系的现代转型，从而实现全社会养老观念发生转变、养老服务基础设施配套不断完善、养老服务运行机制不断健全与创新，最终形成一个具有中国特色的完善的社会养老服务体系。

---

① 吴忠民：《改善民生关乎强基固本》，《中共党史研究》2013年第2期。

② 2016年5月习近平提出："敬老爱老是中华民族的传统美德。要把弘扬孝亲敬老纳入社会主义核心价值观宣传教育，建设具有民族特色、时代特征的孝亲敬老文化。"

（一）养老理念：从"适度普惠型"转为"普惠型"

我国养老服务体系是我国社会福利事业的组成部分，是随着我国社会福利发展而发展的。我国社会福利事业发展的基本脉络是：新中国成立初期"碎片型""救济型"社会福利，到社会主义改造时期基本形成了社会主义的福利制度，再到十年建设时期我国社会福利事业得到一定程度的发展，形成了"附属型"计划经济体制的单位制福利制度，再到十年"文革"期间我国福利事业处于停滞时期，再到改革初期逐步恢复我国社会福利事业，再到以城市为中心的改革时期我国社会福利事业进一步改革探索，基本上为配合企业改革形成了"配套型"社会福利制度，之后逐步"补齐"了福利体系的制度空白，到十八大进入全面建设小康社会时期，我国社会福利凸显"共建共享""适度普惠"的理念，为建成小康社会目标，正加快形成具有中国特色的社会福利体系。在社会福利的框架中，我国养老服务体系的发展较为迅速[1]。二者有交叉，但是社会福利面向的群体比养老服务体系的发展要更加广泛，相比其他一些群体，老年群体有其特殊性，发展理念应该有其自身的独特之处。

我国养老服务体系的发展是嵌入在社会福利体系中的，想要实现养老服务体系的现代转型，需要从以下三个方面入手：其一，老年人养老补贴需要进一步扩大补贴范围和加大补贴力度。范围上，从高龄、失能老人发展到独居、留守、"三无"、失独、贫困等困难群体。年龄要逐步放宽到60岁；补贴力度要使这些老人生活水平达到普通老年人的生活水平。其二，实现公共养老服务的均等化，特别是要统筹城乡发展。实现小康社会，解决我国的老龄化问题，亟待转变观念，要统筹城乡发展，要将满足农村老年人的养老需求与建设小康社会、解决老龄化问题统筹起来，尽快补齐"短板"。其三，实现国家养老服务与市场、社会养老服务的分工与合作。国家要全面负责公益性、"托底性"的养老服务保障；另一方面，让企业、社会组织广泛参与养老服务产业，让市场

---

[1] 宋士云、焦艳芳：《十六大以来中国社会保障制度的改革与发展》，《中共党史研究》2012年第11期。

发挥资源配置的功能，让社会力量成为养老服务体系的主体。

（二）养老方式：从传统单一转为多样化的社会养老

多样化的养老方式是多样化养老需求决定的，多样化养老需求表达是由多样化的社会决定的。随着我国改革的深入，社会分化越发明显，表现出阶层分化、贫富差距，客观上决定了当代社会应该提供多样化的养老服务。我国老年人90%以上都选择以居家养老为主，但是我国老年群体已经超过2亿，剩下的10%也有2000万，因此养老方式就需要多样化。即使是机构养老也应该推出多样化的服务，如老年公寓、老年别墅、老年乡村社会公寓等。

要发展多样化的养老服务，满足多样化的老年群体需求，需要从以下四个方面入手：其一，政府需要进一步降低社会力量进入养老服务业的门槛，捋顺机制，定位政府养老角色，让市场机制合理配置养老资源；其二，加大社会养老理念宣传，全社会都要转变传统养老观念，在全社会营造健康的养老氛围；其三，民政、老龄委等政府部门和行业协会等要及时制定管理规定，通过完善和制定法律、行业标准等规范养老服务的开展，政府还要积极做好相关保障服务，加大支持力度，创新合作模式；其四，要激发民众的创造性，鼓励老年人选择多样化的养老方式。

（三）养老内容：从生活照料为主转为身心共养

传统的家庭养老方式可以为老年人提供经济支持、生活照料和精神慰藉等全方位的满足，但是由于家庭结构的改变，现代家庭已经无法满足老年人的养老需求，特别是独居、空巢、失独和留守等特殊老人，所以目前一些老年人很难从家庭中获得经济支持、生活照料和精神慰藉等全面的养老服务，或是这些方面都大大"缩水"或"弱化了"了。现代社会养老服务体系依托家庭、社区、社会组织、企业和政府，可以为老年人提供生活照料、精神慰藉、康复护理、紧急救援和社会参与等多层次、多类型的服务内容。从层次上看，当前主要有三个养老层次：第一层次是满足生理需求即经济支持、生活照料、康复护理、紧急救援等；

第二层次是满足心理需要即尊重、精神慰藉等；第三个层次是参与社会发展、体现社会价值即社会参与①。进一步将发展新理念和健康中国战略落实在养老服务内容上。中央提出要在"十三五"期间牢牢树立创新、协调、绿色、开放、共享的新发展理念，要落实普惠性公共养老服务发展工程，积极开展应对人口老龄化行动，逐步实现全面且较高水平的养老服务。

所以我们每一个老年人都有权利享受身心共养的养老服务。要实现此目标，建议从以下四个方面进一步完善：其一，坚持"医养结合"发展方向，把提高老年人医疗服务的可及性与降低医疗服务的门槛与价格放在同一框架中解决。其二，提高社会养老服务的数量与质量，能够让每一个老年人都可以获得充足的养老服务。注重养老服务体系建设的层次性和多样性。在具体规划设计养老服务体系发展方案中，就要考虑我国发展的实际和老年人的群体独特性，力争让每一个老年人都可以便捷地获得可以接受的身心方面的养老服务。其三，从生命周期和人的终身社会化角度全面看待养老服务，强调发展需求的满足。要鼓励老年人积极参与社会发展与服务，一方面为社会做出贡献，发扬"活到老、学到老"的精神，另一方面让老年人体会到生命的价值，"夕阳"阶段也可以照亮自己和社会。其四，具体加强老年人心理健康、医疗保健、智慧养老、康复护理、老年教育和体育娱乐等方面的服务，培养相关专业人才，完善基本设施。

（四）服务对象：从"重点"转为"普惠"

一方面，我国幅员辽阔，加上历史的原因，我国地区发展极不平衡，形成了差异明显的老年群体。另一方面，由于我国长期处于社会主义初级阶段，养老服务体系的发展需要优先照顾困难群体。但是，随着我国综合国力的提升，特别是在建设小康社会的道路上，我们需要逐步过渡到照顾所有老年群体的阶段。经过60多年的发展，我国养老服务

———————
①生产型老龄社会理论强调老年人有发展的需要，应该以老年人的情况，鼓励其参与社会发展，从发展中体会生活的意义，提高生命的价值。

体系已经基本形成。2015年的"十三五"规划建议稿将机构养老地位由"支撑"回归"补充"①，进一步明确机构养老的"补充"地位。居家养老方式逐渐成为养老服务体系的基础，主要满足家庭养老向社会养老转变的老年人群，并且鼓励老人向社区延伸，强调社区养老的依托地位，主要满足居家养老资源不足的老人，向社区求助。

所以，在即将建成小康社会的背景下，就要逐步实现养老服务体系服务对象从重点服务困难老年人的基础上，逐步扩大到服务所有老年人，需要从两个方面进一步完善。其一，从理念上，要坚持基本公共服务"均等化"，坚持重点优先，共享养老服务的原则，逐步实现"适度普惠"的养老服务体系。基本养老服务体系要与典型集中人群匹配。一方面，按照资源拥有情况将老年人分为两类：一类是普通老年人；一类是困难老年人，主要包括空巢老人、独居老人、贫困老人、患病老人、失独老人、"五保"老人、失能老人、"三无"老人等。另一方面，对养老服务体系也要按照服务层次来划分，主要分为两类：一类是国家财政投入进行"保底"的，主要服务"重点"老人的养老服务；另一类是面对普通老年人的，基于市场规则而建立的养老服务。二者之间可以相互对接。其二，在实践上，要扩大养老服务资源。政府要进一步提高国家财政投入比例，同时吸引更多的社会力量参与养老服务，扩大养老服务市场；逐步扩大养老补贴的范围，逐渐降低享受的条件；扩大基本护理保险试点范围，惠及每位老年人；进一步提高养老金和老年人优待水平。当前，最为迫切应该关注"空巢""失独""独居""留守"等极为弱势的"政策空白区"的老人，要积极开展专项养老工程系统解决特殊老人的养老问题。

（五）资源主体：从政府统包转为社会力量成为主体

我国行政管理体制正在转向"小政府、大社会"的局面，政府从"统包"转向"兜底"，对于养老资源的供给也随着我国经济体制的转型

---

① 2011年《社会养老服务体系规划（2011—2015年）》中明确了机构养老的"支撑"地位。之前如《关于加快发展养老服务业的意见》中就提出养老服务体系中的机构养老为补充的地位。

而发生改变，逐步使社会力量成为发展养老服务业的主体。2000年民政部等11个部委联合出台的《关于加快实现社会福利社会化的意见》提到，将市场机制引入社会福利事业，鼓励社会力量介入养老事业。2005年出台的《关于支持社会力量兴办社会福利机构的意见》中提到必须广泛动员社会力量多渠道、多层次参与福利事业、兴办福利机构。2015年民政部等10个部委联合出台《关于鼓励民间资本参与养老服务业发展的实施意见》，提出逐步使社会力量成为发展养老服务业的主体。

实现养老资源供给主体转型的途径主要有：其一，要区分养老事业与养老产业，区分基本公共服务与市场化服务，明确政府责任与市场运作的边界，实现政府与社会直接合理的"分工"与"合作"。"事业"范畴的养老公共服务应由政府承担，"产业"范畴的养老社会服务应由市场供给，遵循市场规则，政府做好政策配套和行业监管。其二，养老服务社会化的政策要进一步放开。引入市场化体制来运营养老资源，按照养老产业发展的市场规则开展，政府不能"越位"，进一步放开养老产业的准入门槛，做好相关服务配套和奖励工作。其三，要做好相关配套保障措施。社会办福利机构应当坚持非营利的性质和发展方向，各类社会力量参与社会福利事业要坚持非营利的性质，那么这些社会力量就承担了一定的社会责任，政府应该做好相关配套补偿、优惠和保障措施，以鼓励和肯定其社会公益的性质。营利性养老服务企业也可以享受相应的优惠待遇，要创新与政府的合作模式，如政府和社会资本合作（PPP）方式。

（六）供给方式：从政府直接供给转为向社会购买

计划经济时期，养老服务由政府直接提供是我国养老事业的基本原则。随着社会主义市场经济体制的建立，政府职能逐渐从"包办"一切转为政策制定者、监督者，不再既是"裁判员"又是"运动员"，而是通过购买社会服务方式，交由养老服务市场来具体执行。《关于政府购买社会工作服务的指导意见》和《关于政府向社会力量购买服务的指导意见》的出台，我国养老服务的供应机制开始从直接的由政府供给转为间接地向社会购买^①。

为了进一步推动养老服务资源供给方式的转变，需要从以下三个方面进一步完善：其一，需要出台具体执行、监管等配套政策措施。2014年财政部、发展改革委、民政部、全国老龄办等部委联合发文《关于做好政府购买养老服务工作的通知》，通知提出要"到2020年，基本建立比较完善的政府购买养老服务制度，促进形成与经济社会发展相适应、高效合理的养老服务资源配置机制和供给机制"。2014年财政部出台《关于政府购买服务有关预算管理问题的通知》，对于有关预算管理问题做出具体规定。这两个文件更多的是从理念层面进行的规定，主管部门和各个地方需要结合实际工作，具体细化流程，加强项目过程监管，提高政府购买资金的使用效率，从而提高养老资源供给质量。其二，需要加大政府购买力度，扩大购买范围。我国养老事业是政府民生工作的重点，政府需要承担财政支持重要责任^②；另一方面，要做到"市场能够提供的，尽量交由市场提供"，不断扩大购买范围，让社会力量成为养老服务业的主体，政府不再充当"运动员"。其三，需要增强风险防控意识。当前政府购买养老服务是一种新型的公共财政投入方式，对于改进现代社会治理服务方式具有重要意义。近些年，各地纷纷采用这种方式加强公共财政投入，使得养老服务业呈现"井喷式"的发展，但繁荣的背后也出现了养老服务组织成立不规范，竞标不透明，政府购买养老服务理念与养老服务组织间专业价值相冲突，国家对于养老服务发展方向定位不清等问题。亟待完善审查和监督机制^③，转变政府工作人员观念，重视一线养老服务工作人员的力量，明确养老服务工作本土化的发

① 2012年民政部、财政部出台《关于政府购买社会工作服务的指导意见》，意见提出要"发挥市场机制在配置社会服务资源中的基础性作用"。社会工作服务成为政府购买的首要内容。2013年国务院办公厅出台《关于政府向社会力量购买服务的指导意见》，意见明确了购买服务的原则即"推进政事分开、政社分开，放开市场准入，释放改革红利，凡社会能办好的，尽可能交给社会力量承担"。

② 《2014年社会服务发展统计公报》显示，截至2014年底，全国社会服务事业费支出4404.1亿元，比上年增长3.0%，占国家财政支出比重为2.9%。中央财政共向各地转移支付社会服务事业费2150.0亿元，与上年基本持平，占社会服务事业费比重为47.8%。

③ 《关于政府向社会力量购买服务的指导意见》规定"购买工作应按照政府采购法的有关规定，采用公开招标、邀请招标、竞争性谈判、单一来源、询价等方式确定承接主体，严禁转包行为"。

展方向，以期此种方式能够推动养老服务体系的发展，继而满足人民群众日益增长的多样化养老服务需求。

（七）代际责任：从全面承担转为精神慰藉为主

随着我国国民经济的快速增长[①]和社会保障事业[②]的推进，部分城市老年人完全可以通过社会养老保险金来负担自己的老年生活，相对落后的农村地区农民也可以获得养老金补贴自己的生活，所以我国老年人对于子女的经济需求在降低。随着我国大量流动人口的出现，目前农村出现了6000万留守老人。因为计划生育政策，我国现有不少于100万个失独家庭，这些家庭中的老年人也进入了老年阶段。据统计，目前我国独居和空巢老年人有1.18亿人左右。随着我国社会保障水平进一步提高，特别是老年人养老补贴普惠原则的推行，经济需求不再是老年人的第一需求，会逐步地让位给生活照料和精神慰藉。然而由于家庭结构的改变，子女无力实现对于老人的生活照料，社会养老服务体系已经逐步增加了护理型床位的建设。但是，对于精神慰藉需求的满足，目前社会养老服务体系建设还没有专门的安排。所以客观上，老年人对于子女的养老需求逐渐转向了以精神慰藉需求为主。

特别对于发达地区的老年人，他们对子女的需求重点已经逐渐从经济供养转向精神抚慰，子女和养老服务体系的养老供给也应随之改变。从依靠男性或者全部子女的经济供给、生活照料和精神慰藉等的全面养老，逐步转向子女养老主要是以精神抚慰为主，目前需要从以下四个方

---

① 据《2015年国民经济和社会发展统计公报》，2015年全年国内生产总值676708亿元，继2009年超过日本成为世界第二大经济体后，我国经济总量稳步攀升，仅次于美国。2015年人均国内生产总值49351元。居民人均可支配收入21966元，城镇居民人均可支配收入31195元，农村居民人均可支配收入11422元。根据世界银行数据，我国人均国民总收入由2010年的4300美元提高至2014年的7380美元，在上中等收入国家中的位次不断提高。

② 《2015年国民经济和社会发展统计公报》显示，2015年末全国参加城镇职工基本养老保险人数35361万人，参加城乡居民基本养老保险人数50472万人，参加职工基本医疗保险人数28894万人，参加城镇居民基本医疗保险人数37675万人。2015年末全国共有1708.0万人享受城市居民最低生活保障，4903.2万人享受农村居民最低生活保障，农村五保供养517.5万人。现在我国已经实现了基本医疗保险全覆盖，基本养老保险参保率超过80%。

面适应此转变：其一，在养老观念方面更应子女平等，让"女儿养老"现象成为常态。转变"养儿防老"的传统观念，形成现代文明的代际养老关系。由于计划生育政策，我国有很多独女户家庭，"养女也可以防老"应该成为现代文明的代际养老理念。即使是多子女的农村家庭，由于多数男性外出打工，"留守"妇女已经成为"娘家"老年人养老的重要支持，出现了"女儿养老"现象。女儿养老为中国农村社会的养老问题开辟了一个新的出口，有利于缓解农村社会的养老压力，促进老人晚年生活幸福。女儿养老是我国社会转型背景下催生的新型养老方式，标志着女性地位的提升和社会养老文化的正向化。女儿养老与儿子养老不是对立的两端，他们的根本出发点都是为了在农村有限的资源条件下更好地改善老年人的晚年生活。所以，如何有效利用女儿养老补充传统儿子养老的不足，构建儿子养老和女儿养老协调统一的家庭养老体系，才是目前政策设计的关键。其二，进一步提高社会保障覆盖面和待遇水平，不断提升老年人经济供养水平。调查结果显示，老年人的精神健康水平与经济供养水平有很高的相关关系，老年人有了经济基础，他们可以自主选择多样化的休闲娱乐活动，来愉悦身心。政府将在"十三五"期间继续提高退休人员基本养老金标准，实施全民参保计划，基本实现法定人员全覆盖的目标[①]。其三，要培养老年心理咨询专业人员。要按照每个社区配备数名专业心理咨询医生为老年人开展心理咨询。在社区开展心理咨询专业方面的活动。面对老年人去世等情况，心理咨询人员要积极介入，缓解家人和老伴的心理压力。其四，要进一步加强立法，让子女等亲属更加关注老年人。要让"常回家看看"不仅仅是一句歌词，更是子女的一种行为习惯。

（八）养老文化：从传统的孝文化发展为文明的敬老氛围

传统社会的孝文化有其历史的局限性，我国要取其精华，去其糟粕，在吸取的精华中结合我国社会主义核心价值观，弘扬尊老助老养老的精神，营造健康文明的敬老社会氛围，需要从三个方面入手：

[①]《中共中央关于制定国民经济和社会发展第十三个五年规划的建议》。

其一，通过家庭教育、社区教育和社会教育①实现中华养老文化的传承，实现以"孝文化"为核心的中华养老文化的代际传递。"父母在，不远游"，即使外出打工或谋求发展，也应心系父母，尽可能地关爱、赡养老人。让赡养老人的行为成为自我评价和社会评价的基本道德标准。其二，积极倡导健康文明的现代养老文化。随着我国社会转型与现代化的发展，传统养老文化也随之发生了改变，要突破家庭范围，让全社会都去关爱老人、关爱长辈。全社会应该重视老年人的养老需求，构建完善的社会养老服务体系，不断提升老年人生活水平，不断提高老年人的生活质量，让老人们的获得感和幸福感明显增强。其三，进一步完善老年人养老保障相关法律规定。如可以将重阳节纳入我国法定节假日，营造全社会养老氛围；可以将"不孝子女"列入诚信档案等。

---

① 继续开展"敬老月"和全国敬老爱老助老评选表彰活动。

结　语

新中国养老服务体系的发展历史是在当代中国社会转型的框架内进行的一个现代转型的过程。当代中国养老服务体系的现代转型与中国社会的现代转型是同步的。具体来说，养老服务体系的发展是伴随着我国社会主义市场经济体制的探索与改革逐步发展的。先后经历了四个历史发展阶段、国民经济恢复与初步发展时期："救济型"养老服务体系阶段（1949—1976年）、计划向市场经济体制转型时期："配套型"养老服务体系阶段（1977—1998年）、构建和谐社会时期："补缺型"养老服务体系阶段（1999—2010年）、全面建设小康社会时期："适度普惠型"社会养老服务体系阶段（2011—2016年）。

在相当长时期内，我国社会建设要为经济建设、经济改革做好服务与配套，二者是辅助与中心的关系。但是，随着我国社会建设的不断推进，二者关系逐步转变为平等关系，即发展经济目的是使全社会成员可以共享改革开放的成果，二者互为因果。我国养老服务体系的变迁动力与原因是我国人口结构的变化、养老资源的发展和养老需求的推动。我国养老服务体系的现代转型历程有两个突出的历史发展阶段即体系化阶段和社会化阶段。当前体系化阶段逐步形成，然而由于养老服务业还不够广泛，养老服务的社会性不强，市场化程度不深，亟待进一步深化养老服务体系发展体制机制的改革与创新，进一步降低准入门槛，扩大养老服务市场，给予养老市场更多的自由发展空间，逐步提高其社会性，让社会力量成为养老服务的主体。我国养老服务体系从主体上要实现国家负责托底的公共基础养老服务，社会力量成为养老服务供给的主体，从而实现二者合理的分工与合作。

当代中国养老服务体系要实现现代转型的远期目标，发展理念是转型的核心，要从用"身份识别"养老服务对象发展到身份平等的"均等化"享受养老服务阶段；从存在区域发展"分野"清晰到城乡"统筹"共享改革发展成果的阶段。

费孝通所说的"反哺模式"①，只在中国传统社会存在，但是随着中国的工业化、城市化、信息化和现代化不断推进，"反哺模式"是否将让位或者何时抑或已经让位于西方式的"接力模式"？该问题有待于进一步考证。

---

① 1983年,费孝通先生把中西家庭养老模式总结为西方的"接力模式"和中国的"反馈模式"。在接力模式下,上一代有抚育下一代的责任,下一代却无赡养上一代的义务,一代代都只向下承担责任,就像接力跑步一样;而在反馈模式(又叫反哺模式)下,每一代在抚育下一代的同时,都承担赡养上一代的义务。参见费孝通:《家庭结构变动中的老年赡养问题——再论中国家庭结构的变动》,《费孝通文集 第9卷》,北京:群言出版社,1999年,第40页。

主要参考文献

（一）政策文件

[1]《中华人民共和国中央人民政府组织法》（1949年）

[2]《中华人民共和国劳动保险条例》（1951年）

[3]《中华人民共和国劳动保险条例实施细则修正草案》（1953年）

[4]《中华人民共和国城市居民委员会组织条例》（1954年）

[5]《中华人民共和国宪法》（1954年）

[6]《市镇粮食定量供应凭证印制暂行办法》（1955年）

[7]《国家机关工作人员退休处理暂行办法》（1955年）

[8]《国家机关工作人员退职处理暂行办法》（1955年）

[9]《1956年到1967年全国农业发展纲要（修正草案）》（1956年）

[10]《高级农业生产合作社示范章程》（1956年）

[11]《中华人民共和国户口登记条例》（1958年）

[12]《中华人民共和国农业税条例》（1958年）

[13]《国务院关于工人、职员退休处理的暂行规定》（1958年）

[14]《1956年到1967年全国农业发展纲要》（1960年）

[15]《农村人民公社工作条例（修正草案）》（简称60条）（1961年）

[16]《关于撤销高检院、内务部、内务办三个单位，公安部、高法院留下少数人的请示报告》（1969年）

[17]《关于国营企业财务工作中几项制度的改革意见（草案）》

（1969年）

[18]《国务院关于安置老弱病残干部的暂行办法》（1978年）

[19]《国务院关于工人退休、退职的暂行办法》（1978年）

[20]《中共中央关于加快农业发展若干问题的决定》（1979年）

[21]《国务院关于老干部离职休养的暂行规定》（1980年）

[22]《关于进一步加强和完善农业生产责任制的几个问题》（1980年）

[23]《国务院关于老干部离职休养制度的几项规定》（1982年）

[24]《关于国务院机构改革问题的决议》（1982年）

[25]《全国农村工作会议纪要》（1982年）

[26]《国营企业实行劳动合同制暂行规定》（1986年）

[27]《关于探索建立农村基层社会保障制度的报告的通知》（1987年）

[28]《国务院机构改革方案》（1988年）

[29]《中共中央关于进一步加强农业和农村工作的决定》（1991年）

[30]《国务院关于企业职工养老保险制度改革的决定》（1991年）

[31]《加快改革开放和现代化建设步伐，夺取有中国特色社会主义事业的更大胜利》（1992年）

[32]《全民所有制工业企业转换经营机制条例》（1992年）

[33]《中共中央、国务院关于加快发展第三产业的决定》（1992年）

[34]《县级农村社会养老保险基本方案（试行）》（1992年）

[35]《国家公务员暂行条例》（1993年）

[36]《关于加快发展社区服务业的意见》（1993年）

[37]《中共中央关于建立社会主义市场经济体制若干问题的决定》（1993年）

[38]《关于转换国有企业经营机制建立现代企业制度的若干意见》（1994年）

[39]《农村五保供养工作条例》（1994年）

[40]《中国老龄工作七年发展纲要（1994—2000年）》（1994年）

284

[41]《中华人民共和国劳动法》（1994年）

[42]《民政部关于进一步做好农村社会养老保险工作的意见的通知》（1995年）

[43]《国务院关于深化企业职工养老保险制度改革的通知》（1995年）

[44]《关于国民经济和社会发展"九五"计划和2010年远景目标建议》（1995年）

[45]《中华人民共和国老年人权益保障法》（1996年）

[46]《农村敬老院管理暂行办法》（1997年）

[47]《国务院关于在全国建立城市居民最低生活保障制度的通知》（1997年）

[48]《高举邓小平理论伟大旗帜，把建设有中国特色社会主义事业全面推向二十一世纪》（1997年）

[49]《国务院关于建立统一的企业职工基本养老保险制度的决定》（1997年）

[50]《失业保险条例》（1999年）

[51]《社会福利机构管理暂行办法》（1999年）

[52]《中共中央关于国有企业改革和发展若干重大问题的决定》（1999年）

[53]《城市居民最低生活保障条例》（1999年）

[54]《民政部关于在全国推进城市社区建设的意见》（2000年）

[55]《中共中央、国务院关于加强老龄工作的决定》（2000年）

[56]《关于加快实现社会福利社会化的意见》（2000年）

[57]《中国老龄事业发展"十五"计划纲要》（2001年）

[58]《"社区老年福利服务星光计划"实施方案》（2001年）

[59]《全面建设小康社会，开创中国特色社会主义事业新局面》（2002年）

[60]《中共中央关于完善社会主义市场经济体制若干问题的决定》（2003年）

[61]《关于支持社会力量兴办社会福利机构的意见》（2005年）

[62]《国务院关于完善企业职工基本养老保险制度的决定》（2005年）

[63]《关于加强老年人优待工作的意见》（2005年）

[64]《关于开展养老服务社会化示范活动的通知》（2005年）

[65]《中华人民共和国国民经济和社会发展第十一个五年规划纲要》（2006年）

[66]《中共中央关于构建社会主义和谐社会若干重大问题的决定》（2006年）

[67]《农村五保供养工作条例》（2006年）

[68]《中国老龄事业发展"十一五"规划》（2006年）

[69]《关于加快发展养老服务业的意见》（2006年）

[70]《党的十七大上的报告》（2007年）

[71]《国务院关于在全国建立农村最低生活保障制度的通知》（2007年）

[72]《"十一五"社区服务体系发展规划》（2007年）

[73]《关于全面推进居家养老服务工作的意见》（2008年）

[74]《国务院机构改革方案》（2008年）

[75]《中华人民共和国老年人权益保障法》（2009年修正）

[76]《国务院关于开展新型农村社会养老保险试点的指导意见》（2009年）

[77]《城镇企业职工基本养老保险关系转移接续暂行办法》（2009年）

[78]《农民工参加基本养老保险办法》（2009年）

[79]《关于贯彻落实国务院办公厅转发城镇企业职工基本养老保险关系转移接续暂行办法的通知》（2009年）

[80]《光荣院管理办法》（2010年）

[81]《农村五保供养服务机构管理办法》（2010年）

[82]《中华人民共和国社会保险法》（2010年）

[83]《中国老龄事业发展"十二五"规划》（2011年）

[84]《社会养老服务体系建设规划（2011—2015年）》（2011年）

[85]《国务院关于开展城镇居民社会养老保险试点的指导意见》（2011年）

[86]《中华人民共和国老年人权益保障法》（2012年修订）

[87]《坚定不移沿着中国特色社会主义道路前进 为全面建成小康社会而奋斗》（2012年）

[88]《民政部、财政部关于政府购买社会工作服务的指导意见》（2012年）

[89]《国务院关于进一步加强和改进最低生活保障工作的意见》（2012年）

[90]《国务院关于加快发展养老服务业的若干意见》（2013年）

[91]《国务院办公厅关于政府向社会力量购买服务的指导意见》（2013年）

[92]《养老机构管理办法》（2013年）

[93]《中共中央关于全面深化改革若干重大问题的决定》（2013年）

[94]《国务院关于促进健康服务业发展的若干意见》（2013年）

[95]《关于进一步加强老年人优待工作的意见》（2013年）

[96]《关于做好政府购买养老服务工作的通知》（2014年）

[97]《城乡养老保险制度衔接暂行办法》（2014年）

[98]《关于加快推进养老服务业人才培养的意见》（2014年）

[99]《社会救助暂行办法》（2014年）

[100]《民政部办公厅关于开展国家智能养老物联网应用示范工程的通知》（2014年）

[101]《国务院关于建立统一的城乡居民基本养老保险制度的意见》（2014年）

[102]《关于建立健全经济困难的高龄失能等老年人补贴制度的通知》（2014年）

[103]《关于加快推进健康与养老服务工程建设的通知》（2014年）

[104]《商务部关于推动养老服务产业发展的指导意见》（2014年）

[105]《关于推进医疗卫生与养老服务相结合指导意见》（2015年）

[106]《国务院关于机关事业单位工作人员养老保险制度改革的决定》（2015年）

[107]《中华人民共和国老年人权益保障法》（2015年修正）

[108]《中共中央关于制定国民经济和社会发展第十三个五年规划的建议》（2015年）

[109]《国务院关于积极推进"互联网+"行动的指导意见》（2015年）

[110]《关于鼓励民间资本参与养老服务业发展的实施意见》（2015年）

[111]《老年社会工作服务指南》（2016年）

[112]《2016全国两会政府工作报告》（2016年）

[113]《关于加强心理健康服务的指导意见》（2016年）

[114]《国务院办公厅关于全面放开养老服务市场 提升养老服务质量的若干意见》（2016年）

[115]《中华人民共和国国民经济和社会发展第十三个五年规划纲要》（2016年）

[116]《中华人民共和国慈善法》（2016年）

[117]《民政事业发展第十三个五年规划》（2016年）

[118]《关于推进老年宜居环境建设的指导意见》（2016年）

[119]《人力资源社会保障部办公厅关于开展长期护理保险制度试点的指导意见》（2016年）

[120]《城乡社区服务体系建设规划（2016—2020年）》（2016年）

[121]《养老服务体系建设中央补助激励支持实施办法》（2016年）

[122]《人力资源社会保障部关于城镇企业职工基本养老保险关系转移接续若干问题的通知》（2016年）

（二）著作

[1]毛泽东：《毛泽东文集》（1—8卷），北京：人民出版社，1993—1999年。

[2]周恩来：《周恩来选集》（下），北京：人民出版社，1984年。

[3]刘少奇：《刘少奇选集》（下），北京：人民出版社，1985年。

[4]邓小平：《邓小平文选》（1975—1982年），北京：人民出版社，1983年。

[5]邓小平：《邓小平文选》（第3卷），北京：人民出版社，1993年。

[6]邓小平：《邓小平思想年谱：1975~1997》，北京：中央文献出版社，1998年。

[7]江泽民：《江泽民文选》（1—3卷），北京：人民出版社，2006年。

[8]潘光旦：《中国之家庭问题》，北京：新月书店，1931年。

[9]黄逸平：《近代中国经济变迁》，上海：上海人民出版社，1992年。

[10]乔志强主编：《中国近代社会史纲》，太原：山西高校联合出版社，1992年。

[11]王仕元主编：《市场经济大辞典》，北京：中国国际广播出版社，1994年。

[12]刘伟主编：《经济学大辞典》，北京：团结出版社，1994年。

[13]夏学銮主编：《社区照顾的理论、政策与实践》，北京：北京大学出版社，1996年。

[14]龚书铎主编：《中国社会通史》，太原：山西教育出版社，1996年。

[15]关信平：《中国城市贫困问题研究》，长沙：湖南人民出版社，1999年。

[16]侯外庐：《中国古代社会史论》，石家庄：河北教育出版社，2000年。

[17]池子华:《流民问题与社会控制》,南宁:广西人民出版社,2001年。

[18]姚远:《中国家庭养老研究》,北京:中国人口出版社,2001年。

[19]边燕杰主编:《市场转型与社会分层:美国社会学者分析中国》,北京:生活·读书·新知三联书店,2002年。

[20]侯建新主编:《经济-社会史:历史研究的新方向》,北京:商务印书馆,2002年。

[21]穆光宗:《家庭养老制度的传统与变革:基于东亚和东南亚地区的一项比较研究》,北京:华龄出版社,2002年。

[22]陶立群主编:《中国老年人社会福利》,北京:中国社会出版社,2002年。

[23][美]威廉姆著,解俊杰译:《当今世界的社会福利》,北京:法律出版社,2003年。

[24][丹麦]安德森著,郑秉文译:《福利资本主义的三个世界》,北京:法律出版社,2003年。

[25][加]米什拉著,郑秉文译:《资本主义社会的福利国家》,北京:法律出版社,2003年。

[26]张暄等:《国外城市社区救助》,北京:中国社会出版社,2005年。

[27]罗沛林等主编:《当代中国农村的社会生活》,北京:中国社会科学出版社,2005年。

[28]方青:《解组与重构:二元社会结构下的农村社会保障》,合肥:安徽人民出版社,2006年。

[29]彭希哲等编:《城市老年服务体系研究》,上海:上海人民出版社,2006年。

[30]齐鹏飞、杨凤城主编:《当代中国编年史(1949.10—2004.10)》,北京:人民出版社,2007年。

[31]吴桂英主编:《新型社会福利体系研究》,北京:中国社会出版社,2007年。

[32]吕思勉：《中国社会史》，上海：上海古籍出版社，2007年。

[33]行龙：《走向田野与社会》，北京：生活·读书·新知三联书店，2007年。

[34][澳]沃特森著，张庆译：《未来五十年大趋势》，北京：京华出版社，2008年。

[35]熊跃根：《需要、互惠和责任分担：中国城市老人照顾的政策与实践》，上海：格致出版社，2008年。

[36]行龙：《从社会史到区域社会史》，北京：人民出版社，2008年。

[37]张静如总主编：《中华人民共和国发展史》，青岛：青岛出版社，2009年。

[38]彭华民等：《西方社会福利理论前沿：论国家、社会、体制与政策》，北京：中国社会出版社，2009年。

[39]徐达深、张树军、蒋建农等主编：《中华人民共和国六十年实录》（1—10册），长春：吉林人民出版社，2009年。

[40]陈功：《社会变迁中的养老和孝观念研究》，北京：中国社会出版社，2009年。

[41]张敏杰：《新中国60年人口老龄化与养老制度研究》，杭州：浙江工商大学出版社，2009年。

[42][法]谢和耐著，黄建华、黄迅余译：《中国社会史》，南京：江苏人民出版社，2010年。

[43]王浦劬、[美]萨拉蒙等：《政府向社会组织购买公共服务研究：中国与全球经验》，北京：北京大学出版社，2010年。

[44]吴承明、黄志凯主编：《中华人民共和国经济史.1949~1952》，北京：社会科学文献出版社，2010年。

[45]孙健：《20世纪的中国——走向现代化的历程（经济卷1949—2000）》，北京：人民出版社，2010年。

[46]朱汉国、耿向东：《20世纪的中国——走向现代化的历程（社会生活卷1949—2000）》，北京：人民出版社，2010年。

[47]江潭瑜主编：《深圳改革开放史》，北京：人民出版社，2010年。

[48]李友梅等:《从弥散到秩序:"制度与生活"视野中的中国社会变迁(1921—2011)》,北京:中国大百科全书出版社,2011年。

[49]景天魁等:《当代中国社会福利思想与制度:从小福利迈向大福利》,北京:中国社会出版社,2011年。

[50]行龙、马维强、常利兵:《阅档读史——北方农村的集体化时代》,北京:北京大学出版社,2011年。

[51]张静如主编:《中国当代社会史》(1—5卷),长沙:湖南人民出版社,2011年。

[52]戴卫东:《中国长期护理保险制度构建研究》,北京:人民出版社,2012年。

[53]蔡少卿:《中国近代社会史研究》,北京:生活·读书·新知三联书店,2014年。

[54]杨翠迎主编:《国际社会保障动态:社会养老服务体系建设》,上海:上海人民出版社,2014年。

[55]庄华峰:《中国社会生活史》(第2版),合肥:中国科学技术大学出版社,2014年。

[56]朱勇:《智能养老》,北京:社会科学文献出版社,2014年。

[57]蔡昉、张车伟主编:《中国人口与劳动问题报告.16,"十二五"回顾与"十三五"展望》,北京:社会科学文献出版社,2015年。

[58]吴玉韶等:《中国养老机构发展研究报告》,北京:华龄出版社,2015年。

[59]杜鹏主编:《回顾与展望:中国老人养老方式研究》,北京:团结出版社,2016年。

[60]张岩松等:《社会养老服务体系建设研究》,大连:东北财经大学出版社,2016年。

[61]陈元刚:《我国城镇社区养老服务体系构建研究》,北京:光明日报出版社,2016年。

（三）期刊论文

[1]费孝通：《论中国家庭结构的变动》，《天津社会科学》1982年第3期。

[2]费孝通：《家庭结构变动中的老年赡养问题——再论中国家庭结构的变动》，《北京大学学报（哲学社会科学版）》1983年第3期。

[3]阎卡林：《略论养老方式和我国的社会养老事业》，《人口学刊》1985年第1期。

[4]贾德彰：《略谈我国现行养老制度》，《社会学研究》1986年第3期。

[5]费孝通：《三论中国家庭结构的变动》，《北京大学学报（哲学社会科学版）》1986年第3期。

[6]葛兰娜·斯皮茨、罗素·沃德、边燕杰：《谈谈美国的家庭养老——兼与中国社会学同仁商榷》，《社会学研究》1989年第4期。

[7]王家范：《中国社会史学科建设刍议》，《历史研究》1989年第4期。

[8]刘德增：《古代中国的养老与敬老》，《民俗研究》1992年第1期。

[9]赵世瑜：《社会史研究呼唤理论》，《历史研究》1993年第2期。

[10]张敏杰：《中外家庭养老方式比较和中国养老方式的完善》，《社会学研究》1994年第4期。

[11]常建华：《中国社会史研究十年》，《历史研究》1997年第1期。

[12]熊跃根：《中国城市家庭的代际关系与老人照顾》，《中国人口科学》1998年第6期。

[13]唐钧、王婴：《中国老年福利服务改革：调查与思考》，《中国人口科学》1999年第3期。

[14]刘松林：《浅谈我国古代的养老制度》，《文史杂谈》1999年第6期。

[15]杨蓓蕾：《英国的社区照顾：一种新型的养老模式》，《探索与争鸣》2000年第12期。

[16]方青:《农村社会保障：回顾与前瞻》,《中国农村观察》2001年第3期。

[17]桂世勋:《合理调整养老机构的功能结构》,《华东师范大学学报（哲学社会科学版）》2001年第4期。

[18]方青:《从"集体保障"到"社会保障"——中国农村社会保障1949—2000》,《当代中国史研究》2002年第1期。

[19]方青:《我国农村家庭保障机制的局限与改善》,《学海》2003年第1期。

[20]胡灿伟:《新加坡家庭养老模式及其启示》,《云南民族学院学报（哲学社会科学版）》2003年第3期。

[21]王伟:《日本家庭养老模式的转变》,《日本学刊》2004年第3期。

[22]郭德宏:《20世纪中国的社会转型与评价》,《史学月刊》2004年第7期。

[23]卡佳:《美国退休社区与居家援助养老》,《社区》2004年第23期。

[24]黄乾:《农村养老资源供给变化及其政策含义》,《人口与经济》2005年第6期。

[25]王跃生:《当代中国家庭结构变动分析》,《中国社会科学》2006年第1期。

[26]钱敏、叶文振:《构建以老年人健康为中心的多元化养老体系》,《南方人口》2006年第1期。

[27]杜鹏、武超:《1994~2004年中国老年人主要生活来源的变化》,《人口研究》2006年第2期。

[28]丛宁丽、万勇:《析美国体育志愿者的培养》,《成都体育学院学报》2006年第4期。

[29]姜向群、李建民、杜鹏、杨慧:《中国"未富先老"了吗?》,《人口研究》2006年第6期。

[30]卫小将、何芸:《社区照顾：中国养老模式的新取向》,《南京人

口管理干部学院学报》2007年第1期。

[31]陈锋:《中国古代的户籍制度与人口税演进》,《江汉论坛》2007年第2期。

[32]田居俭:《把当代社会史提上研究日程上来》,《当代中国史研究》2007年第3期。

[33]高冬梅:《国民经济恢复时期社会救助工作中的社会动员研究》,《党史研究与教学》2007年第4期。

[34]许敏、宋士云:《农村五保供养制度的三次模式选择》,《农业经济》2007年第12期。

[35]史柏年:《养老保险制度中经济支持与服务保障的一体化构建——日本"介护保险"制度及其启示》,《中国青年政治学院学报》2008年第3期。

[36]张世飞:《1978—1992年中国社会保障事业的恢复和发展》,《党史研究与教学》2008年第4期。

[37]曲文勇:《孝道文化传承与养老方式变迁》,《学理论》2008年第4期。

[38]范灵璐、郑梓桢:《不能自理老年人照顾方式调查与养老服务体系的建构——以广东省为例》,《贵州社会科学》2008年第7期。

[39]苏保忠、张正河、林万龙:《中国古代养老制度及其对农村养老的启示》,《当代经济》2008年第11期。

[40]康新贵:《多元化的福利社会——对中国发展道路的探索》,《社会科学论坛》2009年第3期。

[41]董一冰、张丽:《刘少奇的民生思想及其当代价值》,《党史研究与教学》2009年第3期。

[42]李艳忠、李珺:《养老机构中住养老人需求及社会工作的介入探索》,《新西部(下半月)》2009年第10期。

[43]刘畅:《我国养老服务体系的构建——基于系统论的视角》,《兰州商学院学报》2010年第1期。

[44]陈成文、孙秀兰:《社区老年服务:英、美、日三国的实践模式

及其启示》，《社会主义研究》2010年第1期。

[45]陈伟：《社区居家养老模式中日间照顾中心服务体系的构建》，《河海大学学报（哲学社会科学版）》2010年第1期。

[46]姚力：《中国当代社会史研究的基本问题》，《当代中国史研究》2010年第1期。

[47]田香兰：《养老事业与养老产业的比较研究——以日本养老事业与养老产业为例》，《天津大学学报（社会科学版）》2010年第1期。

[48]战建华：《农村五保供养制度的历史演变》，《经济与社会发展》2010年第5期。

[49]彭亮、王裔艳：《上海高龄独居老人研究》，《南方人口》2010第5期。

[50]金双秋、曹述蓉：《完善养老服务体系的构想》，《社会工作（学术版）》2011年第1期。

[51]李文：《国史中的社会史：内容和框架结构》，《中国地方志》2011年第1期。

[52]苏国：《"十二五"期间大力推进养老服务体系建设的建议》，《宏观经济管理》2011年第2期。

[53]张晓霞：《江西基本养老服务体系建设的现状及完善对策》，《江西社会科学》2011年第2期。

[54]侯立平：《美国"自然形成退休社区"养老模式探析》，《人口学刊》2011年第2期。

[55]秦伟江、戴欣桐、刘雅岚：《香港居家养老服务保障模式及经验借鉴》，《广西经济管理干部学院学报》2011年第3期。

[56]姜向群、丁志宏、秦艳艳：《影响我国养老机构发展的多因素分析》，《人口与经济》2011年第4期。

[57]姚宏志：《20世纪60年代初安徽省农村救灾度荒述论》，《当代中国史研究》2011年第6期。

[58]刘益梅：《人口老龄化背景下社会化养老服务体系的探讨》，《广西社会科学》2011年第7期。

[59]张神根：《新时期党致力改善民生的决策历程与经验》，《中共党史研究》2011年第10期。

[60]陈景亮：《浅析机构养老资源体系——以福建省为例》，《南方人口》2012年第1期。

[61]王勇、王忠、胡蓓：《结合机构养老服务现状 探讨社会养老模式》，《教育教学论坛》2012年第3期。

[62]董红亚：《我国社会养老服务体系的解析和重构》，《社会科学》2012年第3期。

[63]张静如：《关于〈中国当代社会史〉》，《党史研究与教学》2012年第4期。

[64]李洪心、李巍：《人口老龄化对我国财政支出规模的影响——从社会保障角度出发》，《南京人口管理干部学院学报》2012年第4期。

[65]王建云、曹艳春：《关于农村中女儿养老的思考》，《长沙民政职业技术学院学报》2012年第4期。

[66]张卫国：《美国养老社区研究》，《世界经济与政治论坛》2012年第5期。

[67]朱常柏：《改革开放以来我国城市社会救助事业的恢复和发展》，《党史研究与教学》2012年第6期。

[68]王承慧：《美国社区养老模式的探索与启示》，《现代城市研究》2012年第8期。

[69]张学兵：《加快推进以改善民生为重点的社会建设》，《中共党史研究》2012年第9期。

[70]宋士云、焦艳芳：《十六大以来中国社会保障制度的改革与发展》，《中共党史研究》2012年第11期。

[71]穆光宗：《美国社区养老模式借鉴》，《人民论坛》2012年第22期。

[72]郑真真：《中国流动人口变迁及政策启示》，《中国人口科学》2013年第1期。

[73]杨国才、杨金东：《社会性别视角下女儿养老研究》，《云南民族

大学学报（哲学社会科学版）》2013年第1期。

[74]魏文斌、李永根、高伟江：《社会养老服务体系的模式构建及其实现路径》，《苏州大学学报（哲学社会科学版）》2013年第2期。

[75]顾宝昌：《话说中国人口结构》，《人口与计划生育》2013年第2期。

[76]吴忠民：《改善民生关乎强基固本》，《中共党史研究》2013年第2期。

[77]王先俊：《新中国成立初期党和政府解决民生问题的思想与实践》，《当代中国史研究》2013年第3期。

[78]丁英顺：《日韩两国居家养老服务比较及启示》，《日本问题研究》2013年第4期。

[79]马凤芝：《世界老龄化国家和地区养老机构规划的经验——以英国、日本和我国香港地区为例》，《社会工作》2013年第5期。

[80]张团、穆光宗、傅旻：《机构养老之品质内涵研究——以台湾兆如多层级养老机构为实例》，《华中科技大学学报（社会科学版）》2013年第6期。

[81]李薇、丁建定：《中国居家养老服务的发展状况研究》，《当代中国史研究》2014年第1期。

[82]钱亚仙：《老龄化背景下的社会养老服务体系研究》，《理论探讨》2014年第1期。

[83]陈爱如、黄伟：《我国中部地区老年人精神健康调查研究》，《中共成都市委党校学报》2014年第2期。

[84]杨菊华、何炤华：《社会转型过程中家庭的变迁与延续》，《人口研究》2014年第2期。

[85]同春芬、马阳：《从古代养老制度的变迁看我国现代养老面临的困境与出路》，《山东行政学院学报》2014年第4期。

[86]丁建定、李薇：《论中国居家养老服务体系建设中的核心问题》，《探索》2014年第5期。

[87]李喜荣：《农村女儿养老支持力研究》，《当代青年研究》2014年

第6期。

[88]刘峰:《农村社会保障从传统向现代转型研究》,《湖南社会科学》2014年第6期。

[89]杨述明:《论地方政府主导社会养老服务体系构建的"三根支柱"》,《湖北社会科学》2014年第7期。

[90]刘春雪、吴琪俊、王碧艳、曹悦:《发达国家机构养老模式对我国的启示》,《广西中医药大学学报》2015年第2期。

[91]陈爱如、张洁:《民办养老机构发展路径研究——基于对安徽9家机构的实地调查》,《长春理工大学学报(社会科学版)》2015年第6期。

[92]杨帆、杨成钢:《家庭结构和代际交换对养老意愿的影响》,《人口学刊》2016年第1期。

[93]杨团:《中国长期照护的政策选择》,《中国社会科学》2016年第11期。

[94]辜胜阻、吴华君、曹冬梅:《构建科学合理养老服务体系的战略思考与建议》,《人口研究》2017年第1期。

(四)学位论文

[1]杨发祥:《当代中国计划生育史研究》,浙江大学博士论文,2003年。

[2]宋士云:《新中国农村社会保障制度结构与变迁(1949—2002)》,中南财经政法大学博士论文,2005年。

[3]毕金龙:《农村家庭养老变迁与面临的挑战——基于山东A村的实证研究》,首都经济贸易大学硕士论文,2011年。

[4]王培君:《基于城市家庭结构变迁视角的我国养老方式研究》,上海工程技术大学硕士论文,2012年。

[5]陈建兰:《中国城市养老模式研究——以苏州为例》,南京大学博士论文,2012年。

[6]刘春:《当代中国社会组织发展史研究》,中国社会科学院博士论

文，2013年。

[7]秦欣磊：《构建上海立体养老模式研究》，上海工程技术大学硕士论文，2014年。

[8]魏应保：《农村养老方式的困境与出路——以安徽省S乡为例》，南京师范大学硕士论文，2014年。

[9]路璐：《岷县乡村规划中的养老问题研究——以梅川镇四个村庄为例》，西安建筑科技大学硕士论文，2015年。

（五）各类统计年鉴、资料汇编、档案等

[1]国家统计局国民经济综合统计司编：《新中国六十年统计资料汇编》，北京：中国统计出版社，2010年。

[2]国家统计局国民经济综合统计司编：《新中国五十年统计资料汇编》，北京：中国统计出版社，1999年。

[3]国家统计局人口社会科技统计司编：《中国社会统计资料》，北京：中国统计出版社，2000年。

[4]民政部计划财政司编：《民政统计历史资料汇编（1949—1992年）》，北京：中国统计出版社，1993年。

[5]民政部政策法规司编：《民政工作文件选编.2014年》，北京：中国社会出版社，2015年。

[6]中华人民共和国民政部编：《中国民政年鉴.2007》，北京：中国社会出版社，2009年。

[7]国家卫生和计划生育委员会编：《2016中国卫生和计划生育统计年鉴》，北京：中国协和医科大学出版社，2016年。

[8]国务院人口普查办公室、国家统计局人口统计司编：《中国1982年人口普查资料》，北京：中国统计出版社，1985年。

[9]国务院人口普查办公室编：《中国第四次人口普查的主要数据》，北京：中国统计出版社，1991年。

[10]国务院人口普查办公室、国家统计局人口和社会科技统计司编：《中国2000年人口普查资料》，北京：中国统计出版社，2002年。

[11]国务院人口普查办公室、国家统计局人口和就业统计司编：《中国2010年人口普查资料》，北京：中国统计出版社，2012年。

[12]当代中国研究所、中央档案馆编：《中华人民共和国史编年.1963年卷》，北京：当代中国出版社，2014年。

[13]当代中国研究所编：《中华人民共和国史稿》，北京：人民出版社，2012年。

[14]《中国共产党第十八次全国代表大会文件汇编》，北京：人民出版社，2012。

[15]《关于建国以来党的若干历史问题的决议注释本》，北京：人民出版社，1983年。

[16]《中华人民共和国第十一届全国人民代表大会第四次会议文件汇编》，北京：人民出版社，2011年。

[17]《中华人民共和国法规汇编（1954年9月—1955年6月）》，北京：法律出版社，1956年。

[18]国家劳动总局政策研究室编：《中国劳动立法资料汇编》，北京：工人出版社，1980年。

[19]中南军政委员会民政部编：《民政工作手册》第3辑，1951年。

[20]中南军政委员会民政部编：《民政工作手册》第4辑，1952年。

[21]中央办公厅法规室等编：《中国共产党党内法规选编（1996—2000）》，北京：法律出版社，2001年。

[22]中国社会科学院、中央档案馆编：《中华人民共和国经济档案资料选编（综合卷1958—1965）》，北京：中国财政经济出版社，2011年。

[23]国家卫生和计划生育委员会编：《中国家庭发展报告.2014》，北京：中国人口出版社，2014年。

[24]国家卫生和计划生育委员会编：《中国家庭发展报告.2015》，北京：中国人口出版社，2015年。

[25]房维中主编：《中华人民共和国经济大事记（1949—1980年）》，北京：中国社会科学出版社，1984年。

[26]安徽省统计局编：《安徽四十年》，北京：中国统计出版社，

1989年。

[27]安徽省统计局、国家统计局安徽调查总队编:《安徽统计年鉴》,北京:中国统计出版社,1989—2015年。

[28]王立新:《安徽"大包干"始末——1961、1978》,北京:昆仑出版社,1989年。

[29]北京市档案馆编:《北京档案史料（2004.4）》,北京:新华出版社,2004年。

[30]国务院第一次经济普查领导小组办公室编:《中国经济普查年鉴.2004》,北京:中国统计出版社,2006年。

[31]国家统计局农业统计司编:《中国农村统计年鉴 1985》,北京:中国统计出版社,1986年。

[32]中共中央文献研究室编:《改革开放三十年重要文献选编》,北京:中央文献出版社,2008年。

[33]国家发展和改革委员会编:《"十二五"国家级专项规划汇编（第一辑）》,北京:人民出版社,2012年。

[34]国家统计局综合司编:《全国各省、自治区、直辖市历史统计资料汇编（1949—1989）》,北京:中国统计出版社,1990年。

[35]国家统计局农村抽样调查总队编:《各省、自治区、直辖市农民收入、消费调查研究资料汇编》,北京:中国统计出版社,1985年。

[36]上海市统计局、国家统计局上海调查总队编:《光辉的六十载——上海历史统计资料汇编（1949—2009）》,北京:中国统计出版社,2009年。

[37]上海市统计局编:《上海统计年鉴.2010》,北京:中国统计出版社,2010年。

[38]北京市统计局、国家统计局北京调查总队编:《北京统计年鉴.2009》,北京:中国统计出版社,2009年。

[39]国家统计局编:《中国统计摘要1985》,北京:中国统计出版社,1985年。

（六）地方志

[1]北京市地方志编纂委员会编著：《北京志·政务卷·民政志》，北京：北京出版社，2003年。

[2]北京市东城区地方志办公室编：《北京东城年鉴.2008》，北京：方志出版社，2008年。

[3]《上海民政志》编纂委员会编：《上海民政志》，上海：上海社科院出版社，2000年。

[4]《南汇民政志》编纂委员会编：《南汇民政志》，北京：方志出版社，2010年。

[5]上海市松江区民政局编：《松江民政志》，上海：上海辞书出版社，2006年。

[6]上海市杨浦区地方志编纂委员会编：《杨浦区志（1991—2003）》，上海：上海高教电子音像出版社，2009年。

[7]上海市宝山区史志编纂委员会编：《宝山区志（1988—2005）》，北京：方志出版社，2009年。

[8]倪所安主编：《嘉定县续志.1988~1992》，上海：上海交通大学出版社，1999年。

[9]岳阳街道志编纂委员会编：《岳阳街道志》，上海：上海辞书出版社，2011年。

[10]《书院镇志》编纂委员会编：《书院镇志》，北京：方志出版社，2005年。

[11]中山街道志编纂委员会编：《中山街道志》，上海：上海辞书出版社，2011年。

[12]《曹路镇志》编纂委员会编：《曹路镇志》，上海：上海辞书出版社，2007年。

[13]洞泾镇镇志编纂委员会编：《洞泾镇志》，上海：上海辞书出版社，2011年。

[14]安徽省地方志编纂委员会编：《安徽省志·民政志》，合肥：安

徽人民出版社，1993年。

[15]安徽省地方志编纂委员会编：《安徽省志·人口志》，合肥：安徽人民出版社，1995年。

[16]安徽省地方志编纂委员会编：《安徽省志·粮食志》，合肥：安徽人民出版社，1991年。

[17]滁州市政府发展研究中心编著：《中国农村改革源头志》，合肥：黄山书社，1996年。

[18]江苏省地方志编纂委员会编：《江苏省志·民政志》，北京：方志出版社，2002年。

[19]王晓雄主编：《苏州劳动保障志（1949—2005）》，苏州：苏州大学出版社，2009年。

[20]南京市地方志编纂委员会编：《南京民政志》，深圳：海天出版社，1994年。

[21]徐州市民政局编：《徐州市民政志（1989—2009）》，北京：方志出版社，2010年。

[22]刘凤光主编：《连云港市民政志》，南京：南京大学出版社，1991年。

[23]周久耕等编著：《江宁民政志》，南京：江苏人民出版社，2004年。

[24]常熟市民政志编纂委员会编：《常熟市民政志》，苏州：古吴轩出版社，1994年。

[25]《禄口街道志》编纂委员会编：《禄口街道志》，南京：江苏人民出版社，2011年。

[26]中共常州市武进区委党史工作委员会、常州市武进区地方志办公室编：《武进镇街道开发区简志》，南京：南京大学出版社，2010年。

[27]辽宁省地方志编纂委员会办公室主编：《辽宁省志·民政志》，沈阳：辽宁人民出版社，1996年。

[28]《宁海县民政志》编纂委员会编：《宁海县民政志（1986~2008）》，宁波：宁波出版社，2009年。

附　录

附录　养老服务体系代表性政策、理念（2017—2022 年）

养老政策	时间	关于养老服务体系发展的内容	发展理念
《国务院关于印发"十三五"国家老龄事业发展和养老体系建设规划的通知》（国发〔2017〕13 号）	2017 年	政府和市场作用充分发挥，社会环境更加友好	突出了市场作用
《深化党和国家机构改革方案》	2018 年	组建国家卫生健康委员会，积极应对人口老龄化	老年人社会保障、养老服务、健康支撑三大体系体制机制更加完善
《国务院办公厅关于推进养老服务发展的意见》（国办发〔2019〕5 号）	2019 年	促进养老服务高质量发展和养老服务基础设施建设	养老服务高质量发展
《卫生健康委 发展改革委 教育部 民政部 财政部 人力资源社会保障部 医保局 中医药局关于建立完善老年健康服务体系的指导意见》（国卫老龄发〔2019〕61 号）	2019 年	构建包括健康教育、预防保健、疾病诊治、康复护理、长期照护、安宁疗护的综合连续、覆盖城乡的老年健康服务体系	建立完善符合我国国情的老年健康服务体系
中共中央 国务院印发《国家积极应对人口老龄化中长期规划》	2019 年	提升产品和服务质量	战略性、综合性、指导性文件
十九届四中全会通过《中共中央关于坚持和完善中国特色社会主义制度、推进国家治理体系和治理能力现代化若干重大问题的决定》	2019 年	将养老服务协调融合发展列为国家治理体系和治理能力现代化建设重要内容	融入国家治理体系
十九届五中全会通过《中共中央关于制定国民经济和社会发展第十四个五年规划和二〇三五年远景目标的建议》	2020 年	这是党的文献首次将积极应对人口老龄化，上升为最高层级的国家战略	提出"实施积极应对人口老龄化国家战略"

养老政策	时间	关于养老服务体系发展的内容	发展理念
《国务院办公厅关于建立健全养老服务综合监管制度促进养老服务高质量发展的意见》(国办发〔2020〕48号)	2020年	开展民办养老机构消防安全达标提升工程。持续推进养老服务标准化工作,开展养老服务认证	提升养老服务质量
《国务院办公厅印发关于切实解决老年人运用智能技术困难实施方案的通知》(国办发〔2020〕45号)	2020年	解决老年人面临的"数字鸿沟"问题的长效机制基本建立	持续推动充分兼顾老年人需要的智慧社会建设
《中华人民共和国国民经济和社会发展第十四个五年规划和2035年远景目标纲要》	2021年	将积极应对人口老龄化上升为国家战略	国家战略层面
《中共中央 国务院关于优化生育政策促进人口长期均衡发展的决定》	2021年	有利于改善人口结构,落实积极应对人口老龄化国家战略	养老与生育人口政策结合调整
《"十四五"积极应对人口老龄化工程和托育建设实施方案》	2021年	聚焦"一老一小"领域扩大养老托育服务有效供给,提升服务质量,完善服务体系	"一老一小"结合
《民政部 国家发展和改革委员会关于印发〈"十四五"民政事业发展规划〉的通知》	2021年	健全失能老年人长期照护服务体系,提升服务质量	强调对失能老人的服务
十九届六中全会通过《中共中央关于党的百年奋斗重大成就和历史经验的决议》	2021年	加强人口发展战略研究,积极应对人口老龄化	养老服务体系与人口政策共同调整
《中共中央 国务院关于加强新时代老龄工作的意见》	2021年	把理念融入经济社会发展全过程,走出一条中国特色积极应对人口老龄化道路	积极老龄观、健康老龄化理念
《国务院关于印发"十四五"国家老龄事业发展和养老服务体系规划的通知》(国发〔2021〕35号)	2021年	积极应对人口老龄化国家战略的制度框架基本建立	积极应对人口老龄化的国家规划

养老政策	时间	关于养老服务体系发展的内容	发展理念
《关于全面加强老年健康服务工作的通知》(国卫老龄发〔2021〕45号)	2021年	加强老年人健康教育;做实老年人基本公共卫生服务;加强老年人功能维护;开展老年人心理健康服务;做好老年人家庭医生签约服务等	促进"以疾病为中心"向"以健康为中心"转变
《卫生健康委 教育部 科技部 工业和信息化部 财政部 人力资源社会保障部 住房城乡建设部 退役军人部 市场监管总局 广电总局 体育总局 医保局 银保监会 中医药局 中国残联关于印发"十四五"健康老龄化规划的通知》(国卫老龄发〔2022〕4号)	2022年	把积极老龄观、健康老龄化理念融入经济社会发展全过程	协同推进健康中国战略和积极应对人口老龄化国家战略
《国务院办公厅关于推动个人养老金发展的意见》(国办发〔2022〕7号)	2022年	推动发展个人养老金	健全多层次、多支柱养老保险体系
中共中央办公厅 国务院办公厅印发《关于推进基本养老服务体系建设的意见》(中办发〔2022〕42号)	2022年	《国家基本养老服务清单》;明确三大类(物质帮助、照护服务和关爱服务)服务项目,共包括16个服务项目	国家首次采用清单化的方式明确了基础性、普惠性、兜底性的养老服务
党的二十大报告《高举中国特色社会主义伟大旗帜 为全面建设社会主义现代化国家而团结奋斗》	2022年	发展养老事业和养老产业,优化孤寡老人服务,推动实现全体老年人享有基本养老服务	实施积极应对人口老龄化国家战略,并将其纳入推进健康中国建设之中

资料来源:根据中华人民共和国中央人民政府、国家发展改革委员会、人力资源和社会保障部、国家卫生健康委员会和民政部等相关网站资料整理。

后　记

　　本书是在我的博士论文基础上修改出版的，为了保证观点的正确与原貌，没有将时间延续到出版之前，这也是一种历史社会学或是历史学视角的考量，或许想给自己博士学习留下一个较为准确的记忆吧。博士论文定稿于2016年底，所以该研究涉及的我国养老服务体系的发展状况及其相关政策体系也就截止到2016年底。时光荏苒，五年过去了，经过思想的沉淀和不断地完善修改，尤其是在博士指导老师方青教授的鼓励下决定不再将之束之高阁孤芳自赏。当然这五年我国养老服务体系在经历了"十三五"和"十四五"的开局之后，也在进一步地发展与完善（见附录）。尤其是因为我国人口结构、养老需求、养老资源的快速变化，以及我国国家治理体系和治理能力现代化的不断提升，我国养老服务体系亦呈现出一些新的特征。

　　实施积极应对人口老龄化国家战略。为了积极应对中度老龄化社会的养老需求，十九届五中全会首次提出"实施积极应对人口老龄化国家战略"，这是党中央总揽全局、审时度势作出的重大战略部署。我国及时将人口老龄化战略上升为国家战略。2021年我国已稳定进入中度老龄化社会，主要有两个原因：一是生育率下降，二是死亡率下降。外显出来的人口特征是少子化和长寿化，二者叠加起来就是中度老龄化。少子化趋势明显，人口学家预测我国人口负增长很可能会出现在"十四五"期间。主要原因是生育率的持续下降和长期的低生育率水平。一方面生育率的持续下降。我国人口政策不断调整，从2011年各地开始全面实施双独二孩政策，到2013年的单独二孩政策，再到2015年的全面二孩政策，直到2021年的三孩政策，虽然二孩生育率些微提高，但是人口出生率的下降趋势明显。人口自然增长率从2016年的5.86‰（全年出生人口为1786万人，出生率为12.95‰）下降到2021年的0.34‰（全年出生人口为1062万人，出生率为7.52‰）。另一方面，生育率水平长期偏低。普遍认为，一个国家总和生育率为2.1即达到了生育更替水平。中国总和生育率从1991年的2.09到2020年为1.3和2021年1.15，下滑趋势明显。人口负增长势能释放明显，总人口增长速度放缓明显，人口负增长很可能会出现在"十四五"期间。另一个人口明显特征是长寿化。过去20年我国人均预期寿命增加了6.8岁，从2000年的71.40岁到2010年的74.83岁，再到2021年78.2岁[①]。

养老服务体系明确为积极应对人口老龄化国家战略的三大体系（社会保障、养老服务、健康支撑）之一，养老服务体系进一步聚焦"老有所养"。十九届三中全会通过的《中共中央关于深化党和国家机构改革的决定》提出组建卫生健康委员会，负责拟订应对人口老龄化、医养结合政策措施。经过机构调整，形成了我国应对人口老龄化国家战略的三大体系，人力资源和社会保障部门主要负责社会保障体系建设，聚焦"老有所依"，民政部门主要负责养老服务体系建设，"聚焦老有所养"，卫生健康部门主要负责医养康养体系建设，聚焦"老有所医"。实际上三大体系之外，如住房和城乡建设部积极推进社区养老公共服务设施建设和城市适老化改造等。当然本书中的养老服务体系是包含这三大体系的，是广义的养老服务体系，实质上是人口老龄化国家战略的范畴。

养老服务体系更加注重养老质量的提升，把积极老龄观、健康老龄

---

① 对比"六普"和"七普"数据，如果按照人口增加比例来看的话，80岁+的人口增加比例最为显著：2010年，有1337万80—84岁老人，有563万85—89岁老人，158万90—94岁老人，37万95—99岁老人，3.6万100岁+老人。2020年，有2038万80—84岁老人，有1083万85—89岁老人，365万90—94岁老人，82万95—99岁老人，11.9万100岁+老人。10年时间，分别增长至原来的1.5倍、1.9倍、2.3倍、2.2倍和3.3倍。这一方面说明，过去的10年间，中国人的人均寿命增长极其显著，另一方面也在提醒大家，中国的老龄化在极其快速地加深。

化理念融入经济社会发展全过程。养老服务体系进一步强化医养康养的服务内容，养老服务体系进入"服务水平提升阶段"。一是养老服务体系的内容更加强调医养康养。《"十三五"国家老龄事业发展和养老体系建设规划》中对于养老方式的表述是"居家为基础、社区为依托、机构为补充、医养相结合的养老服务体系更加健全。"《国务院办公厅关于推进养老服务发展的意见》中强调要"促进养老服务高质量发展"。2019年十九届四中全会通过的《中共中央关于坚持和完善中国特色社会主义制度、推进国家治理体系和治理能力现代化若干重大问题的决定》中明确了养老服务方式为"居家社区机构相协调、医养康养相结合的养老服务体系"和健康支撑体系。该时期服务体系进一步强调医养康养的养老服务内容，并且增加了健康养老的新理念，显示出我国养老服务体系逐步从"适度普惠型"水平向"提供'高质量'服务水平"发展。

近五年，我国养老服务体系从发展理念、服务内容、运行机制到构成要素还呈现出一些新的趋势，如：进一步明确要建立中国特色的积极应对人口老龄化国家战略的制度框架；进一步强调要加强针对失能老年人长期照护服务体系的专项建设；长期稳定开展各级养老机构的等级评定工作；加快推行家庭养老床位建设等。

最后，要感谢一路走来关心和爱护我的家人和朋友，也要感谢接受我调研的单位、组织和个人，也要感谢帮助我收集资料的学生们，没有你们的帮助与关心，也就没有这本专著的出版。特别感谢我的导师方青教授、南京大学社会学院访学导师陈友华教授、香港中文大学社会工作系访学导师倪锡钦教授（NGAI Sek-Yum，Steven）对我长久以来的教导与鼓励。感谢安徽高校省级人文社会科学研究重点项目（SK2021A0081）、安徽省研究生教育质量工程项目（2022jyjxggyj159）的支持，感谢安徽师范大学学术著作出版基金（2022xjxm071）和安徽师范大学法学院出版基金的支持。特别感谢安徽师范大学出版社的信任，感谢戴兆国总编辑、孙新文主任、卫和成编辑的辛苦工作！本书借鉴了学界专家的真知灼见，在此一并表示感谢！由于水平有限，本书的学术视野、内容框架、创新之处都存在不足，恳请业内外专家领导同仁指正。科研道路且阻且长，但我会践行"天行健，君子以自强不息"的精神，勇毅前行！

陈爱如

2022 年 7 月 1 日

于安徽芜湖·花津河畔